吉益東洞の研究

吉益東洞の研究

日本漢方創造の思想

寺澤捷年
Terasawa Katsutoshi

岩波書店

序　文

我が国の医療制度は世界的に誇るべき特質を有している。その一つは国民皆保険であり、もう一つは、西洋医学と共に伝統医学「漢方」をこの制度の中で活用できることである。

西洋医学と漢方は全く異なったパラダイムで成り立っている。しかし、この思考の枠組みが異なるからこそ、一つのパラダイムで解決が困難な事態に、もう一つの方法論で解決が図れるのである。医療の目的は心身の不具合を持つ患者を、より早く、より安全に、より根本的に治療することにある。この目的の為にはあらゆる知識を動員すべきことは言うまでもない。そこで、私は「和漢診療学」という新たな治療学を提唱し、東西両医学の異なったパラダイムの融和を図り、様々な治療困難な病症への対処法を探求してきた。

日本の伝統医学「漢方」は中国に源を発しているが、江戸時代中期に画期的な変革を遂げて成立した。この結果、現在、中国において実践されている「中医学」とは大きく異なった知の体系となっている。伝統医学を変革し新たな「知識の創造」を成し遂げた人物、それが吉益東洞である。東洞は中国医学が培ってきた陰陽五行論を全面的に否定し、臨床実践を根拠とした実存的経験主義に基づく新たな方法論を提唱した。現在、我が国で広く臨床の場で用いられている漢方はこの東洞の医論を基調としたものである。

筆者は青年期に漢方と出会い、これまで四十年以上に亘ってこれを実践してきた。そして、この方法論の確かさを臨床の現場において日々実感している。

そこで懐いた大きな疑問は、なぜ東洞は医療革新を起こすに至ったのか。それはどのような時代状況の中で、どのような事態を契機に、どのような方法論によって為されたのかということである。東洞以前の我が国の医学は中国医学を移入し、それを国情に合わせて実用化を図ることに止まっていたが、東洞によって、単なる改良ではない新たな学問体系が、既存の確固たる知識体系の中で突如誕生したのである。

われわれは、その生きている時代の常識・教条・価値観に無意識の内に制約を受けている。この制約から思考を解放し、全く新たな方法論を発想し、それを実践するには非常な才能とエネルギーを必要とする。

歴史的に見ると、実はこのような画期的な医療を実践した人物が居た。後漢の時代に生きた張仲景である。仲景は致死率の極めて高い新興感染症について、感染の初期から亜急性期、そして死に至る全経過に亘って観察し、変化・流動する病症への対処法を詳述した。西暦二一〇年頃に成立した『傷寒論』がこれである。なぜ画期的か。この著作は、当時の医界で常識とされ規範ともなっていた陰陽五行論から脱却して、徹底した臨床観察を根拠として著されたものであるからである。

しかし、この『傷寒論』の方法論は、その後、医界の本流となることはなかった。その最大の要因は、用いる漢方方剤の構成の意味、或いはその方剤を用いるべき病症の発現機序を論理的に説明する言語を持たなかったからである。一方、陰陽五行論は、その論理体系における概念と用語を駆使することによって、言語でこれらを説明できたのである。

ところで、論理的に言語で説明できることが果たして真実であろうか。野中郁次郎は「暗黙知」と「形式知」を明快に論じているが、言語的論理の積み上げだけでは決して、高度な「暗黙知」は獲得出来ないと主張している。

吉益東洞は、言わば時代の地層に埋没していた経験知の塊『傷寒論』を掘り起こし、それを根拠として、その医論を構築した。野中の所謂「暗黙知」と「形式知」の二項分類が東洞の医論の展開を解き明かす一つの有力な手段になると、筆者は考えた。

本研究は、吉益東洞が生きた時代、当時の国内外における関連領域の革新的な動きを複眼的に捉え、東洞の「知識の創造」の過程と、それに基づく臨床の実像、そして彼の生涯について、その全容を明らかにすることによって、自らの疑問についての解答を得ようと意図したものである。

その際、東洞を神聖視するのではなく、可能な限り、資料と史料に基づき客観的にそのプロセスを解き明かすことを心がけた。

本書の執筆に当たっては、大塚敬節・矢数道明編の『漢方医学書集成』を数多く参照した。この集成(影印版)の元となった医籍(二一〇余)は両氏が生涯に亘って、莫大な私財を投じて収集されたものである。改めて両氏の学恩に感謝する次第である。

また、資料文献の調査について北里大学・東洋医学総合研究所・医史学研究部・小曽戸洋、二松学舎大学・文学部・町泉寿郎、日本大学・文理学部・舘野正美、千葉大学医学研究院・和漢診療学・平崎能郎の諸氏のご協力を得た。特に小曽戸洋氏には、医史学者の立場から、本書の校閲をして頂いた。記して感謝の意を表するものである。

また本書の刊行に当たっては岩波書店・赤峯裕子女史の懇切な助言とご助力を得た。心から感謝する次第である。

二〇一一年九月

凡　例

一　本書は呉秀三・富士川游が選集した『東洞全集』（思文閣出版・一九七〇年復刻）を底本とした。本文中では『全集』と略記した。

二　野中郁次郎・紺野登共著『知識創造の方法論』（東洋経済新報社・二〇〇三年）からの大幅な引用は、野中郁次郎氏の了解の下に為されたものである。

三　漢字はおおむね通行の字体に改めた。たとえば『古書醫言』を『古書医言』にした。

四　参考文献は各章の末尾に番号順に一括して掲げた。

五　本書引用の『史記』などの原文において、今日では使用すべきではない用語・用字が含まれるが、原文の歴史性を考えそのままとした。したがって前記第三項は徹底したものではない。

目　次

第一章　東洞医論と時代的背景

第一節　東洞医論の基本骨格

吉益東洞は伝統的な中国医学の理論（陰陽・五行・臓腑・経絡）を全て否定して、実存的経験論とも呼べる独自の医論を提唱した。その基本骨格を列記すると次のようなものである。

一、思弁・臆測を持たずに、実体に則した観察を根拠とした、本当に患者を治すことの出来る医者「疾医《しつい》」でなければならない。

二、理想とすべきは、古代の医者扁鵲《へんじゃく》である。学ぶべきは上古である。そこには思弁・臆測・修飾の無い「ありのままの世界」が広がっている（尚古主義）。

三、病気を種々に分類し、病名を付け、対処法を論じる既存の中国医学は思弁・臆断に凝り固まっている。全ての病気は一つの毒によって起こるものであり、体内で形を変えて出現しているに過ぎない。従ってこの毒を薬という毒（毒薬）で排除すればよい。これを「万病一毒」と言う。

四、漢方方剤は古代の原形に近い者が好ましい。なぜならば上古の方剤は疾医の工夫になるもので、実際に用いてよく効く。従って最も古く成立した張仲景方（『傷寒論』・『金匱要略《きんきようりゃく》』）に基本的に準拠するとよい。ただし、『傷寒論』・『金匱要略』には後人が思弁・臆断で書き加えた部分が多々混在するので、古代の原形を選び出さなければならない。最も重要なことは、方剤にはそれが適当する毒の容《かたち》「証」があるから、この証に合わせて方剤を投与することである。これを「方証相対」と言う。

五、毒薬を用いて毒を攻めるのであるから、その治癒過程で激しい反応が見られる。これを瞑眩《めんげん》と言う。古人も「薬を与えて瞑眩が見られないようでは、その病気は治らない」と言っている。この瞑眩を恐れていては疾医の道は獲得できない。

六、毒薬を与えて患者が死亡することもある。しかし、それは薬によるものではない。そもそも、生死は天が司る所であって、人間の思惟の及ばぬことである。従って医者は「生死は知らぬ」と心に決めて、生死の事は天に任せ、ひたすら疾病の治療に最善を尽くせばよい。これを、「人事を尽くして天命を待つ」と言うのである。

七、漢方方剤は、それがたとえ上古の方剤であれ、後世のものであれ、臨床の場で、親しくこれを実際に繰り返し試し、その病症の容（証）と効果を検討しなければならない。生薬についても同じことである。そして効果が確認できたものを用いる。これを「親試実験」と言う。「親試実験」によって納得が行くものであれば、後世の方剤を用いて何ら差し支えない。

八、一切の思弁・臆断を排除して、毒の容を見抜かなければ、適当する方剤は選択出来ない。そのためには毒の実体を手にすることであり、これには腹部の診察が最も重要である。腹部に現れている圧痛・凝り・筋肉の拘縮《こうしゅく》・腹部の動悸等の有無を丹念に診察することである。次いで重要なのは体表部の所見で、汗が出ているか否か、上半身に熱感があって下半身が冷えていないか、発赤《ほっせき》や腫脹は無いか、浮腫は無いか、大便と小便の回数や性状。これらを詳細に観察し、或いは聴取するのである。この方剤の適当する容(証)は臨床の実際に於いて「自得」するものであって、子供にも伝えられない。勿論、文字にも出来ない。

このように、東洞は中国伝統医学の思弁的要素を全て排除した医論を展開した。これは当時の常識を打ち破るものであり、伝統的思考を金科玉条とし、それを真っ当な本道であると信じていた医者、そして市井の人々に衝撃と恐怖を与え、時には侮蔑の言葉を浴びせられたのである。しかし、序文にも記したように、東洞のこの医論が二十一世紀の現在においても、日本漢方の礎となっているのである。

そして筆者の主張は、この基本骨格は東洞が安芸(広島)に在住していた時期(三十八歳まで)に形成されたと言うことである。しかし、如何に東洞が天才的な人であったとはいえ、突然にこのような破天荒な知識を創造出来たのではない。その揺籃となった様々な動きを歴観することから、はじめたいと考える。

第二節　東洞の生きた時代

吉益東洞は元禄十五(一七〇二)年に広島城下に生まれ、安永二(一七七三)年に京都で没した。医者として活躍したのは一七五〇年頃であるから、今から二百五十年ほど前のことである。関ヶ原の戦いから約百年が経過し、徳川幕藩体制は盤石なものとなっていた。元禄時代以後の高度経済成長は鉱山開発、商品作物の登場、有田や瀬戸の窯業の勃興、製塩法の改良による塩の生産量の飛躍的増加などに支えられていた。京都と大坂の人口は約四十万人、江戸は約百万人の人口を抱えていた。この経済成長の恩恵は庶民にも及び、様々な文芸を育んだが、とりわけ過去の陋習、教条から脱却し、より自由な物の見方、考え方が許容される環境を醸成していたことが指摘できる。[1] たとえば、松尾芭蕉(一六四四—九四)が『奥の細道』の旅に立ったのは一六八九年。各地の豪商・文人の支えがあっての紀行であった。『奥の細道』の刊行は一七〇二年。東洞生誕の歳である。

　思想界では朱子学が官学として幕藩体制の思想的基盤として確立しつつあったが、これに疑問を持つ伊藤仁斎、荻生徂徠《おぎゅうそらい》が古義学・古文辞学を展開し、いわゆる儒学革命を起こした。[2] 一方、当時の医学の本流は明代医学を移入しその改良を図った道三流医学であった。これは曲直瀬《まなせ》道三《どうさん》、曲直瀬玄朔《げんさく》らの医論に基づくものであり、これが一世を風靡していた。一六五〇年頃、名古屋玄医、次いで後藤艮山《ごとうこんざん》が出て、この本流(曲直瀬流)に疑問をなげかけ、復古を主張し、古医方を唱えた。[3] この医学界の動きは中国における復古運動と我が国の儒学革命に影響されたと考えられる。ここで中国の影響と記した理由は、当時、幕府は鎖国政策を堅持していたが、長崎の出島を介してオランダと中国(清)からの情報は、たとえば『傷寒尚論篇』の舶載など、今日われわれが想像する以上に迅速かつ豊富に齎《もたら》されていたからである。東洞の活躍した時代の将軍は徳川吉宗(在職一七一六—四五)・家重(一七四五—六〇)である。吉宗の行った「享保の改革」は、貨幣経済の浸透に伴う米価の下落(それは米を基本とした武士階級の俸給価値の減少である)を挽回しようとするものであったが、成果をあげることは出来なかった。

第三節　儒学革新の概観

徳川家康は好学の徒であり、儒学者・藤原惺窩《ふじわらせいか》（一五六一―一六一九）に傾倒し、仕官を要請したが、惺窩は弟子の林羅山《はやしらざん》（一五八三―一六五七）を推挙した。羅山は三代将軍家光の侍講となり、朱子学を講ずる傍ら武家諸法度の起草など幕府政治にも深く関わった。以後、林家の朱子学は幕府官学として、徳川政権の思想的側面を支えたのである。

しかし、朱子学は南宋の朱熹《しゅき》が孔子の思想を注釈したものであり、特に、宇宙万物は「理」によって支配されているものとした。粗く言えば、人間存在も、宇宙の働きも全てlogic（理）に則っており、logicalに解明できるとしたのである。これを「格致窮理」と言う。伊藤仁斎[4]（一六二七―一七〇五）は青年期に徹底して格致窮理に取り組んだが、挫折。そこで考えたことは、朱熹に依らずに、孔子の思想そのものを正確に知るということであった。文字の意味する内容は時代と共に変化する。そこで上古の文字の内容を主として帰納法的方法で捉え、孔子の「こころ」を得ようとしたのである。これを古義学と呼ぶ。荻生徂徠[5]（一六六六―一七二八）は仁斎とは全く独立的に、同様の発想を持ち、上古の文字のもつ「こころ」を直感的に捉え、思想を深めた天才である。これを古文辞学と言う。徂徠は仁斎と同様に格致窮理の誤りを明確に指摘し、造化としての「天」と「人間」存在には断絶があることを明言した。「天」はlogicalには解き明かせるものではない存在としたのである。これは朱熹が「天」も「人間」も「理」によって統一的に説明可能であるとした考えに真っ向から対決する先鋭的な思想であった。

仁斎と徂徠についての評論が吉川幸次郎[2]によって為されているが、両者の学問方法の根本的相違点は明確に記されていない。両者の相違は、仁斎が上古の多数の用例から「文字」の意味を帰納する研究手法を採ったのに対して、徂徠はまず漢文を外国語として認識し、「文字のこころ」をその「文字」の置かれている前後の文字列をみて、その関係性の中から「感得」するという研究手法に依っているのである。言い換えると。野中郁次郎の云う「暗黙知」の直接的把握である(6)。古義学と古文辞学の本質的な相違がここにある。

　徂徠は『弁道』(7)にこう述べている。

> 蓋《けだ》し先王の教へは、物を以てし理を以てせざればなり。教ふるに物を以てする者は、必ず事を事とすること有り。教ふるに理を以てする者は、言語詳らかにす。物とは衆理の聚《あつま》る所なり。而して必ず事に従ふ者之を久しうして、乃ち心実に之を知る。何ぞ言を仮《か》らんや。

ここで言う「心実」は「感得」と同義であると筆者は考える。

そして、この徂徠の手法を、実は東洞も採用している。その著作である『方極』『薬徴』はこの手法に帰納法を装い纏め上げられたものである。しかし、関係性の中での「感得」という作業は常にdogmaと隣り合わせであることを指摘しておかなくてはならない。ただ、東洞は「感得」の結果を実際の臨床の場で演繹的に検証するプロセスを繰り返し踏むことと、帰納法的手法も組み合わせることによって、dogmaを単なるdogmaに陥らせないことに一定程度成功している。

　東洞はこの儒学者らの影響もあってか、自説の論拠を上古に求めようとした(8)。その集大成が『医事古言』(一八〇五年刊)と『古書医言』(一八一四年刊)である。これについては舘野正美の詳細な研究がある。

第四節　中国における医学復古の動き

地殻プレートの歪みが急激に解放されるのが地震の主要な原因であるとされている。文化の地殻も、ある種の制度の疲労、個性や感性の抑圧状態が一定期間続くと、解放への力が働く。十三世紀末から十五世紀末、欧州ではイタリアを中心にルネサンスが起こった。

中国の医界における『傷寒論』への復古の動きも、ほぼ同時期に発生していることを、小曽戸洋が明らかにしている[9]。喩昌《ゆしょう》の著した『傷寒尚論篇』（一六四八年刊）、程応旄《ていおうぼう》の『傷寒論後条弁《しょうかんろんこうじょうべん》』（一六七〇年刊）が我が国の古医方に影響したことは、夙に知られていたが、小曽戸洋はこの流れの端緒は王履《おうり》の『医経溯洄集』（一三六八年刊）に遡れることを明らかにした。奇しくも欧州とほぼ同時期に起こった中国医学のルネサンスである。

小曽戸は、これらの書物が日本に与えた影響について、こう記している[9]。

元禄九年（一六九六）、日本で『傷寒尚論篇』が翻刻された。あたかもこの年、『傷寒尚論篇』を読んで発憤し、古方を主唱したと言われる名古屋玄医が没している。

その八年後の宝永元年（一七〇四）、『後条弁』の和刻本が出た。『傷寒論条弁』の和刻出版は享保八年（一七二三）だから、わが国では『後条弁』の刊行が『条弁』の刊行に二十年も先行していることになる。

これら、『尚論篇』『後条弁』『条弁』の刊行は、日本の医界に大きな衝撃をもって迎えられた。その代表的医家の例に内藤希哲（一七〇一―三五）がいる。希哲は吉益東洞に先行する人物で、その著『医経解惑論』（一七三一自序）にはこれら三書の強い影響が見られる。（中略）これらの書の研究手法は、一言でいえば、張仲景を神聖視し、現伝『傷寒論』の不備を悪人王叔和の罪とし、自己の理想とする『傷寒論』を再構築しようとするものである。この手法は日本で大いに歓迎され、日本の『傷寒論』研究の基本概念とさえなってしまった感がある。それは元末明初の王履『医経溯洄集』に端緒を発する。

ところで、この三書の著された時期に共通するものが有ることを指摘しておきたい。『医経溯洄集』は元末明初、『尚論篇』は明・清並立で明の帝王が数年で次々に交代するという政情不安の時期、『後条弁』は明が滅び、清が国家統一をした直後である。いずれも既成の体制が動揺ないし崩壊した時期である。[10][11]

第五節　日本における医学復古の動き

明代の医学を移入し、それに倣う曲直瀬流の医論が常識とされていた時代において、復古を唱え『傷寒論』を再検討、再評価する動きが起こった。名古屋玄医がこの復古運動の先駆者とされている。玄医についての綿密な研究が花輪壽彦によって為されている。[12]花輪の師・大塚恭男は、花輪の研究成果から、玄医について「一般には、名古屋玄医をもって古方派の祖としているが、最近の研究によれば、玄医の学説は後世派のアンチテーゼとしてつくられたものではないといわれる。むしろ金・元医学の延長戦上にある張景岳、薛己《せつき》、程応旄ら明・清の諸家の影響を受けつつ、

『素問』から『諸病源候論』にいたる中国の古典を基礎として確立されたもので、張仲景方を尊重したことは事実であるが、その経緯は後藤艮山以下の古方派とはかなり異質なものであるという」と。しかし、大塚恭男は「「歴試」を説く経験主義的実証主義は古方派に共通するところで、かれを古方派の先駆者とする説を訂正するにはあたらないのではないかと思う」と記している(13)。

玄医のこの動きは儒学革命の影響によるものか、或いは第四節に記した小曽戸(9)の記述に見るように、『傷寒尚論篇』などの中国における復古運動に影響されたと考えられるが、花輪壽彦は『尚論篇』の影響は否定している。

儒学者伊藤仁斎（一六二七―一七〇五）と名古屋玄医（一六二八―九六）は、ほぼ同年齢であり、仁斎が格致窮理に挫折した後に立ち直り、学塾「古義堂」を開いたのは一六六二年である。玄医はその時点で三十四歳であった。因みに仁斎の『論語古義』『孟子古義』の最初の草稿は一六六六年である。一方、名古屋玄医は最初の医書『纂言方考』を一六六八年に著している(12)。

『傷寒尚論篇』は一六四八年に刊行され、舶載され日本に齎《もたら》されている。このように考えると、花輪の主張、すなわち、玄医は仁斎の影響のみを受けたと即断するのは危険である。花輪は『尚論篇』と玄医の医論とを詳細に比較検討し、玄医が『尚論篇』の医論とは異なった独自の医論を展開したことを根拠に、『尚論篇』の影響は無かったとしている。しかし、『尚論篇』を貫く学問的態度、すなわち「既存の『傷寒論』には後人の攙入があり、これを刪去して、原『傷寒論』を求める」方法論に触発され、発憤したのであることを見誤ってはならないと考える。筆者はむしろ、儒学革新と中国の復古運動が同時的に存在したことに意義を感じる。そして、時間経過から見て、玄医にあっては『尚論篇』に出会ったことが先で、次いで古義学に共鳴して、独自の世界を切り拓いて行ったと考えるのである。

この推論のもう一つの根拠は、今日と江戸時代の人生の時間軸の相違である。男子は十五歳で元服すると、一人前の男として扱われた。当時の偉人の伝記をみると、その多くが十五、六歳で師匠に入門している。永富独嘯庵《ながとみどくしょうあん》（一七三二―六六）は三十四歳の若さでこの世を去ったが、多数の著作を刊行している。『漫遊雑記』は三十二歳の時に出版された。当然のことながら、草稿を起こしてから木版本の出版までには数年を要するので、二十歳台後半には、已に世間が出版に値すると評価するだけの思想と学識を確立していたのである。これを玄医に当てはめると、仁斎の思想に出会う以前に『傷寒尚論篇』にまず出会っていたとする方が流れとしては自然である。

伊藤仁斎と名古屋玄医の関係は、以上に述べたとおりであるが、仁斎の古義学が『傷寒論』の発掘に直結した可能性が極めて高いことを、松原一閑斎《まつばらいっかんさい》を調査する過程で筆者は知った。並河天民《なみかわてんみん》がその人である。[14] 一閑斎は東洞にはじめて系統的に『傷寒論』を講じたと考えられる人物であるが、この一閑斎の師匠が並河天民である。[14] このことは『全集』「吉益東洞先生」四八頁に呉秀三も明記している。

並河天民[14]（一六七九―一七一八）は仁斎の高弟で、仁斎没後の「古義堂」は伊藤東涯師事と天民師事とに二分されたという。天民は仁斎の学説を批判的に受け止めていたことが、学問的二分化の原因と考えられている。天民は儒と医を兼業していたが、師匠の仁斎は「儒学への志が分散・希薄になる」として、これを嫌った。これに対して天民は「生活の基盤が定まらないようでは其の志を固くすることは不可能である」と反発している。『皇国名医伝』に「是に於て、古医之術、炳然・詳明とす」とあるように、『傷寒論』への復古を、古義学の立場から唱えた。これは恐らく名古屋玄医・後藤艮山との交流の中で為されたものであろう。その弟子が松原慶輔（一閑斎）である。

松原一閑斎（一六八九―一七六五）は並河天民に儒学・医学を学んだ。一閑斎は治術の妙手として知られているが、医術はただその人の「自得」にあって、書籍に載せて伝えることはできないとして、みずからは著述を遺さなかった。しかし、彼の『松原家蔵方』〔附録二二二頁〕を見ると、その医療内容は『傷寒論』『金匱要略』に則ったものであり、従来の成書が記す「名古屋玄医→後藤艮山→山脇東洋」の古医方の流れよりも、更に明確な『傷寒論』再発掘の流れ、則ち「並河天民→松原一閑斎→吉益東洞」が存在することが今回の調査で明らかになった。後に記す東洞の【行状⑤】に見るように、山脇東洋、吉益東洞との『傷寒論』研究会では、一閑斎は講主となっている。また、東洞の「方証相対説」は一閑斎の治術からヒントを得たと言われている。(15)(16) 尾《お》台榕堂《だいようどう》『方伎雑誌』に「梅肉丸は伏見の鍛工某の秘方にて、松原閑斎これを受け、東洞先生は、その門人福島喜又より受けたる所とぞ」と、伝聞を記している。一閑斎の家塾方が『松原家蔵方』として京都大学富士川文庫等に、また『芳翁医談』が国会図書館等に収蔵されている。浅田宗伯の『勿誤薬室方函口訣』には甘連湯(甘草・黄連・紅花・大黄)、桃花湯(桃花・大黄)が「松原家方」として、また蕁連湯《じんれんとう》の項には松原家で卒病の要薬として用いられたことが記載されている。(17)

東洞が『傷寒論』を正確に、精緻に学んだのはこの一閑斎からで、後に山脇東門が『東門先生随筆』(18)に「吉益周助は、年四十を過て、松原才次郎と云う医に学《まなび》たり。此の才次郎は仲景方を取扱《とりあつかい》たる者なり」と記している。また、『翁草』(附録二一七頁)には才次郎(一閑斎)と東洞がその著者と囲碁友達であったとも記されており、東洞が上洛した初期から一閑斎と交遊があったと推測される。

後藤艮山(一六五九―一七三三)は玄医に次ぐ古医方の開拓者とされている。東洞より四十三歳年長である。艮山は玄医に入門しようとしたが、用意した入門料が少なかった為に許されず、憤慨して「独学」することを決意したとの逸話が遺っている。(19) 艮山は、当時の医者が剃髪し僧形であった風習を破り、総髪であったことが知られている。また、艾灸《がいきゅう》、温泉、熊胆《ゆうたん》、蕃椒など民間の治療法を重視した。(19) このことは深い意味を持っていると筆者は考える。則ち艮山はその施す医療の視線を特権階級や富裕層から、庶民へと移しているのである。そして高価な輸入薬剤の使用は極力控え、安価な「灸」など卑近な素材を積極的に採用した。その医療姿勢の発露が総髪という形であったと筆者は考える。

良山はこのようにいわば、リベラルな思想の持ち主であったので、筆者が推測するに、その医療内容を、玄医のように高額の入門料を納めた者だけに秘伝として伝授するのではなく、比較的にオープンにしていたのではなかろうか。このように考えたい理由は、吉益東洞は安芸在住中に良山の情報を得ていた可能性が極めて高いのである。次章で記すように、梅毒治療と密接に関連する、『東洞先生家塾方』の半数以上が、良山の家塾方『養浩堂方矩』に収載されているものと一致するからである。

良山のこの視線の変換は伊藤仁斎に強く影響されたと筆者は考える。仁斎は「高遠なものより、卑近なものに道がある」と繰り返し述べている[20]。仁斎を痛烈に批判した徂徠も、この点については全く同意している[21]。

仁斎は『童子問』巻上にこう記している[20]。

　故に道を知る者は、必ず之を邇《ちか》きに求む。其の道を以て高しと為《なし》遠しと為《なし》、企て及ぶべからずと為《す》る者は、皆道の本然に非ず、自ら惑うの致す所なり。

仁斎はこうも云う（『童子問』巻中）。

　人には人の理あり、物には物の理あり、然れども一元の気が本と為《な》って、理は則ち気の後ろに在り。

そして良山は仁斎の影響の下に「一気留滞説」を提唱した。一気留滞説とは、様々な病症が思弁的に論じられているが、あらゆる病症は生命を生命たらしめている「一元気」が順調に体内を巡らない為である。従って、この「一元気」の循行を改善すれば諸病は治る。その手段としては卑近にある、艾灸、温泉、熊胆、蕃椒を基本とするのが良い、との医論である。この医論と東洞の「万病一毒説」との関連性については花輪壽彦の論考がある。(22)

花輪壽彦はこう記している、

一気留滞説の意義は次の二点にある。ひとつは『師説筆記』に「宋明諸家の陰陽往相・臓腑分配区々の弁に惑わず、百病は一気の留滞に生ずることを知らば則ち思い半ばに過ぎん」に明らかな如く、『内経』に基づく陰陽五行・臓腑配当の説を「思弁」として斥け、これを言わぬために中国医学に伝統的な「気」の流通・閉塞といった「全体観」に立つ病因論を提出したことである。(中略)もうひとつの意義は、この医説の力点が中国医学に伝統的な気の留滞に病因を求めたことの正しさを主張したのではなく、「順気剤」を入手しやすい生薬の配合によって創製し「温泉」「灸」「熊胆」「蕃椒」といった民間療法とあいまって治療の実をあげたという、「治療」から導かれた病因論であるという点である。

吉益東洞が「目に見えぬものは言わぬ」といい、「病気に原因がないとは言わないが想像がまじるから言わぬ」といって、病因をいわぬためにすべて「一毒」という「実体のあるもの」から病気の話をはじめようとしたのはこうした文脈の中にある、と。

艮山の医論に東洞は安芸時代に接していたであろうとする筆者の推測からすると、花輪の言うように、東洞の思想形成に影響を与えた一つの要素として、この「一気留滞説」は位置付けられる。加えて筆者は「万病一毒説」の形成には『黴瘡秘録《ばいそうひろく》』の強い影響があったであろうことを指摘しておきたい。

艮山は著作を遺さなかったが、その門人が『師説筆記』(23)に、その思想を記しており、その医療理念が素晴らしいものであったことが窺われるので、以下に掲げる(句読点、濁点、括弧付きの送り仮名は筆者)。

世医、庖犧《ほうぎ》氏ハ八卦ヲ画シ、神農氏ハ百薬ヲ嘗《なめ》(シ)ト云テ、二皇ヲ医家ノ祖トオモヘリ。夫《そ》(レ)八卦ハ陰陽ヨリ出シ、シカモ聖人ノ作ニテ、天地ノ間、陰陽ナレバナラヌ物ナレバナリ。然ルヲ、人身ノ府臓ニ分配シ来リテ、色々様々ニ説ヲワリツケ多端ナリキタル、今日ノ病人ニ根カラ合(ハ)ヌコトナリ。ソレヲ医者、師ニ相(ヒ)ツタヘ、察スルコトヲセズシテ、皆、医家者流ニオチイル。ソレヲ云(フ)モ、名聞利欲ニ沈酔スルヨリナリ来レリ。右ノ如ク、庖犧・神農ノ聖人医道ノタメニ八卦ヲ画シ、薬ヲナメ玉《たま》フト思ヒ、医ノ先祖トスルヨリ、色々ノ合(ヒ)モセヌ分配区々ノ弁ヲ以(テ)人ヲダマシ、ソノ道ヲ高尚シテ、薬ヲ売《うる》ノ媒《ばい》トス。ミナ不詮議ナルナリ。医ニ心ヲ用ヒザル故ナリ。周ニ官ヲ設(ケ)、漢ニ業ヲ専ニシテヨリ、今日マデ、医ヲ家業ト覚ユ。業ニスレバトテ、医者根性ト云フモノニナリテ、医ハ病ヲ治スルノ名ニテ、業ノ名ニアラズト云(フ)処ニ気ガ付カヌ医家者流ソレシマト云(フ)モノニ成リテ、医ニ心ヲ用(ヒ)ズ、第一業ガ主ニナリ、ソレ故、渡世ノタメ、イロイロ私欲出来《いでき》テ、病ノ為ニナルコトハ工夫セズ、キキモセヌ薬ヲセメ付《つけ》ナドシテ、却テ害ヲナスハ、不仁ノ甚シキナリ。

後藤艮山は医者が剃髪するのを風習としていた当時にあって、敢えて総髪としたのは、仁斎の「高遠よりは卑近を貴ぶ」という理念を実践する決意の容であったと先に記したが、もう一つは、医を生業と考え、営業を優先する医療界の通弊に強く反発する形でもあったことを、この一文から知るのである。

〔参考文献〕

(1) 尾藤正英：江戸時代とはなにか——日本史上の近世と近代、岩波現代文庫、二〇〇六
(2) 吉川幸次郎：仁斎・徂徠・宣長、岩波書店、一九七五
(3) 小川鼎三：医学の歴史、中公新書、一九六四
(4) 伊藤倫厚：叢書・日本の思想家10、伊藤仁斎・附伊藤東涯、明徳出版社、一九八三
(5) 田尻祐一郎：叢書・日本の思想家15、荻生徂徠、明徳出版社、二〇〇八
(6) 野中郁次郎・紺野登：知識創造の方法論、東洋経済新報社、二〇〇三
(7) 今中寛司・奈良本辰也編：荻生徂徠全集1、弁道、河出書房新社、一九七三
(8) 舘野正美：吉益東洞『古書医言』の研究、汲古書院、二〇〇四
(9) 小曽戸洋・真柳誠編：和刻漢籍医書集成16、傷寒論後条弁、北里研究所・東洋医学総合研究所・医史文献研究室、一九九二
(10) 佐伯富編：中国文明の歴史6、宋の新文化、中公文庫、二〇〇〇
(11) 杉山正明：中国の歴史08、疾駆する草原の征服者、講談社、二〇〇五
(12) 花輪壽彦：大塚敬節・矢数道明編：漢方医学書集成102、名古屋玄医、解説・名古屋玄医について、名著出版、一九八四
(13) 大塚恭男：東洋医学、岩波新書、一九九六
(14) 大塚敬節・矢数道明編：漢方医学書集成99、浅田宗伯5、皇国名医伝、名著出版、一九八三
(15) 鶴田光敏：山本巌の漢方療法、東洋医学舎、一九九四
(16) 大塚敬節：漢方医学、創元医学新書、一九七三、六一頁
(17) 長谷川弥人：勿誤薬室「方函」「口訣」釈義、創元社、一九八五
(18) 大塚敬節・矢数道明編：漢方医学書集成14、山脇東門、名著出版、一九七九
(19) 富士川英郎編：富士川游著作集8、後藤艮山先生、思文閣出版、一九八一、二二二頁
(20) 伊藤仁斎著・清水茂校注：童子問、岩波文庫、一九七〇
(21) 今中寛司・奈良本辰也篇：荻生徂徠全集1、蘐園随筆、河出書房新社、一九七三

(22) 花輪壽彦：「一気留滞説」と「万病一毒説」について、漢方の臨床、三十巻十号、一九八三

(23) 大塚敬節・矢数道明編、漢方医学書集成13、後藤艮山・山脇東洋、師説筆記、名著出版、一九七九

第二章　思想形成の過程

第一節　安芸時代――東洞先生行状を読む(その一)

『東洞先生遺稿』は、吉益南涯はじめ三人の息子の連名で発刊された東洞の書簡集(一七八九年序文・一八〇〇年刊)である。その末尾に「東洞先生行状」(全集五五一頁)が掲げられている。恐らく十三回忌法要に際して纏められたと思われるこの「行状」は思想形成を考察する格好の材料と考える。

この「行状」の信頼性であるが、南部侯病没のこと、或いは山県周南が上洛して受診したことなど、それぞれの関係者についての別個の資料とこの「行状」を突き合わせると正確に符合するので、信頼性は高いと考えられる。しかし、何分にも自らの父親の伝記であるので、親の偉大さを記したいという、当然の心の働きは存在するので、これを前提として慎重に取り扱いたい。

ところで、これまでの吉益東洞に関する研究は専ら上洛後に出版された著作に基づくものであるが、ここでの筆者の関心は安芸(広島)時代における「知識の創造」の過程である。なぜならば、元文三(一七三八)年、三十七歳で上洛するに際し「天下の医を医《いや》すに非ざれば、疾を救うの功や多ならず。京師に出《いず》るに非ざれば、教えを授くるの業や弘からず」との決意が記されており、この言葉が信頼できるものであるとすると、その思想の基本的骨格がこの時点で既に形成されていたと考えられるからである。そこで、「行状」について順を追って詳細に検討を加えることにする。

【行状①】

先生、諱は為則、字は公言、安芸の人なり。其の先、清和帝より出ず。姓は源氏。管領、政事、畠山政長の裔孫なり。世々河紀二州に襲封せらる。五畿悉《ことごと》く麾下《きか》に属す。曽祖、高政の時、尽《ことごと》く其の封国を亡す。独り河州、高屋城を保つ。高政病んで卒す。其の子政慶幼弱にして立つことを得ず。之を弟の昭高に伝う。元亀四年、家臣の游佐氏叛す。高屋城を囲む。昭高自殺す。政慶、遁れ出《いずる》ことを得て、紀州に在り。天正十二年、豊国公、始めて天下を定む。

この記述は単に東洞の血統の良さを誇示したものではない。それは「管領、政事、畠山政長の裔孫」と記された「管領」の地位の重さである。管領は室町幕府にあって、将軍の補佐役という重職である。細川・斯波・畠山の三家が交代でその任に当たった。交代でという表現は穏便に過ぎる。ここでの権力闘争が、やがて応仁の乱に連なるのである。いずれにせよ、管領は諸国の守護大名の上に位置していた。東洞の生涯を貫く矜持は「管領」のそれであり、彼の不断の上昇志向の根源となったと考える。東洞晩年における幕府若年寄、堀田侯に対する毅然とした対応、諸侯との交わりも一個の医療人を超えたものであったが、管領の末裔としての矜持とすることによって容易に理解される。東洞の「知識の創造」のエネルギーの源泉であり、土台である。

【行状②】

神祖、平信雄を援《たすけ》て、兵を三州に起す。陰に其の臣、忠勝をして紀州に使して、政慶及び諸将に約す。将《まさ》に公の後を襲わんとす。公、之を聞いて大いに怒る。十三年春三月、兵を引いて紀州に入る。其れ勢鋭にして与《とも》に鋒を争い難し。諸城、風に望んで下る。政慶、其れ敵すべからざるを知りて、軍を棄《す》てて熊野に走る。其の諸城は皆親戚なり。十八年、熊野の諸城、皆降る。政慶、身を置くの地無く、潜行して河州に走り、吉益半笑斎の家に匿《かく》る。半笑斎は、畠山の族なり。世々金瘡《きんそう》産科を業として、名、世に有り。之を吉益の流と謂うなり。政慶、誅せらるることを懼れて、其の姓を冒して、医を以て自ら隠る。慶長六年、浅野幸長、之れ紀州に封ぜられ、畠山義就の子孫皆出仕す。是の時、秀吉は已に薨す。誅せらるるの懼れ無しと雖も、政慶、志を立てて仕えず。元和五年、幸長の子長晟《ながあきら》、芸州に封ぜらる。畠山の族、始めて広陵に徙《うつ》る。政慶、往かずして死す。其の子政光、遂に広陵に徙り、山口街に居る。是において安芸侯、人をして出仕を勧めしむ。政光、善く父の志を継いで、肯《あえ》て仕えず。医を以て業と為す。是に至りて、其の姓を復し、畠山道庵と曰う。以て寛文十二年にして死す。妾の谷氏、子、男二人を産む。長を倰長と曰い、始めて七歳。次を重宗と曰い、始めて五歳、故を以て家人悉く皆敗走し、二子幼くして自ら存すること能わず。国泰寺の主僧、親戚為《た》るを以て、収めて之を養う。此れに由りて、倰長、出家して浮屠氏と為る。妾の谷氏、重宗を其の父の家に養う。重宗は、先生の父なり。其の長ずるに及んで、予州松山侯の臣、中野氏の女を娶りて、元禄十五年五月某日を以て、先生を広陵の城下に生むなり。

神祖は徳川家康のこと。平信雄は織田信長の次男である。本多忠勝を仲介の使者として畠山氏は徳川氏と同盟関係となった。豊臣秀吉はこれを知って激怒し、紀州に攻め込み、畠山氏は敗走した。『翁草』〔附録二一七頁〕には上洛後、東洞に徳川将軍家から種々の下問があり、答弁したとの逸話が記されているが、この同盟の故事から、東洞と徳川家の関係は家格を重んじる当時にあって、同格であった（と少なくとも東洞は考えていた）事が窺える。

ここで注目すべきは吉益半笑斎である。金瘡産科を業として名を為したとあるが、半笑斎には『換骨秘録』（一六一〇年刊）があり、金瘡医として一派を為していたことが判る。半笑斎はまた、曲直瀬《まなせ》玄朔《げんさく》（一五四九―一六三一）の門人であった[1]。これは第二節「黴瘡秘録《ばいそうひろく》をめぐって」に関連する重要な点である。そして祖父も父も、恐らく半笑斎の影響の下に、金瘡医であった。父の家業について「行状」には記述はないが、和田正系[1]は、父は二代目道庵を名乗った金瘡医であったとしている。これは『皇国名医伝[2]』に依るものである〔附録二一九頁〕。

【行状③】

先生、少にして志有り。其の先、天下の顕宗《けんしゅう》為《た》るを以って、将に其の家を興さんとす。阿川氏に従いて、兵法を学び、馬を馳せ、剣を撃ち、祖先の業を修めず。稍々《やや》長ずるに及んで、太平の世に武を以って興すべからざるを悟り、慨然として天に誓いて曰く「大丈夫良相為《た》らざれば、必ず良医為《た》らん」と。遂に医を学ぶ。先生、年十有九。政光の門人に津祐順なる者有り。其れ金瘡産科の術を伝う。之を先生に授く。先生曰く「懐孕《かいよう》は、婦人の常なり。金瘡は外傷なり。病無ければ則ち薬せずして可なり。病有れば則ち証に随って之を治す。何ぞ科を分かたんや」と。是《ここ》において奇効有る者、二三を択んで之を取り、篤く疾医の道に志し、寒夜、炉を避けて、以って其の眠を慎しみ、蚊螫《ぶんせき》身を攻むも、以てその睡を戒しめ、〈素〉〈霊〉〈難経〉百家の書を読み、研究精論して、遂に陰陽五行の医説を廃す。乃ち嘗て人に語りて曰く「天下の医を医《いや》すに非ざれば、疾を救うの功や多ならず。京師に出《いず》るに非ざれば、教えを授くるの業や弘からず」と。

これまでの東洞研究では、末尾の一文を除いては殆ど関心が払われなかった記述である。しかし、筆者は「兵法」

を若くして学んだことが、その後の「万病一毒」や「方証相対」の思想形成に大きく寄与したものと考えている。

兵法は戦争、軍事力、戦略、戦術、統率などを包括する軍事学である。最古の兵法書は『孫子』とされているが、このものは春秋時代の列国の一つであった呉の国（―紀元前四七三年）の孫武によって著されたとされている。徳川幕府は戦のない国家を形成したが、関ヶ原の戦いの記録、分析などの戦史を通して、有事に備える学としての兵学を奨励した。『孫子』など『武経七書』の木版本発行（一六〇六年）がこれである。兵学は儒学、易学、医学と並ぶ学問分野とされたのである。

『孫子』を読むと判ることだが、これは基本原則を網羅した概論である。そこで、ほぼ同時代に成立したとされる『春秋左氏伝』が重要視された。その理由は日記として具体的な軍事事例が記録されているからである。極めて興味深く、かつ重要なことは、伊藤仁斎、荻生徂徠らの儒学者も『春秋』が孔子自らの手によって最終的に編纂されたものとして、これを最高の古典として位置付けていることである。

東洞が「万病一毒」（一頁）と言うとき、千変万化の戦闘局面も敵軍という一個の侵略勢力によって齎《もたら》された事象であり、的確な用兵（武力）によって、これを排除するということは、兵学から容易に理解される。或いは「方証相対」（二頁）も、ある種の典型的な敵軍の容《かたち》に対して、その容に最も適した戦闘能力を持つ特殊部隊を投入する用兵論と考えれば、比較的容易に納得できると考えるのは、牽強付会であろうか。

言うまでもなく、筆者は東洞の医論が兵法から導かれたと即断するものではないが、思想形成に大きく影響したであろうと考えるのである。一つ確信を持って指摘できることは、東洞が儒学でも、医学でもなく、最初に兵法を学んだことの意義である。

武によっては家の再興は不可能であると悟った東洞は祖父政光（道庵）の門人、野津祐順（『皇国名医伝』では父の門人）に師事して、祖父からの家業である金瘡・産科を学んだ。これもまた極めて重要な履歴である。と言うのは、多くの医家がそうしたように、思春期から青年期に、東洞が正統な伝統医学を学んだと仮定したならば、伝統的な思考の枠組みの中に閉じ込められ、その後に彼が成し遂げたような成果は挙げられなかったであろうと言うことである。当時、内科は本道と称され、金瘡医は外科として一段、低い位置に置かれていた。医学の中で外科を選択したことは、伝統的な思考の枠組みの中に閉じ込められる危険性を回避できたのである。

金瘡医。ここに重大な思想形成の場が提供されたのである。金瘡医が取り扱ったのは刀剣・銃砲による外傷、落馬などによる打撲、そして皮膚付近の化膿性病変であった。皮膚付近と記す理由は、下疳《げかん》、陰茎腐爛なども守備範囲内であったことである。

そこに新興の性感染症である梅毒（黴瘡《ばいそう》）の流行である。その詳細は次節「黴瘡秘録をめぐって」に記すが、原因は一つであるにも拘わらず、この病の呈する症状は文字通り千変万化である。それまでの教科書的知識では治療効果は全く挙がらない。唯一、有効であったのは軽粉・生生乳《せいせいにゅう》（塩化水銀）という猛毒の薬物の経口投与である。

この塩化水銀療法は口内糜爛《びらん》、腎臓障害などの副作用が激しく、その為に何人もの患者が死亡した。しかし、だからと言って治療を辞退・放棄することは人倫に悖る。東洞は大変なジレンマに直面したのである。

そのような状況の中で、東洞は荻生徂徠《おぎゅうそらい》の思想に出会った(3)。その詳細は第三節「徂徠学と東洞」に記すが、正に地獄で仏に出会ったような感激と、精神的な救いを得たのである。徂徠は云う、「人は天を思惟できない。生死は天の司る所である」と。東洞はこれを医療に敷衍して、医者は生死を考えることなく、全身全霊を以て患者に最善の治療を施せばよい、と確信したのである。

この理論的救済と、改良を加えた臨床実践が実際に効果を挙げたことが、東洞の医療思想の基本骨格を形成したものと考える。

しかも、当時の医者は社会的地位が低く、僧形に剃髪し、外見は取り繕うが、予後不良の患者と判断すれば治療を辞退し、ひたすら保身を優先する有様であった。(4)(5)その堕落した彼らが信奉する陰陽五行の学理は、梅毒治療には無益なばかりか、有害ですらある。東洞はこの医療人の態度を断乎として拒否し、憤懣やるかたなく「天下の医を医《いや》すに非ざれば、疾を救うの功や多ならず。京師に出るに非ざれば、教えを授くるの業や弘からず」との結論にいたったのである。それはまさに、陋習に安住する常識に対する叛逆であった。

この当時を回顧した東洞による記述が『古書医言』(6)にある。


余嘗て父祖の業を継ぎ、既に之を行なわんと欲するに、規矩準縄なく、臆を以て之を伝うるは、固《もと》より為すべからず。是に於てか広く医の以て規矩準縄と為すべき者を尋ねたり。(中略)唯忙忙然として大洋を望むが如し。之をいかんともするなし。已にして奮発して曰く、書に言わずや、古訓に学べば獲ることあらんと。是に於てか漢以上の書を渉猟して、呂氏春秋、尽数・達鬱の二篇に至る。節を拍ち天を仰ぎて嘆じて曰く、嗟《ああ》聖人の言、信にして徴あり。是れ病を治するの大本にして、良《まこと》に又万病唯一毒の枢機なり、と。


東洞は「独学」で古典を渉猟した点を指摘しておきたい。さらに指摘すべきことは、「漢以上の書」とあるが、『傷寒論』の名は無い。

ところで、東洞の思想形成を巡って、舘野正美(6)と筆者の見解が大きく隔たるところがある。舘野は『古書医言』の研究を通して、万病一毒説を初めとする基本骨格が「上洛後、相当に年数が経過した後に形成された」としている点である。しかし、筆者の立場は、基本骨格は広島時代に形成され、その正当性の根拠を求めて、古典探索に取り組んだとするものである。つまり、緻密な古典研究は東洞にとって、言わば「後付け」の作業である。これを建築物に喩えれば、土台と柱を組んでの上棟は広島時代にほぼ為され、耐震の工夫や洗練された外装が上洛後に施されたのである。舘野の見解が正しいとすると、全く思想性を持たない東洞が、突然に山脇東洋によって世に顕されたことになり、また、「親試実験」という時間を要する作業が、その後の四、五年で完遂され、『医断』『類聚方』『方極』『薬徴』が著されたという、極めて無理な、不自然な流れになるのである。

さて、ここで残された最大の疑問は、陰陽五行論という伝統的思考の枠組みを無益なものとして、これと訣別した東洞が、どの様な経緯で、当時勃興していた古医方に出会い、これに傾斜したかということである。この点については第五節「古医方との出会い」で論じることにする。

なお【行状】は続くが、ここで中断し、上洛以前の思想形成に論点を集中することにする。

第二節　黴瘡秘録をめぐって

吉益東洞が金瘡医として、梅毒治療に従事し、このことが「万病一毒」の発想を齎《もたら》したと山本巌は述べている。(7) 山本はその論拠として杉田玄白の『形影夜話』の記述を挙げている。そこで、関連する記述を『形影夜話』の現代語訳(8)から引用してみたい。

とかくするうちに、年々名ばかりむなしく高くなり、患者は日々月々に多くなり、毎年千人あまり治療するが、そのうち七、八百は梅毒患者である。こんなことをして、四、五十年の月日がたったから、梅毒患者をとりあつかった数は、数万にもなろう。それだのに、今年七十歳という年になるが、まだ完全な治療法がわからない。これは患者のつつしみがないためか、それとも、わたしの治療が下手なのか、とにかく、ますますこの病気は難治のものだということを知っただけのことで、わかいころからすこしも進歩していない。

杉田玄白（一七三三―一八一七）は東洞より三十歳ほど若いが、金瘡医であった。山本巌はこれから類推して、同じく金瘡医であった東洞と梅毒（黴瘡）との関係を推測したものと考える。

当時、猖獗をきわめた梅毒流行のありさまは、内科医に依っても記されている。香川修庵（一六八三―一七五五）は、その著『一本堂行余医言』巻六上に(9)「黴瘡」について詳述しており、その末尾に「貴賤、老若、老少、滔滔《とうとう》、通病」と嘆いている。また、永富独嘯庵も『黴瘡口訣』(10)を著し、「近年、此病、諸国に流伝すること、大方ならず。在在津々浦々、至らぬ所なく、跡先なしの、年少の徒は、治療の道を、粗略に打遣《うちや》り、終身の患となる者夥《おびただ》し」と、この書を書き出している。

ここで、『日本梅毒史の研究』(11)と『梅毒の歴史』(12)によって、東洞以前の梅毒史を概観してみたい。最も有力視されている学説は、コロンブス探検隊が西インド諸島から持ち込んだというものである。学説はともかく、事実として、一四九三年にコロンブスが凱旋した後で、まず、ポルトガル人の間に流行し、イタリア、フランスなど欧州諸国に急速に広まった。これにはフランス王シャルル八世がイタリア遠征のために欧州各国の傭兵を動員したことが挙げられる（一四九四年）。続いてインド（一四九八年）、中国の広東（一五〇五年）、一五一二年に日本の畿内、翌年には関東に流行したと記されている。

その治療法であるが、当時我が邦で金瘡医がテキストとしていた『外科正宗』（一六一七年刊[13]）には梅毒疹に類似する「楊梅瘡論第四十一」の項目があり、土茯苓《どぶくりょう》（山帰来）を配剤した内服処方と軽粉を含む外用剤が記されている。しかし、その総論には性感染症としての本症の複雑多彩な経過は記述されていない。また、「下疳論第三十六」にはこのものが性行為と関連することは記されているが、本症が下疳に始まり、その後に皮疹、関節痛、ゴム腫などをもたらすものとは捕らえていない。梅毒が中国大陸に上陸して約百年後に著された本書であるが、その著者陳実功《ちんじっこう》（一五五六―一六三六）は、新興性感染症である梅毒の全体像は認識していなかったと考えられる。先に記した香川修庵は、その著『一本堂行余医言』[14]で、陳実功の記述の不備を指摘している（巻六上「黴瘡」）。

外科の大家陳実功がこのような有様であったので、中国においても治療の実績が不十分であったことは容易に想像される。そこに登場したのが陳司成の『黴瘡秘録』（一六三二年刊[15]）である。東アジアにおける初めての梅毒専門書であり、新興性感染症であるとの明確な認識の下に、病態と治療法を詳細に記述している。新たな治療薬として、それまで専ら外用剤として用いられていた軽粉（塩化水銀）の経口投与、水銀と食塩の焼灼・昇華法によって得られる生生《せいせい》乳《にゅう》（塩化水銀）、そして従来からの土茯苓、牛膝《ごしつ》を巧みに配合した治療法を開発したのである。当然、その副作用は激烈であるが、それは覚悟の上の挑戦である。

その記述を摘録して訓読し、注目すべき語句をゴシックで示す。

黴瘡秘録〔黴瘡或問〕

或る人《ひと》問う、此の証、楊梅瘡と謂うもの有り、棉花瘡と謂うもの有り、砂仁瘡と謂うもの有り、名状一ならざる者は何ぞや。余が曰く、**毒の相い感ずる者は一気なり**。臓の証を見わす者各々異なり。痘瘡の如きは紅斑、白《はく》癮《いん》有り。荳《とう》の如く蔴の如く、蚕子《さんし》の如く土蛈の如く、茱萸《しゅゆ》の如く葡萄の如く、或るいは毒を眼目・肘膝に移し、形証多端なり。大約は荳に似たる者多く半ばす。故に名づけて痘瘡と曰えり。黴瘡の如きは、赤遊・紫癜あり、瘋《ふう》の如く疹の如く、砂仁の如く棉花の如く、鼓釘の如く、爛柿の如く楊梅の如く、或るいは結毒 孔竅《こうきょう》を破爛す。名状一ならず、大約、楊梅に似たるもの多く半ばす。故に名づけて梅瘡と曰えり。痘瘡・梅瘡、皆、形を以て名を命ず。一ならざる所以なり。

或る人《ひと》問う、医の此の患を治するに、或るいは湯薬を用ゆる者、或るいは散薬を用ゆる者、或るいは丸薬を用ゆる者、皆、能く効を獲ること等有り。患者、深く軽粉の害を為さんことを慮って、丸散を服することを畏れ、単に煎剤を用いて、能く全効を収めんや否や。余が曰く、審らかに病機を察する者は医の智なり。**邪を攻め、病を伐つ者は、薬の能なり。夫れ毒に多少有り**、形に盛衰有り。治に緩急有り、方に小大有り、云々。

或る人《ひと》問う、初め疳瘡・便毒・大瘡・細子を生ずるより、筋骨疼痛、喉癬《こうせん》・蝕鼻、上下に発塊し、孔竅を破爛し、鵞掌《がしょう》・白癜《はくでん》に至るまで、其の治、同じきや否や。余が曰く、**此の毒に感ずる者は一気なり。然れども毒の証を見わすは、一ならざるなり**。傷寒・疹子の如きは、表よりして裏に伝え、疫病・痘瘡は内よりして外に達す。**ただ此の証のみ出入常なく、伏見《ひん》 一ならず。其の本を論ずるときは、則ち一**。其の末を究むれば、自ずから殊なり。正に稟に厚薄有り、新久有り、工に上下有り、薬に良毒有るが為なり。豈に一定の方を局《しき》りて、不一の疾を愈すことを欲すべけんや。

或る人《ひと》問う、金鼎砒《きんていひ》 大毒あり、方士 多く用ゆるは何ぞや。余が曰く、**毒を以て邪を攻むる(以毒攻邪)なり**。凡そ瘡毒、年深く、月久しくして、膿を流し水を出す者、症 虚寒に属す。金鼎砒、他薬を佐《たす》くるに非ざれば、功を収むること能《あた》わず。もし瘡毒、初め起こって、之を服すれば、反って能く害を為す。或るいは**軽粉**・寒涼の隠薬を悞《ご》服《ふく》して、結毒破爛し、衆方効あらざる者有れば、之を服して効を得。丹経に曰く、水銀は砒下を離れて死せず、と。信《まこと》虚語に非ず。

さらに巻末の〔**宜忌一則**〕には以下のような記述がある。

傷寒・痘瘡に於いて、剤を投ずるに、少しく差《い》ゆれば、死生立ちどころに判るに及ばずと雖も、是の証、少しく錯《あやま》れば、軽きは必ず変じて重きと為り、重きは必ず傾危に至る。毫釐千里、得て忽略《こつりゃく》することなかれ。且つ宜忌は智者の為に道《い》わざるなり。**産後に虚無く**、肝に補法無く、痘瘡は汗・下に宜しからず、傷寒は補を進むるに宜しからずと云うがごとき、此の数《あまた》の者は、皆、粗工の病の進退を諳《そらん》ぜざるを謂う。故に是の戒め有り。**余、上古・哲人の疾を治するを観るに、或るいは毒薬を以て之を攻む(以毒薬攻之)**。毒薬を投ずる者は、剤を尽くさざるなり。十にして其の幾ばくを去るの約有る所以《ゆえん》、殊に知らず、十にして其の幾ばくを去るの約、最も難しと為す。而して又病気の浅深を識るに難きなり。病気の浅深を明らかにする者は、又薬の良毒に拘わらず。**扁鵲が如き、人に毒薬を投じて、名 諸侯に聞こゆ**。五石散に参朮を忌まず。感応丸に芭・黄、並び施し、産後、人参・五霊脂を以て同剤にす。此《これ》皆**古人心契・意会、立方の妙なり**。故に良将の兵を用ゆる、奇正虚実互いに施す者は、**神算の故なり**。此の術を業とする者、豈、また猶、良将の如くならざらんや。伝に曰く、神にして、之を明《あき》らめることは、其の人に存すと、信なるかな。

こうして、この〔黴瘡或問〕を読むと、扁鵲《へんじゃく》の尊崇、方剤を神算・立方の妙とし、毒を以て邪を攻めるなど東洞医論の根幹に一致することが読み取れる。この『黴瘡秘録』の一書が東洞の医論形成に甚大な影響を与えたという事実は被う可くもない。陳司成がここに記している「毒薬攻邪」という言葉は『黄帝内経素問』蔵気法時論篇二十二に見られる。既知の『素問』の言葉をここで引用し、自説を強化したものと考えられる。

ここで、駆梅剤として用いられた水銀剤について、その概略を見ておきたい。水銀そのものの薬効は古くから知られており、『神農本草経』(16)上品には「水銀、味は辛・寒、平土に生ず。疥・瘙・痂・瘍《よう》・白禿《はくとく》を治し、皮膚中の虫蝨《ちゅうしつ》を殺す。胎を堕し、熱を除き、金・銀・銅・錫の毒を殺す。鎔化すれば、還た復た丹と為る。久しく服すれば、神仙となり死せず」とある。水銀の塩化物が軽粉であるが、この製法は平安末期に宋から伝えられたとされ、美容品・白粉の素材として広く用いられた。外用の殺菌剤としての応用は『外科正宗』(13)にも記されているが、内服については、曲直瀬玄朔（一五四九―一六三一）の『医学天正記』(17)に見る「胃、実《じつ》は能く食す。大黄・芒硝・巴豆・軽粉」の記載が最古のものと考えられる。

先の【行状②】で吉益半笑斎が曲直瀬玄朔の門人であったことを記したが、吉益流金瘡科は、この曲直瀬玄朔の軽粉の経口投与という利用法を知っていた可能性がある。

駆梅薬としての軽粉の利用は室町末期以後であると清水藤太郎(18)は記しているが、出典は不明である。『医学天正記』(17)巻下「諸瘡五十」には塗布薬としての記述がある。後藤艮山（一六五九―一七三三）の『養浩堂方矩』(19)黴毒門に七宝丹が記されており（一八二頁）、このものが軽粉を配剤したものであることは、同書の丸散方の項（二〇二頁）に明記されている。『養浩堂方矩』は筆写本で、寛政十二（一八〇〇）年のものであるが、後藤艮山の活躍した時期から考えると一七〇〇年代の初頭に実際に用いられていたものと推測できる。東洞も七宝丸を日常的に用いていたことは、後に詳説する『建殊録』『配剤録』から明らかである。

生生乳も東洞はしばしば用いたが、これは『黴瘡秘録』[15]に記されたものである。

煆煉礬石（三銭）、雲母石（二銭五分）、硝石（一両六銭）、朱砂液（九銭六分）、晋礬（一両二銭）、緑礬（一両八銭）、食塩（半両）、枯礬（五銭六分）、青塩（三銭五分）、右杵《つ》きて、共に研《みが》きて、星を見ざるを、羊城甕内に入れ、三方一頂火にし、薬化して、面上霜頭の起こるを俟ちて、火を離して、冷ゆるを候いて、鉄盞を用いて蓋い扎《さつ》し、塩泥にて固済し、甕口の泥の乾くを待ちて、八卦炉内に入れ、まず文火を用いて、盞底の熱透るを候い、微々水を擦し、炭を平口に加え、武火を用いて、三香足りて、火を離れ、まず甘草、牙皂各々二銭、濃汁に煎じ、盞底に収め、白丹砂・棉紙に包裹して、汁の内に浸すこと半時にして、取り出し、紙を連ねて、土中に埋むること三日夜、取り来りて晒し乾かし、（下略）

あたかも錬金術師のレシピのような、余りにも煩雑、複雑な手順である。東洞は簡便法を工夫したようで、学統では東洞の曽孫に当たる尾台榕堂は『方伎雑誌』[20]にこれを次のように記している、

生生乳を焼くには、方の如く（硝石・礬石・緑礬・食塩・雲母・青塩・朱砂液）、薬を末とし、雲母は唐雲母を塩水に漬けて干し、乾かして、末となし、七味合和して、乳鉢に入れ、其の中へ水銀を入れ、唾を吐きこみながら、搗くと、水銀よく諸薬と和するなり。梅酢にてもよし。星を見ざるを度とすべし。それより焼壺に移し、よく平かに、押しつけて、五六十日、其のまま置くと、諸薬気味融和するなり。堅く干し付くやうになりたる時、

焼くなり。製するには五六七月の際を佳とす。

軽粉も生生乳も化学的には塩化水銀であるが、塩化水銀には塩化第一水銀(甘汞)と塩化第二水銀(昇汞)があり、水溶性の昇汞の毒性は極めて高い。これは推測であり、専門家の検討を待ちたいが、軽粉は殆どが甘汞であるのに対して、生生乳は微量ながら昇汞を含むか、あるいは砒素や重金属塩類を夾雑するのではなかろうか。

ところで、駆梅剤として水銀塩を用いることは欧州でも開発されていた。『梅毒の歴史』[12](一三七頁)に欧州での水銀剤開発をめぐる逸話として、「経験頼りの医者といかさま医者」と題する興味深い記述があるので引用する。

経験頼りの素人医者がお手上げ状態の医者の残した空隙をすぐさま埋めて、梅瘡を患う病人に対してたちまちのうちに影響力を及ぼすであろうということがかなり明らかであった。この目新しくてぞっとする病気を前にして彼ら素人は専門家に対する大きな利点をもっていた。大胆だったのである。本当に彼らはしばしば何ごとにつけても大胆にやってのけるので、トレーリャは同僚と同じように彼らに軽蔑を浴びせる。「彼らは何にも知らないので、何についても迷わずに奇跡を約束する。彼らの言うことを聞いていると死人を生きかえらせることすらできるように思われるのだが、すぐ後で希望はくじかれてしまう。なぜなら突然の思いも掛けない死が患者たちをこの世から連れ去ってしまうからだ。盗人、人殺し、あるいは毒殺者である彼らは情け容赦なく自分たちの犠牲者を殺害する……」。医者たちの行う制裁にもかかわらずこうした闇医療の動きを阻止することはできなかったし、結局そのような動きがあればこそ逆に医者の彼らにも水銀への道筋が示されることになったのである。

正統でなかった故に、大胆であった、という記述は陳司成に或いは東洞に共通する部分があるように考えられる。所謂、正道を歩む、正統派の、まっとうな医者にとって、東洞の医説と臨床が受け入れ難いものであったことは事実である。それは既成概念に対する叛逆であったからである。しかし、そのような常識外れの医療によって欧州における水銀療法が確立したように、東洞が我が国のその後の医療に新たな道を提示することになったこと、これもまた事実である。

本節を総括すると、東洞が金瘡医であったこと。そこに新興性感染症である梅毒が激しく流行し、その治療に果敢に挑戦したこと。この際に『黴瘡秘録』に出会ったことである。勿論、後藤艮山の「一気留滞説」(21)も、一七二〇年頃には既に形成されており、これらの影響も受けつつ、万病一毒説の基礎が築かれたと考えられる。『黴瘡秘録』の和刻本の発刊は享保十(一七二五)年。東洞、二十四歳のことであった。

第三節　徂徠学と東洞

荻生徂徠の学説と出会えたことは、東洞にとって、臨床の現場で直面する生と死のジレンマへの精神的救済を得ることが出来たばかりでなく、広島時代における「知識の創造」に決定的なものとなったと筆者は考える。

それでは、東洞は徂徠学とどのようにして出会ったのであろうか。当初、筆者は山県周南(一六八七―一七五二)を候補として考えていた。『全集』「吉益東洞先生」四八頁に呉秀三が「東洞先生に至り徂徠の説を採り周南を師とし鶴台を友として専ら其道を研鑽し」と記しており、東洞の周南に対する尊崇の念は尋常でなかったことは、「行状」の記述からもわかるからである。しかし、この推測は誤りであることが確定した。それは『東洞先生遺稿』の「寄長門県次公書」(全集五〇九頁)の存在である。この山県周南宛ての書状は次のように書き始められている。「洛下医生芸陽吉益為則、西嚮再拝、欽奉二書長門明倫館祭酒縣次公先生几下一」と。ここで正式な弟子の礼を執っており、著作原稿の校閲を願い出ている。これは一七五〇年の書状である。広島時代に東洞が既に教えを受けていたとすれば、このような書き方はしない。

周南の弟子で、三傑の一人と言われる瀧鶴台(一七〇九―七三)と東洞は親しく、『建殊録』には附録として『鶴台先生問東洞先生書』が載せられている。しかし、広島時代に七歳年下の鶴台と交遊があったとは考えられない。最も無理のない推測は、まずは「独学」であったとするのが良さそうである。徂徠の『弁道』『弁名』が著されたのは一七一三年(一七三七年公刊)である。徂徠はそれ以前に『蘐園《けんえん》随筆』(一七一四年)、『論語徴』(一七二〇年)を公刊している。東洞は独学で徂徠学に接したが、その後に儒学者の堀景山(一六八八―一七五七)と緊密な関係を築いたことはほぼ確定的である。その論拠は『翁草』(附録二一七頁)の記述である。ここには上洛直後の東洞を堀景山が、その親類に紹介するなど、親切に支援したことが記されている。

東洞が徂徠学によって医論を展開したものが『医断』『医事或問』である。安芸時代に形成されたであろう思想の骨格に最も影響を与えたと考えられる徂徠の言葉を摘録する。[3]

『弁名』天命帝鬼神

① 天は解を待たずして人皆知る所なり。之を望めば蒼々然たり、冥冥乎《めいめいこ》として測るべからず。

② 嗚呼天は豈《あに》人の心の如くならんや。蓋し天なる者は、得て測らざる者なり。

③　宋儒曰く、「生死聚散は、理之が主宰為《た》り」と。是れ天を知るを以て自負する者なり。（中略）夫れ天なるものは知るべからざるなり。且つ聖人は天を畏る。故にただ「命を知る」と曰ひ、「我を知るは其れ天か」と曰ひて、未だ嘗て天を知ると言はず。敬の至りなり。

④　陰陽は聖人易を作りて、立てて以て天の道と為す所の者なり。所謂極なり。学者は陰陽を以て準と為す。此を以てして天道の流行、万物の自然を観るときは、則ち或は以て之を窺ふに足るに庶《ちか》きなり。然れども人事に至りては則ち然らず。何となれば則ち、聖人此を立てて以て人の道と為さざるが故なり。後世、陰陽を説く者、其の言曼衍《まんえん》にして、遂に之を人の道に被らしむに至るは、謬《あやま》れり。

⑤　蓋し先王の教へは、物を以てし理を以てせざればなり。教ふるに物を以てする者は、必ず事を事とすること有り。教ふるに理を以てする者は、言語詳らかにす。物とは衆理の聚る所なり。而して必ず事に従ふ者之を久しうして、乃ち心実に之を知る。何ぞ言を仮《か》らんや。

『弁道』

第四節　『史記』扁鵲伝

東洞は、医者は「疾医」たるべきことを主張し、その理想を扁鵲に求めた。扁鵲は姓を秦、名を越人といい、春秋末・戦国初（紀元前五世紀頃）に斉や趙を舞台に名を馳せたが、その優れた医術を嫉む秦の太医令李醯《りき》の差し向けた刺客に殺された。扁鵲とは、黄帝時代の伝説上の名医の名であるが、秦越人が趙にいたとき、人々は彼をその名で呼んだという。

先に『黴瘡秘録』の項で、陳司成も扁鵲を尊崇していたことを記したが、その影響があってか、東洞医論の根幹に関わるものであることから、『史記』扁鵲倉公列伝四十五（青木五郎著、明治書院、二〇〇四、史記十一、一四二―一六八頁）[22]の訓読の全文を、掲げることにする（なお、正字表記を適宜、常用漢字表記に変えた）。

扁鵲は、渤海郡の鄭《てい》の人なり。姓は秦氏、名は越人。少《わか》き時人の舎長と為る。舎の客、長桑君過《よぎ》るに、扁鵲独り之を奇とし、常に謹みて之を遇す。長桑君も亦た扁鵲の常人に非ざるを知るなり。出入すること十余年、乃ち扁鵲を呼びて私《ひそ》かに坐し、間《ひそ》かに与《とも》に語りて曰く、我に禁方有り。年老い、公に伝与せんと欲す。公泄《も》らすこと毋《な》かれ、と。扁鵲曰く、敬しみて諾す、と。乃ち其の懐中より薬を出だして扁鵲に予《あた》へて曰く、是を飲むに上池の水を以てすること三十日、当に物を知るべし、と。乃ち悉《ことごと》く其の禁方の書を取りて、尽《ことごと》く扁鵲に与へ、忽然として見えず。殆ど人に非ざるなり。扁鵲、其の言を以て薬を飲むこと三十日、垣の一方の人を視見す。此を以て病を視るに、尽く五臓の癥結を見るも、特《た》だ脈を診るを以て名と為すのみ。医と為り、或いは斉に在り、或いは趙に在り。趙に在る者は扁鵲と名《よ》ばる。

晋の昭公の時に当たり、諸大夫彊《つよ》くして公族弱く、趙簡子、大夫と為りて国事を専らにす。簡子疾《や》み、五日人を知らず。大夫皆懼る。是に於《お》いて扁鵲を召す。扁鵲入りて病を視て出づ。董安于《とうあんう》、扁鵲に問ふ。扁鵲曰く、血脈治まれり。而るを何ぞ怪しまん。昔、秦の穆公嘗て此《か》くの如きこと七日にして寤《さ》む。寤むるの日、公孫支と子輿とに告げて曰く、我、帝の所に之き甚だ楽しむ。吾が久しかりし所以の者は、適々《たまたま》学ぶ所有ればなり。帝、我に告ぐ、晋国、且《まさ》に大いに乱れんとす。五世安からざらん。其の後、将《まさ》に覇《は》たらんとするも、未だ老いずして死し、覇者の子且《まさ》に而《そ》の国の男女をして別無からしめんとす、と。公孫支、書して之を蔵《をさ》む。秦策是に於《お》いて出づ。夫《か》の献公の乱、文公の覇、而うして襄公、秦の師を殽《かう》に敗り、帰りて縦淫するは、此れ子の聞く所なり。今、主君の病、之と同じ。三日を出でずして必ず間《い》えん。間《い》ゆれば必ず言有らん、と。居ること二日半、簡子寤《さ》む。諸大夫に語りて曰く、我、帝の所に之き、甚だ楽しむ。百神と鈞天に遊ぶに、広楽の九奏・万舞は、三代の楽に類せず、其の声、心を動かす。一熊有り我を援かんと欲す。帝、我に命じて之を射しむ。熊に中《あ》つ。熊死す。羆《ひぐま》有りて来る。我又之を射る。羆に中つ。羆死す。帝甚だ喜び、我に二笥を賜ふ。皆副有り。吾、児の帝の側に在るを見る。帝、我に一《いつ》の翟犬《てきけん》を属して曰く、而の子の壮なるに及びて、以て之を賜へ、と。帝、我に告ぐ、晋国、且に世々衰へんとし、七世にして亡びん。嬴姓《えいせい》、将に大ならんとし、周人を范魁の西に敗るも、亦た有つこと能はざらん、と。董安于、言を受け、書して之を蔵め、扁鵲の言を以て簡子に告ぐ、簡子、扁鵲に田四万畝を賜ふ。

其の後、扁鵲、虢《くわく》に過る。虢の太子死す。扁鵲、虢の宮門の下に至り、中庶子の方を喜《この》む者に問ひて曰く、太子は何の病ぞ。国中の治穣、衆事に過ぐ、と。中庶子曰く、太子の病は、血気時ならず、交錯して泄するを得ず、外に暴発して、則ち中害を為す。精神、邪気を止むること能はず、邪気蓄積して泄するを得ず。是を以て陽、緩にして、陰、急なり。故に暴《には》かに蹶《けつ》して死す、と。扁鵲曰く、其の死するは何如なる時ぞ、と。曰く、鶏鳴より今に至る、と。曰く、収めしか、と。曰く、未だし。其の死して未だ半日なること能はざるなり、と。言ふ、臣は斉の渤海の秦越人なり。家は鄭に在り。未だ嘗て精光を望みて前に侍謁するを得ざるなり。太子不幸にして死すと聞く。臣能く之を生かさん、と。

中庶子曰く、先生、之を誕する無きを得んや。何を以て太子生くべしと言ふや。臣聞く、上古の時、医に兪跗《ゆふ》有り。病を治するに湯液・醴灑《れいしや》・鑱石《さんせき》・撟引《けういん》・案扤《あんぐわん》・毒熨《どくゐ》を以てせず。一たび撥《ひら》きて病の応を見、五蔵の輸に因りて、乃《すなは》ち皮を割き肌を解き、脈を訣し筋を結び、髄脳を搦《だく》し、荒を揲《さら》へ幕を爪《さう》し、腸胃を湔浣し、五蔵を漱滌《そうでき》し、精を練り形を易《をさ》む、と。先生の方能く是くの若くんば、則ち太子生くべきなり。是くの若くなること能はずして、之を生かさんと欲するは、曽《すなは》ち以て咳嬰の児に告ぐべからず、と。

終日にして、扁鵲、天を仰ぎて歎じて曰く、夫子の方たるや、管を以て天を窺ひ、郄《げき》を以て文を視るが若し。越人の方たるや、脈を切し、色を望み、声を聴き、形を写すを待たずして、病の在る所を言ふ。病の陽を聞けば、論じて其の陰を得、病の陰を聞けば、論じて其の陽を得《う》。病の応は大表に見《あらは》る。千里を出《い》でずして、決する者至りて衆《おほ》きも、曲止すべからず。子、吾が言を以て誠ならずと為さば、試みに入りて太子を診よ。当《まさ》にその耳鳴りて鼻張るを聞くべし。其の両股を循《な》でて以て陰に至らば、当に尚ほ温かなるべし、と。

中庶子、扁鵲の言を聞き、目眩然として瞚《また》かず、舌撟然として、下らず。乃ち扁鵲の言を以て入りて虢君に報ず。虢君之を聞き大いに驚き、出でて扁鵲を中闕に見て曰く、竊かに高義を聞くの日久し。然れども未だ嘗て前に拝謁するを得ざるなり。先生、小国に過り、幸ひにして之を挙ぐ。偏国の寡臣幸ひ甚だし。先生有らば則ち活き、先生無くば則ち棄捐せられて溝壑を塡め、長終にして反るを得ざらん、と。言未だ卒《を》はらず、因りて噓唏《きよき》服臆《ひよくおく》し、魂精《こんせい》泄横《せつわう》し、流涕長潸《さん》し、忽忽として睫《せふ》に承《う》く。悲しみ自ら止むること能はず、容貌変更す。

扁鵲曰く、太子の病の若きは、所謂《いはゆる》尸《し》蹷《けつ》なる者なり。夫れ陽の陰中に入るを以て、胃を動かし、中経・維絡に纏縁し、別れて三焦・膀胱に下る。是を以て陽脈は下遂し、陰脈は上争し、会気閉じて通ぜず、陰上りて陽内行し、下内、鼓して起こらず、上外、絶して使を為さず。上に陽を絶つの絡有り、下に陰を破るの紐有り、陰を破り陽を絶ち、之の色すでに廃し脈乱る。故に形静かにして死状の如きも、太子未だ死せざるなり。夫れ陽の陰に入ると以て蔵を支蘭する者は生き、陰の陽に入るを以て蔵を支蘭する者は死す。凡そ此の数事は、皆、五蔵中に蹶するの時、暴作するなり。良工は之を取り、拙き者は疑殆す、と。

扁鵲乃ち弟子子陽をして鍼を厲《と》ぎ石を砥《と》がしめ、以て外の三陽・五会を取る。間《しばら》く有りて、太子蘇る。乃ち子豹をして五分の熨《ゐ》を為《つく》り、八減の斉を以て、和して之を煮しめ、以て更々《こもごも》両の脇下を熨《ゐ》す。太子起坐すれば、更に陰陽を適す。但だ湯を服すること二旬にして故に復す。故に天下尽く扁鵲を以て能く死人を生かすと為す。扁鵲曰く、越人は、能く死人を生かすに非ざるなり。此れ自ら当に生くべき者にして、越人能く之をして起たしむるのみ、と。

扁鵲、斉に過る。斉の桓侯之を客とす。入朝して見《まみ》えて曰く、君、疾有り、腠理《そうり》に在り。治せずんば将に深からんとす、と。桓侯曰く、寡人、疾無し、と。扁鵲出づ。桓侯、左右に謂ひて曰く、医の利を好むや、疾まざる者を以て功を為さんと欲す、と。後五日、扁鵲復た見えて曰く、君、疾有り、血脈に在り。治せずんば恐らく深からん、と。桓侯曰く、寡人、疾無し、と。扁鵲出づ。桓侯悦《よろこ》ばず。後五日、扁鵲復た見えて曰く、君、疾有り、腸胃の間に在り。治せずんば将に深からんとす、と。桓侯応へず。扁鵲出づ。桓侯悦ばず。後五日、扁鵲復た見え、桓侯を望見して退き走る。桓侯、人をして其の故を問はしむ。扁鵲曰く、疾の腠理に居るや、湯熨の及ぶ所なり。血脈に在るは、鍼石の及ぶ所なり。其の腸胃に在るは、酒醪《しゆらう》の及ぶ所なり。其の骨髄に在るは、司命と雖も之を奈何《いかん》ともする無し。今、骨髄に在り。臣、是を以て請ふ無きなり、と。後五日、桓侯、体病む。人をして扁鵲を召さしむれど、扁鵲已に逃れ去る。桓侯遂に死す。

聖人をして預《あらかじ》め微を知らしめ、能く良医をして蚤《はや》く事に従ふを得しめば、則ち疾は已《い》ゆべく、身は活くべきなり。人の病《うれ》ふる所は、疾の多きを病へ、而うして医の病ふる所は、道の少きを病ふ。故に病に六つの不治あり。

驕恣《けうし》にして、理を論ぜざるは一の不治なり。身を軽んじ財を重んずるは、二の不治なり。衣食適する能はざるは、三の不治なり。陰陽幷《あはさ》り、蔵気定まらざるは、四の不治なり。形羸《や》せて薬を服すること能はざるは、五の不治なり。巫を信じて医を信ぜざるは、六の不治なり。此の一の者有れば、則ち治し難きなり。

扁鵲、名、天下に聞ゆ。邯鄲に過るに、婦人を貴ぶと聞き、即ち帯下の医と為る。雒陽《らくやう》に過るに、周人は老人を愛すと聞き、即ち耳目痺の医と為る。来りて咸陽に入るに、秦人は小児を愛すと聞き、即ち小児の医と為る。俗に随ひて変を為す。秦の太医令李醯《りき》、自ら伎の扁鵲に如かざるを知るや、人をして之を刺殺せしむ。今に至るまで天下の脈を言ふ者は、扁鵲に由《よ》るなり。

ここに記された諸点を要約して列記する。

① 長桑君から禁方を授かった。

② この禁方を指示されたとおり服用したところ、病人を視ると内蔵の癥結《ちょうけつ》(腫瘍)が透見できるようになった。

③ 晋の昭公の時、大夫の趙簡子が五日間、意識不明状態になったが、扁鵲は「血脈治まれり」と蘇生を宣言し、昔、秦の穆公も同様の病症に侵され、蘇生後に「天帝に会い、楽しく懇談し、晋国の将来を聞いてきた」と言った。趙簡子も三日で蘇生し、同じようなことを言うであろうと告げた。予告通りであった。

④ 其の後、扁鵲は虢を訪れた。その折り、虢の太子が突然、死亡した。側近の者に尋ねると、太子は死亡して数時間、まだ納棺していないという。扁鵲は側近の者に太子の内股・陰部が未だ温かいはずだから確かめるように指示した。その通りとの返答があった。そこで、扁鵲は私が蘇生してあげると告げ、弟子に鍼と石を研がせ治療を施したところ、太子は蘇生した。其の後、湯剤を二十日ほど服用させたところ、すっかり快復した。

⑤　其の後、扁鵲は斉の国を訪れた。斉の桓侯が手厚く迎えた。しかし、扁鵲が桓侯を視ると、病気が進行する予兆があった。早期の治療を勧めたが、桓侯は「病気でもない者を病気と言って、金儲けをしようという不逞の輩だ」といって、耳を貸さない。このような事を三度繰り返したが桓侯は取り合わない。扁鵲には桓侯の病気が進行し、もはや手の施しようもない状態に至ったことが判った。そこで、扁鵲は逃げ去った。その直後に桓侯は死亡したのである。このように天は聖人に疾病を早期に見抜くことを教えている。良医というのは疾病の初期に適切な対応ができる者をいうのである。「人の病《うれ》ふる所は、疾の多きを病へ、而うして医の病ふる所は、道の少きを病ふ」と。『東洞翁遺草』（全集五七五頁）に母親から送られた和歌への返歌がある。これは⑤の末尾の意を体したものであろう。

くすしてふ名さへはづかし今はたゞ人に病のなき世ともがな

第五節　古医方との出会い

東洞医論の基本骨格については第一章の第一節に八項目を列挙したところであるが、本章の第二節から第四節で、骨格形成の重要な要素の大半を検討してきた。残るのは、第四項目と、第八項目である。これを明らかにするためには、古医方や『傷寒論』『金匱要略』との出会いが解明されなければならない。

東洞が安芸に在住中のどの時点で、どの様にして古医方の存在を知り、『傷寒論』に辿り着いたかは全く不明である。

東洞に関する安芸在住時代の唯一の記録は『東洞翁遺草』の冒頭の和歌である。

春歌

元文辛酉元旦試筆

明てけさ霞むそなたに出《いづ》る日のにほふ空より春や来ぬらん

元文辛酉は一七三六年。東洞三十五歳の時である。和歌そのものについては措くとして、安芸時代の記録があるという事実に注目したい。すなわち、安芸時代の書簡などの少なくとも一部は京都への移住に際し、携行されていたと考えてよい。そこには京都移住に関係した書簡もあったはずである。

家族一同を伴っての上洛に際しては儒学者であり医師でもあった堀景山を頼っていたことは『翁草』〔附録二一七頁〕の記述から確定的である。然るに、往復書簡を集めた『東洞先生遺稿』に堀景山に関係するものは収録されていない。また、【行状】にも記載がない。誠に不自然なことである。

筆者が調査した範囲では、堀景山という人は、徂徠との往復書簡があることから、確かに徂徠学の共鳴者ではあったが、家学であった朱子学、伊藤仁斎の古義学、そして後に国学と呼ばれる「やまとことば」にも精通した教養人であった。本居宣長は儒学の師として、堀景山を頼って上洛したが、景山に師事できたからこそ、その後の宣長の偉業が達成されたと筆者は考えている。(23)(24) 景山は契沖の『百人一首改観抄』を延享五(一七四八)年に刊行している。

このように記すのも、実は筆者は窃に、堀景山が、後藤艮山に関連する情報を広島の東洞に齎した可能性があると考えているからである。景山は広島藩の儒官であったことも指摘しておきたい。

どのようなルートにせよ、後藤艮山の情報が東洞に齎されていたとする一つの客観的事実が存在する。安芸在住中の東洞は、梅毒治療とその副作用軽減に必須の『東洞先生家塾方』の丸散方を駆使していたと考えられるが、この『家塾方』二十六方の半数以上、（家塾方の根幹となる十二律方では、その内の八方）が後藤艮山の『養浩堂方矩』(25)の記載に一致するという事である。これが偶然の一致とは、筆者には到底考えられない。誰かの仲介によって、この艮山の『養浩堂方矩』に類した情報が、安芸の東洞の下に齎されていたと考えるのが、自然ではなかろうか。そして、それと共に後藤艮山の医論も同時に齎されたのである。

この情報伝達が、安芸在住中であったと決定する客観的根拠は無い。しかし、梅毒治療に一定程度の成績を挙げるには、駆梅薬としての生生乳や七宝丸と共に、水銀剤の副作用を軽減する控涎丹《こうぜんたん》や平水丸のような薬剤が必要不可欠であった。ちなみに塩化水銀の経口摂取に伴う副作用は口腔内の糜爛・舌炎・歯齦炎《しぎんえん》、流涎、粘液性吐物、血性下痢、腎臓障害である。そこで、当時は未だ形が整わなかったであろう原『東洞先生家塾方』の丸散方を駆使しなければならない事は、臨床医としての筆者の視点からは必須のことと考えられる。敢えて、安芸在住中とする所以である。

後藤艮山の医論の導入によって、『傷寒論』の存在を知り「方証相対」の朧気な姿が浮かび上がって来たと筆者は考える。「方証相対」論が明確に確信として東洞の中で成立したのは、上洛後に松原一閑斎と出会ってからとするのが、妥当性が高い。

森立之の『遊相医話』（附録二二〇頁）には、山脇東洋が東洞の家を訪れると、人形造りの木屑と一冊の『傷寒論』が披かれていたと記されている。東洋との出会いは一七四四年である。一閑斎と出会った時期は不明であるが、一七五一年に草稿が成った『方極』は方証相対の理念に基づき、臨床的な「親試実験」数年を経て「心実」を得たものである事を考えると、一閑斎とは上洛（一七三八年）後の比較的早い時期に出会っていたとするのが無理のない推論であり、

『翁草』もこれを否定しない。

景山と東洞との関係はこのように緊密なものであったと推測されるが、それにも拘わらず、【行状】などの遺された記録に堀景山は一切触れられていない。この矛盾が示すことは筆者の仮定と推測が全く誤りであるか、東洞とその子息達が意図的に景山を記録から排除したかのいずれかである。筆者は伝記の作成者である吉益南涯が、東洞の偉大さを顕彰したいが為に、意図的に排除したと考えている。

逆の見方をすれば、堀景山の影響が非常に大きかったことである。堀景山と東洞との間に不仲となる出来事があったことも推測される。筆者は決定的な不仲は『医事或問』に記された事件が其れであると考えている。

その記事は或問九の後半部分にある(句読点は筆者)。

前《さきつ》かた、或《ある》老人、余を諫たる事有。足下、平日、生死をしらぬといへるゆへ、世上の人、大に恐る。其事をいはずして、療治をほどこし給はゞ、たのむ人も多く、人をたすくる事も多からんといへり。ひそかに是を考ふるに、我を世に顕さんとて、深切にをしへ給ふ事、甚かたじけなき事なれども、もとより生死はしらぬ事なり。たとへ世に行はるゝといへども、偽もいはれず、長者の諫らるゝ事ゆへ、辞退もなりがたし。しかしながら、人の疾苦を救ひ、吾道を末世に伝へて、人のたすけにならん事、年来の志願なれば、たとへ医術行はれず、餓死に及ぶとも、道をば違《たごふ》べからず。(中略)たとへ餓死に及ぶとも、此道、世に行れば、吾生涯の本望なり。折角、諫られし事なれども、かくのごとく、道の大事なれば、いひ死《じ》に死《しす》べしと辞しければ、彼《かの》老人、憮然としてされり。云々堀景山は東洞より十四歳年長である。「或老人」であって矛盾しない。しかも「或老人」には非常な敬意を懐いて対応している様が文章から滲み出ている。

推測するに、不仲の決定的要因は東洞が徂徠学を絶対視して「生死は天の司る所」「生死は知らぬ」と強行に原則論を主張し、それを諫めた景山を、「不徹底。徂徠学の本質を判っていない似非儒学者」として、袂を分かったのである。客観的、かつ冷静に考えて、東洞の周囲に在って、敬意を払われつつ、彼を諫めることができる程の度量と信頼関係を持っていた「年長の人物」は堀景山以外には考えられないのである。

東洞が没した時、嗣子南涯は二十三歳であった。従って父親の上洛直後の事情は或いは父から聞いていなかったとも考えられるが、家系から学歴、上洛の動機などが明確に伝えられていることを考えるとき、東洞が生前に意図的に、堀景山と松原一閑斎を排除していた可能性も無しとしない。

第六節　暗黙知と形式知

ここで、話題を全く変えて、序文にも記した、野中郁次郎の『知識創造の方法論』について紹介したい。東洞の思想形成と其の後の成果を理解するために、極めて示唆に富む内容である。野中郁次郎氏の許諾を得て、『知識創造の方法論』（東洋経済新報社、五三―五七頁）を引用する。[26]

知の型を分類する

表1　プラトン，デカルト，西田，デューイの知の型

	合理論の流れ	経験論の流れ
抽象(形而上)	【プラトン】 本質(イデア)追究 言語対話・論争的アプローチ 覚醒・転向 理想主義 情熱的 真・善・美の追究	【西田幾多郎】 客観と主観の融合(純粋経験) 内省的アプローチ 忘我の知 直観重視 有機的生命体的 共同体的性格
具象(形而下)	【デカルト】 合理主義 分析的戦略的アプローチ 明証性の追究 物質の支配 数学的論理・科学的 節制・冷静の要求	【デューイ】 経験主義 主体的実証的アプローチ 信念・習慣・行動の重視 実験の重視 体験的身体的 結果主義

私たちは合理・理性の代表としてプラトンとデカルト(イデアと懐疑)、経験論の代表としてデューイと西田幾多郎(実験と純粋経験)を例にあげました。これらそれぞれが、特定の知の創造の型を示していたのは見たとおりです。

さらに、現実に向きあって真理を求めるデカルトとデューイ、現実や自己を超えたところにある真理を追究するプラトンと西田、という分類もできるでしょう。

本質追究型で観念的といえるプラトンと、経験や有用性重視のデューイは対極にあります。また明証性重視、二元論的なデカルトと直観重視、一元論的な西田幾多郎も、対極の特徴を持っているといえるでしょう。

また、純粋経験という超越的な自己を求めた西田は、イデアに現実を超えた普遍性の原理を見たプラトンにつながります。そしてデカルトとデューイは数学的科学的な手法による真理追究という点では知的態度として通底しています。

この四者を表にすると、表1のように整理できるでしょう。

ここで示されているのは、この四人の哲学者の哲学の内容そのものでなく、いかにして真理がもたらされるか、ということについての世界観の分類、といってもいいでしょう。つまり、この四人の知の「型」なのです。

これらは、それぞれが二項対立的でありながら、タテ（合理論や経験論の流れ）やヨコ（現実への態度）でみると共通性を感じます。たとえばこれらを「真理追究」という軸でみると、四者はいわば円を描くように関連しあっているように思われます。つまり、それぞれに異なる型でありながら、真理追究のベクトルはまったく反対側に分裂していくのではなく、相対しつつ円を描く、一種の循環プロセスとしてとらえることができるのです。私たちはこの全体をとらえて身につけていかねばなりません。たった一つの真理の追究の道というのはありません。多様な方法論を駆使して、さまざまな視点から真理に迫っていく必要があるのです。

暗黙知と形式知

知識そのものに目を向けると、どのような分類が可能でしょうか。知識は「個人的で主観的な」知識と、「社会的で客観的な」知識という二つの側面に分類されます。われわれは、すべての知識をこの暗黙知と形式知の二つのタイプの知に還元します。思い切った単純化ですが、単純化は強力な思考力を発揮させます。

ハンガリー生まれの物理化学者であり社会科学者のマイケル・ポラニー（一八九一―一九七六）は、**暗黙知 (tacit knowledge)** の概念をあげました。暗黙知は、知っていても言葉には変換できない経験的、身体的なアナログの知です。言葉や文章で表すことの難しい、思い（信念）、視点、熟練、ノウハウなどです。われわれはこれに対して形式知という概念を考えます。そして形式知は、その暗黙知を言葉や体系にした、デジタルで共有可能な知です。アナログな知識とデジタルな知識といってもいいでしょう。

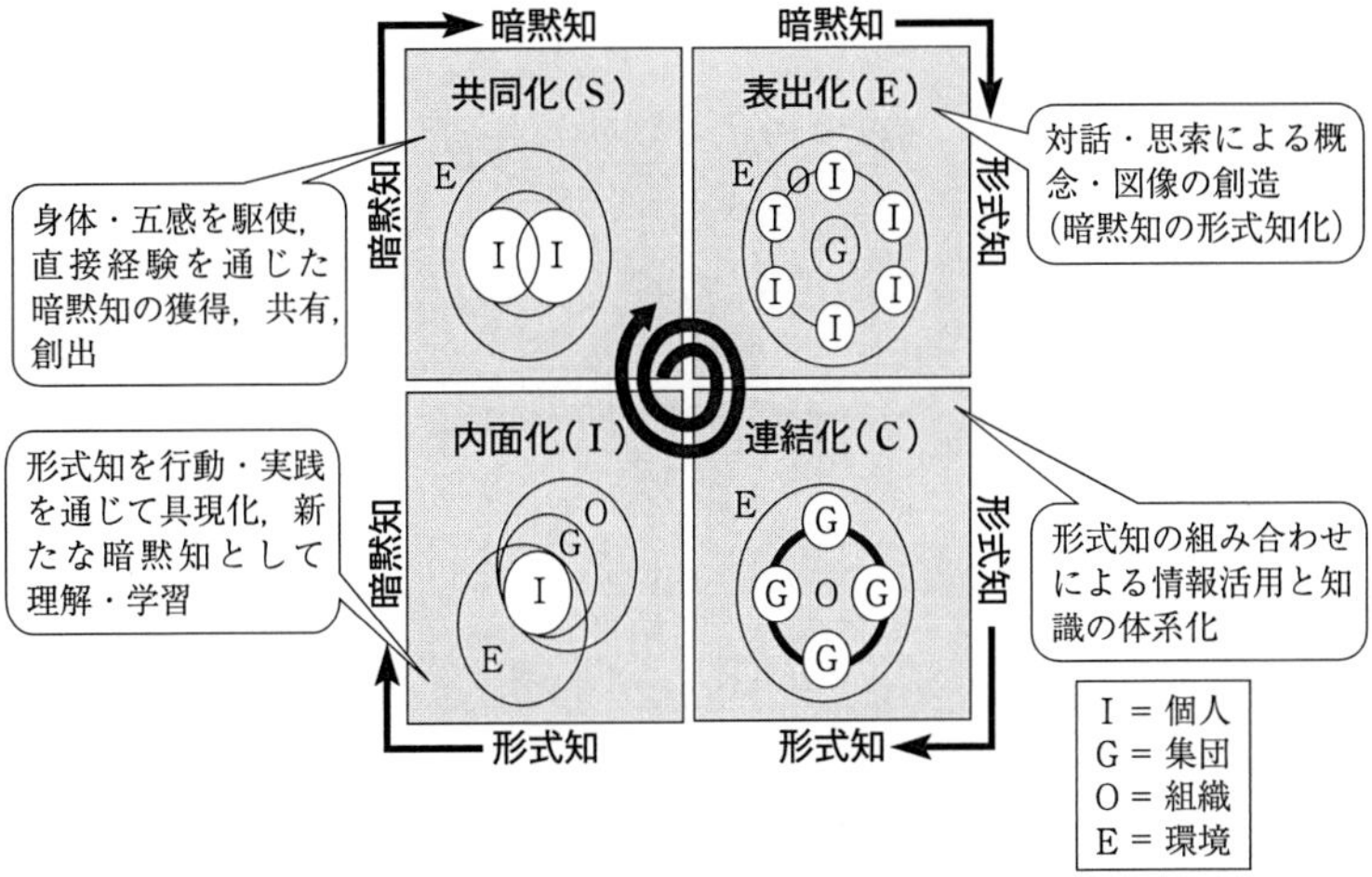

図 1　知識創造の一般原理——SECI モデル

表 2　暗黙知と形式知の比較

暗黙知(tacit knowledge)	形式知(explicit knowledge)
• 言語化しえない・言語化しがたい知識 • 経験や五感から得られる直接的知識 • 現時点(今，ここ)の知識 • 身体的な勘どころ，コツと結びついた技能 • 主観的・個人的 • 情緒的・情念的 • アナログ知，現場の知 • 特定の人間，場所，対象に特定・限定されることが多い • 身体経験をともなう共同作業により共有，発展増殖が可能	• 言語化された明示的な知識 • 暗黙知(区切られた)から分節される体系的知識 • 過去の(区切られた)知識 • 明示的な方法・手順，事物についての情報を理解するための辞書的構造 • 客観的・社会(組織)的 • 理性的・論理的 • デジタル知，コードの知 • 情報システムによる補完などにより時空間を超えた移転，再利用が可能 • 言語的媒介をつうじて共有，編集が可能

知識は形式知と暗黙知のダイナミックな複合体です。片方だけ取り上げて、どちらかが重要であるかを議論することに意味はありません。また、単に知識をこれら二つの側面から説明するだけにとどまっていてもいけません。われわれが注目するのは、これらが相互に変換されることによって、そこから知識も生まれてくる、というダイナミズムなのです。

新たな知識は、暗黙知と形式知の相互作用によって創出されます。ここで指摘したいのは、知のダイナミズムに焦点をあてたときには、私たちはポラニーのとらえ方からさらに一歩踏み込んで暗黙知と形式知の双方をとらえねばならないということです。ポラニーは、暗黙知と科学的知識(われわれの言葉でいえば形式知)を連続的な知の側面、一体的なものだととらえていました。しかし、実際にはこれら暗黙知と形式知の背景には、膨大な認識論的蓄積がありました。つまり、これらのどちらが真であるかという、長きにわたる論争があったのです。それに基づけば、暗黙知と形式知は二つの異なる知の性質だといえます。暗黙知と形式知は、知識の二つの側面であると同時に異なるタイプである。なぜそのように認識するのかといえば、それは一つのタイプの知から他への変換は容易でないからなのです。暗黙知から形式知へ、形式知から暗黙知への変換はスムーズなものではありません。そこにはさまざまな衝突や多大なエネルギーを要する、まさに創造的な相互作用が求められるのです。

この暗黙知と形式知の考え方を借りると、『方極』や『薬徴』を成立させた東洞の「知識の創造」が暗黙知を形式知に変換するという極めて困難な作業であったことが理解される。また松原一閑斎は臨床の妙手であったが、その知識は書物には記述できないとしたことも「暗黙知」から「暗黙知」への道筋で自分を高めていった人であったと納得できるのである。

第七節　東洞における「知の創造」の方法論

如何なる斬新で革命的な思想も、時代の制約や、時代思潮の影響の下に為されることは、歴史上の多くの事例が物語っている。吉益東洞が安芸在住中に形成した思想も例外ではない。これまで歴観したように、「東洞の生きた時代」「儒学革新の概観」「中国における医学復古の動き」「日本における医学復古の動き」そして「古医方との出会い」の全てが同時的に存在したことが、東洞の思想を形成したと考える。どれか一つでは無い。一つの要因から発想したことが別の要因で強化され、増幅され、洗練され、その結果として、一つの知の構造体が形成されたのである。

万病一毒説についてはその発想の契機として『黴瘡秘録』と梅毒治療の実践があったと考えてよいが、本節では「方証相対論」がどのような経緯で形成されたかを検討し、知の構造体の基本骨格の全容を明らかにしたいと考える。

まず、指摘しておきたいことは、東洞は『黴瘡秘録』の総論に共鳴はしたが、実際の臨床でそこに掲げられていた方剤を用いた形跡はない。記録が遺されていないので、断定は出来ないが、後に東洞によって著された臨床の記録である『建殊録』や『配剤録』あるいは『東洞先生家塾方』に陳司成の痕跡すら見出せない。東洞は『黴瘡秘録』から、軽粉、生生乳、土茯苓（山帰来）と、関節症状に対する牛膝の応用に限って取り入れたと考えてよい。そこで後藤艮山の『養浩堂方矩』（に類する情報）を入手し、実際の梅毒治療に当たり、種々工夫の結果、一定程度の臨床効果を挙げる自信を得たものと考える。

それと同時に艮山の古医方の医論に出会った。正確に言えば、方証相対論は上洛後に松原一閑斎に出会った後で完成したと考えられるが、『傷寒論』『金匱要略』の方剤を組み入れた医療を実践する中で、朧気な骨格が形成されたと仮定して、論を進めたい。

しばしば誤解を目にするが、曲直瀬道三に連なる後世方家は決して「傷寒論の方剤」を蔑ろにしていたのではない。ただ、「傷寒論の方剤」は「傷寒」と呼ばれる病症に限って用いられて来たのである。この制約を撤廃し、万病に応用する道を拓いた事が東洞の偉大な業績の一つであり、後に著された『類聚方』はその成果の公表である。

それでは、「制約の撤廃」はどのような手順でなされたのであろうか。東洞は「万病一毒」と言ったが、治療法については「証に随う」とし、決して一つだけの方剤で「一毒」に対処出来るとは言っていない。

そこで、考えなくてはならないことは、「方」と「証」の関係である。筆者は『傷寒論』の成立を題材にして、証と方との関係を考察した論文を公表したが[27]、その論旨は、太陽病、少陽病、陽明病、太陰病、少陰病、厥陰病として、急性熱性感染症のステージを分類する六病位という概念は、「原・傷寒論」成立の後から持ち込まれた法則であるとしたことである。つまり、「方」が先に存在し、その適応病態は六病位の法則の制約を受けずに幅広く応用され、経験が蓄積されていたのである。次章で記す『医断』には六経(六病位)は仮設の概念であるとし、この枠組みを撤去していることが記されている。

そして、東洞は徂徠の影響の下に、陰陽という概念をそもそも認めない。と、すると「方」は陰陽の枠組みを外されて、「神算により成立した妙方」そのものとして眼前に現れる。その適応となる「証」と呼ばれる「症候複合[28]」の容姿を明確に捉えれば、本当の意味での「方証相対」の世界が拓かれるのである。

さらに、東洞は、急性熱性疾患への対処法を記した『傷寒論』と、慢性疾患(雑病)への対処法を記した『金匱要略』の双方を閲覧した。この時点では「独学」と考えてよい。そこで、気づいたことは、両者に跨がる方剤の存在である〔本節末尾〕。『傷寒論』には一一〇方、『金匱要略』には二五一方が収載されており、両書に跨がるものは三十七方である。『傷寒論』から見ると実に三四パーセントに当る。

つまり、例えば小柴胡湯という方剤は「傷寒」にも「雑病」にも応用出来る性質のものであって、これを「傷寒」の「少陽病期」に閉じ込めて置くのは不合理だと考えたのである。ここで「万病一毒説」がこの発想を後押しする。そもそも、「傷寒」「雑病」という区分そのものが無意味であって、「万病は一毒」なのだ、と。松原一閑斎の臨床はまさにこの考えに則っており、それが妥当であることを知ったのである〔附録『松原家蔵方』〕。

このようにして、東洞は「制約の撤廃」に辿り着いた。この推論が一定程度の妥当性を持つことは、後に東洞が著した『建殊録』や『配剤録』を詳細に検討すると、桂枝湯、小柴胡湯、大柴胡湯、五苓散など、「両書に跨がる方剤」が頻用されている事から知れるのである。

しかし、ここで問題となるのは「証」と呼ばれるものの容を、どのようにして認識するかである。筆者が日々実践しているように、これは「自得」する以外にない。まさに「暗黙知」である。しかも手強いことに「容」をつかむ事は鰻をつかむのに似て、つかんだと思うとスルリと抜け出てしまうことも多々ある。ともあれ、その暗黙知を形式知とすべく記述したものが『傷寒論』であり、『金匱要略』である。そもそも記述できない暗黙知を記述したものであるから、キーワード数語と、他の方剤の証との鑑別に重要な数語が記されることになる。東洞もそうしたように、われわれも、その数語を手がかりに、暗黙知を臨床実践に基づいて直接把握しているのである。東洞の優れた点は、そうして把握した暗黙知を精錬して、その方剤のいわば極意を数語で記述する努力をしたのであり、これが後に公刊される『方極』である。

この『方極』は、実は生薬単味の効能を記した『薬徴』とリンクしている。さらに具体的に言えば、『方極』を求める作業と『薬徴』を求める作業は同時並行で互いに影響しつつ、より妥当性の高いものへと向かうスパイラルを描いて為されているのである。『薬徴』は当該の生薬が重量的に多く配合されている方剤から順に羅列され、結論としてその効能が記されているので、不用意な学者は、ここに記された薬徴が、専ら帰納法的な手段によって得られたと考えている。しかし、実態はそれを一歩進めて『方極』とクロストークすることで、帰納した「知」を臨床の場で演繹するプロセスを経て暗黙知として薬能の全体像を直接的に把握したのである。帰納法と演繹法による臨床の場における検証、これが「親試実験」の実体である。この一連の作業を可能にしたのは陰陽五行論と引経報使論の法則で縛られていた李時珍の『本草綱目』の全否定であり、これが前提となっている。この方法論は、実は荻生徂徠の学問の方法に倣ったものである。しかも東洞はその暗黙知を精選した数文字で記述し、形式知とした。東洞はこの「暗黙知」を臨床で検証し、より妥当性の高いものを生涯に亘ってめざし続けたので『薬徴』の草稿は幾度も書き改められ、生前に公刊されることはなかったのである。

前節で参照した野中郁次郎は、哲学者フッサールの言葉を引用して、こう記している。(26)

フッサールは偉大な天文学者であるガリレオについて「彼は発見の天才であると同時に隠蔽の天才である」(フッサール『ヨーロッパ諸学の危機と超越論的現象学』細谷恒夫・木田元訳)という有名な言葉を残しています。つまりガリレオは宇宙や自然を法則化することで、法則化される前の宇宙や自然を隠蔽したのです。本来、最初にあったのは法則化されていないあるがままの自然だったのですが、法則化された世界をわれわれは現実として意味づけして見るようになってしまう。つまり、意味と現実の関係が逆転する、ともいえるでしょう。なんらかの知識が妥当性の高いモデルを構成してしまった場合、それは発見の手段になると同時に隠蔽の手段にもなりえるわけです。
したがって知識の創造においては、逆立ちした意味にとらわれることなく、あるがままの中から知識を生み出していく過程が重要です。

筆者の漢方の師である藤平健は「併病論」を展開したが(29)これは六病位という妥当性の高いモデルが臨床の実際とは矛盾していることが発見の手段になった一例であろう。そして、もう一人の師、小倉重成は「潜証論」(30)を提唱したが、これも六病位というモデルのピットホールを臨床の実際に照らして発見したものと考えられる。いずれも「あるがままの患者の姿」を法則という遮蔽を突き抜ける眼力で、透見したものである。

『傷寒論』と『金匱要略』に跨がる方剤（五十音順）

茵蔯蒿湯、烏梅円、黄芩湯、黄芩加半夏生姜湯、甘草湯、甘草乾姜湯、甘草瀉心湯、桂枝湯、桂枝加桂湯、桂枝去芍薬加蜀漆竜骨牡蠣救逆湯、桂枝附子湯、五苓散、柴胡桂枝湯、柴胡桂枝乾姜湯、四逆湯、梔子豉湯、炙甘草湯、呉茱萸湯、小建中湯、小柴胡湯、小承気湯、小青竜湯、大柴胡湯、大承気湯、大青竜湯、猪苓湯、通脈四逆湯、抵当湯、桃花湯、人参湯（理中湯）、白頭翁湯、半夏瀉心湯、白虎加人参湯、苓桂甘棗湯、附子湯、麻杏甘石湯、麻黄附子甘草湯（三十七方）

第八節　オランダ医術と東洞

ポルトガル人宣教師で医師でもあったルイス・デ・アルメイダ（一五二五―八三）は我が邦に西洋医学を齎し、府内（大分市）に日本初の病院を設置した。当時の西洋外科は我が邦のものより遥かに優れていたのである。徳川幕府は当初ポルトガル、スペイン、イギリス、オランダとの通商を認めていたが、主としてキリスト教の布教禁止政策から、一六三三年に第一次鎖国令を発布した。以後はオランダとのみ長崎出島における交易を許可した。吉益東洞は金瘡医であり、外科技術の優れたオランダ流外科に接触したのではないかと考え、調査したところ、『江戸の阿蘭陀流医師』一九頁の「阿蘭陀流医師たちと同関係者」の図譜に安芸と京都に吉益東洞の名があることを見いだした[31]。しかし同書の本文には東洞に関する記述はない。著者の杉本つとむ氏に問い合わせたところ、出典とした数書を参照するようにとの回答を得たが、指定された書籍に東洞関連の事項を見いだすことは出来なかった。結論的には「阿蘭陀流医師たちと同関係者」の「関係者」に該当するものとした。その理由は東洞の門下生とその末裔に阿蘭陀流医師になった者が少なからず存在し、彼らが、その師を吉益東洞としたからである。しかし、東洞はオランダ流の医学を全く知らなかった訳ではない。その知識を東洞の下に齎したのは合田求吾[32]（一七二三―七三）である。合田求吾は医と儒を松原一閑斎に学んだが、東洞とも親しく、村井琴山は合田求吾の口添えで東洞に入門している[33]。宝暦十二（一七六二）年、肥後（熊本）で永富独嘯庵と亀井南冥に出会い、二人を誘って長崎に赴き、オランダ通詞の吉雄耕牛・蘆風に学んでいる[2]。合田求吾には西洋式内科をまとめた『紅毛医言』がある。東洞は合田求吾の才能を愛したようで、『東洞先生遺稿』

には「復合求吾書」が載せられている(全集五二三頁)。

合田求吾からオランダの医説を聞いた東洞。何を考えたかは非常に興味深いが、一切の記録は残っていない。しかし、筆者は、東洞は、陰陽五行などに依拠しない、全く別の「医の体系」があることを知り、「それ見たことか。陰陽五行など言わんでも医は成り立つ」と、確信を深めたのではないかと考えるのである。

東洞の門下からオランダ流医師が輩出したことは、歴史的に見て極めて興味深い。輩出の最大の理由は、東洞の陰陽五行論の完全否定が多くの若人を呪縛から解放し、あるがままの人体と対峙することを可能にしたのである。東洞自身は、自説の根拠を古典に求める方向で歩んだが、他方、山脇東洋の『蔵志』に見るように、生体の解剖学的メカニズムの解明に向かう者があったとしても何の不思議もないのである。東洞の歴史的業績は「日本漢方」という新たな知識の創造にあることは言うまでもないが、それと同等以上に、陰陽五行論という「妥当性の高いモデル」を破壊することによって、隠蔽されていた「あるがままの世界への接近を容易にする」という偉業を成し遂げたとも言えるのである。

第九節　安芸時代における「知識の創造」の総括

本章では、東洞が上洛以前に獲得していた「知識の創造」について検討した。これらを安芸時代と確定することは文献的にはできないが、呉秀三も「東洞先生が古文辞の研究より古医方に得る所あり、万病一毒の持説を主張するに至りしは皆郷里に於いてしたり」(全集「吉益東洞先生」四八頁)と記している。

これを総括すると以下のとおりである。

一　極めて難治であった新興性感染症の梅毒治療に取り組む中で、従来の陰陽五行論に基づく治療法は無益であることを知り、『黴瘡秘録』に出会い、あらゆる思弁・臆断を排除し「万病一毒説」を発想した。この際、後藤艮山の「一気留滞説」の影響も受けたと推測される。

二　梅毒治療の薬剤については、『黴瘡秘録』から軽粉、生生乳、土茯苓、牛膝の利用法を学んだが、実際には七宝丸など、何らかのルートで入手した後藤艮山の知識を活用し、治療の実績を一定程度挙げることに成功した。このことが「万病一毒説」を強化した。

三　副作用の強いこれらの薬剤による死亡例に遭遇し、医師としての良心と生死という大きなジレンマに直面した。

四　そのような際に、荻生徂徠の思想に出会い、生死は天の司る所で、医者は生死を天に任せ、ひたすら人事を尽くせばよいと考えるに至った。

五　艮山の駆梅療法の入手を契機として古医方の存在を知り、『傷寒論』『金匱要略』と出会い、「方証相対」を発想する準備段階に達していた。すなわち梅毒に限らず、難治の結核類似疾患、重症喘息、運動神経麻痺などに小柴胡湯、大承気湯、桂枝湯加減などの方剤で対処し、一定程度の効果が得られることを実感した。

六　「万病一毒」の観点からすれば、「傷寒」「雑病」の区分は無意味であるとの見解に達し、万病を自らの方法論で解決しうることに気づいた。そして、最終的に金瘡医と本道(内科)の壁を撤廃。「医療システム全体の改革」の必要性を痛感し、上洛を決意した。

筆者自身も、これまでは東洞が外科から内科へ転身したと、安易な皮相的な理解をしてきたが、東洞が安芸の地でなしとげた新たな「知識の創造」は金瘡科や本道(内科)といった区分がそもそも無意味であり、「医療システム全体の変革」を求めるという、極めて次元の高いレベルのものであったことを、今、知るのである。

東洞の嗣子、吉益南涯に師事した華岡青洲（一七六〇―一八三五）は「方に古今無し、内外一理」（墓碑銘）と記しているが、それは東洞の到達した境地に端を発したものであった。[34]

〔参考文献〕

（1）和田正系：革命の医傑吉益東洞、漢方の臨床、九巻、一九六二
（2）浅田宗伯：皇国名医伝、出雲寺文次郎ほか、一八五一
（3）今中寛司・奈良本辰也編：荻生徂徠全集1、河出書房新社、一九七三
（4）大塚恭男：東洋医学入門、日本評論社、一九八三、三一五頁
（5）芳賀徹編：杉田玄白・平賀源内・司馬江漢、日本の名著22、中央公論社、一九八四、三三七頁
（6）舘野正美：吉益東洞『古書医言』の研究、汲古書院、二〇〇四、二九頁
（7）鶴田光政：山本巌の漢方療法、東洋医学社、一九九四
（8）芳賀徹編：杉田玄白・平賀源内・司馬江漢、日本の名著22、中央公論社、一九八四、三三六頁
（9）大塚敬節・矢数道明編：漢方医学書集成65、香川修庵、一本堂行余医言、名著出版、一九八二
（10）永富独嘯庵：黴瘡口訣、積玉圃・文宝堂、一七八八
（11）福田眞人・鈴木則子編：日本梅毒史の研究、思文閣出版、二〇〇五、三〇四頁
（12）クロード・ケテル著、寺田光徳訳：梅毒の歴史、藤原書店、一九九六
（13）小曽戸洋・真柳誠編：和刻漢籍医書集成13、外科正宗、北里研究所・東洋医学総合研究所・医史文献研究室、一九九一
（14）大塚敬節・矢数道明編：漢方医学書集成65、香川修庵、一本堂行余医言、名著出版、一九八二
（15）陳司成：黴瘡秘録、武村嘉兵衛・大和屋又七、享保十（一七二五）
（16）松本一男訓注：神農本草経、昭文堂、一九八三、二八頁
（17）大塚敬節・矢数道明編：漢方医学書集成6、曲直瀬玄朔、医学天正記、名著出版、一九七九、二五〇頁

(18) 清水藤太郎：日本薬学史、南山堂、一九七一復刻
(19) 大塚敬節・矢数道明編：漢方医学書集成13、後藤艮山・山脇東洋、養浩堂方矩、名著出版、一九七九
(20) 寺澤捷年：完訳・方伎雑誌、たにぐち書店、二〇〇七
(21) 花輪壽彦：「一気留滞説」と「万病一毒説」について、漢方の臨床、三十巻十号、一九八三
(22) 青木五郎：新釈漢文大系91、『史記』扁鵲倉公列伝四十五、明治書院、二〇〇四、一四二―一六八頁
(23) 吉川幸次郎：仁斎・徂徠・宣長、岩波書店、一九七五
(24) 子安宣邦：本居宣長、岩波現代文庫、二〇〇一
(25) 大塚敬節・矢数道明編：漢方医学書集成13、後藤艮山・山脇東洋、養浩堂方矩、名著出版、一九七九
(26) 野中郁次郎・紺野登：知識創造の方法論、東洋経済新報社、二〇〇三
(27) 寺澤捷年：『傷寒論』の成立とその特異性、日本東洋医学雑誌、五十七巻六号、二〇〇六
(28) 森田幸門：金匱要略入門、森田漢法治療研究所、一九六二
(29) 藤平健：併病に関する考察、日本東洋医学雑誌、三十巻四号、一九八〇
(30) 小倉重成：虚寒証の顕在と潜在――いわゆる潜証をめぐって、日本東洋医学雑誌、三十七巻四号、一九八七
(31) 杉本つとむ：江戸の阿蘭陀流医師、早稲田大学出版部、二〇〇四
(32) 富士川英郎編：富士川游著作集8、思文閣出版、一九八一
(33) 大塚敬節・矢数道明編：漢方医学書集成31、村井琴山、医道二千年眼目編(序文)、名著出版、一九八一
(34) 小川鼎三：医学の歴史、中公新書、一九六四

第三章　医論の展開と臨床の実態

第一節　京都時代――東洞先生行状を読む(その二)

東洞、三十七歳。「医療システム全体の改革」との大志を懐き、父母と妹を伴って京都に登った。

【行状④】

元文三年春三月、先生、父母女弟と京師に徙《うつ》り、居を万里街、春日路の南に卜《ぼく》す。古医道を唱う。蓋し年三十七。先生曰く「我れ吾が家を興すこと能わずして、今、医を以って隠る。何んぞ本姓を汚さんや」と。復た吉益氏と改む。是の時、業未だ行われず。盗に遇いて貨財を亡し、貧困既に窮まる。乃ち偶人を造り、鬻《ひさぎ》て食に換う。先生の友、邨尾《むらお》氏なる者、佐倉侯(松平左近の将監)に仕う。侯、時に天下の政権を専らにす。威を四方に震う。邨尾氏、公事有りて京師に入り、先生を訪う、其の貧にして老親在すを憐れみ、先生を佐倉侯に薦す。侯、召して以って侍医と為さんと欲す。邨尾氏、大いに喜んで、急ぎ先生に告ぐ。先生、書を以って報じて曰く「始め子を以って我れを知る者と為す。今、子、我れを知る者に非ざることを識る。吾れ貧にして老親在すと雖も、豈に吾が志を降して、祖先を汚辱せんや。貧は志の常なり。窮達は命なり。たとい術行われざるも、天、未だ斯の道を喪《ほろぼ》さざるなり。吾れ果して餓死せんや。窮すれば則ち必ず達すること有らん。道を行い、道を楽しむ。貧困を何ぞ憂えん」と。辞して仕えず。

延享元年、歳、甲子に在り。先生、年四十三。貧益々甚し。双親尚お在るを以って、奴婢共に具すること昔時に異なると雖も、橐《たく》中、常に空し。夕べに食すれば、朝に糧を絶す。是において斎戒して食を断つこと七日にして、廼《すなわ》ち少名彦《すくなびこ》の廟に詣で、其の神に告げて曰く「為則不敏、過《あやま》ちて古医道に志して衆懼を顧みず、推して之れを行う。今や貧窮して、命、旦夕に在り。我が道の非にして、天、罰するに貧を以ってするか。為則、其の是なるを知りて、未だ其の非なるを知らざるなり。たとい飢え、且つ死するも、敢えて轍を更《か》えず。大明神は吾が邦の医祖なり。請う、照鑑を垂れよ。道、其の道に非ずんば、速かに我が命を断て。若し推して行えば、則ち必ず万人を害せん。一夫を誅して衆を救うは、固より吾が願う所なり」と。神に告げて帰る。

先生、平日驩交《かんこう》する所の賈翁《こおう》有り。適《たま》ま其の家に過れり。賈翁、欣然として金を奉じて、先生に謂いて曰く「吾れ余金有り、以って先生に奉給す」と。先生、愕然として固辞して曰く「吾れ之《これ》を償うことを知らず、豈に此の金を受けんや」と。賈翁、勃然として色を作《な》して、膝行して進んで曰く「吾れ何んぞ償を望まんや。今、此の金を奉ずるは、先生の為に非ず。天下万民の為なり」と。先生、其の言に感じて、拝して金を受く。家給、漸く足ることを得。其の後、一病者有り。先生、往きて之を診す。東洋山脇先生会す。先生、其の処方を論ず。東洋、其の言に服す。病者をして其の薬を服さしむ。不日にして治す。東洋、其の常人に非ざることを知り、厚く交りて親友と為る。先生の名、益々顕なる所以は、東洋之を揚《あぐ》ればなり。

延享四年、先生、年四十五。居を東洞院街《ひがしのとういんがい》に徙す。因りて号して東洞と曰う。是の時、業已《すで》に行わる。弟子、大いに進む。京師に閑斎先生なる者有り。時に以って古医道を唱え、世に鳴る。先生と閑斎と東洋と交りて『傷寒論』を読む。閑斎は年長為り。因りて以って講主と為す。

この【行状④】は上洛(三十七歳)から、四十五歳で東洞と号し、世に出るまでの伝記である。

この約七年間、東洞は何をしていたのか。極貧に陥り、人形造りを内職としていたことは確かなようである。『東洞全集』(二二頁)には東洞の高弟村井琴山(一七三三—一八一五)が師から下賜された人形の写真が掲げられている。

しかし、人形造りに没頭して、臨床を離れていたとは考えられない。東洞は五十歳で『類聚方』『方極』『薬徴』の草稿を一気に纏め上げている。と、するならば、この不遇の七年間の意味は大きい。方剤の適当する病症の容の窮極、生薬の薬能の真髄を求め、医論を錬磨するという作業を粛々と進めていたに相違ない。広島時代に形成した基本骨格と、この七年間の努力があったればこそ、山脇東洋の高い評価を得て、世に出ることが可能となったのである。

大志を懐いて上洛した東洞ではあったが、これは直ぐには受け入れられなかった。この間の東洞の医療実践を垣間見る記録がある。亀井南冥(一七四三—一八一四)はこう記している[1]。

余、先年、上京せし度毎《たびごと》に東洞骨鯁にて面白き人物故、毎《つね》にはなしに参り、その治療手段など見しに、労瘵《ろうさい》、膈《かく》噎《いつ》、喘噎《ぜんいつ》など、必死とは知りながら、夷然として剤を処し、瀉薬など死に至るまで用《もちゆ》ること幾度も見及べり。これ、一旦云出《いひいだ》したる一言の誤りを逐《おひ》て、命は与らずと云ふを自慢に思へるなるべし。なるほど剛強なる気分は優れたることなれど、医者の本意を取りうしなひ、偏僻なる理屈をいひつるは気の毒なる堅意地なり。

亀井南冥は東洞の晩年に師事したが、短期間で辞して山脇東洋の高弟、永富独嘯庵の門下に移った俊英である。したがって批判的な視点で、東洞の晩年の様子が記されている。ここで記されている「労瘵」は肺結核症類似の消耗性感染症であり、「膈噎」は食道通過障害を伴う食道癌、噴門部胃癌などであり、「喘噎」は重症の気管支喘息、或いは心不全に伴う心臓喘息である。当時の医界の常識では、医者は不治・難治の患者と判れば治療を辞退するのが習わしであり、亀井南冥の云う「医者の本意」であった。しかし、東洞はこの常識・風潮に反旗を翻したのである。全ての医者が見放した重症患者の十人に一人でも救えれば本望であるとしたのである（『医事或問』『翁草』）。従って、このような難病患者に「夷然」（動じることなく）として剤を処したのであって、亀井南冥とは医師としての生き方が根本的に異なっているのである。ここで筆者が指摘したいことは、東洞が晩年に於いてさえ、その臨床は右の如くであったことから、上洛直後の臨床は更に過激なものであったと推測するのである。

この推測が単なる臆測に留まらないことは、治療経験集である『建殊録』（一七五一年草稿）と『配剤録』（一七六八—七一年）の梅毒治療を比較することから支持される。すなわち、若い時期には軽粉剤、七宝丸を単独で用いているが、晩年の『配剤録』では桂枝加朮附湯などを巧みに兼用し、その使用量にも慎重に配慮して副作用の軽減に努めているのである。

結論的に言えることは、上洛直後の治療が梅毒をはじめ、難病・痼疾に挑戦するという勇猛果敢なものであり、時には死者も出した為に、その治療法が恐れられ、診療を乞うものが極めて少数であったと推測されることである。

この窮状を見かねた、友人の郤尾氏が佐倉侯（松平左近将監）に仕官の道を開き、東洞に持ちかけた。この佐倉侯は松平乗邑（一六八六—一七四六）で、享保七（一七二二）年に左近衛将監、翌年に佐倉藩主。享保十五（一七三〇）年に老中首座となっている。[2] 従って、この仕官の話は老中職にある佐倉侯への就職斡旋であった。しかし東洞は断った。その理由は祖父、政光が安芸侯に仕官しなかったと全く同じく、「管領」の矜持を貫いたのである。「豈に吾が志を降して、祖先を汚辱せんや」と。

上洛の直後の東洞の動静を記した貴重な資料が在る。『翁草』〔附録〕がこれである。上洛した東洞を儒学者堀景山は方々に紹介した。親類の四方田家が偶々『翁草』の著者（京都町奉行所与力）の隣家であった。この四方田の嫁が痼症で、結婚後十八年間、子供に恵まれなかったが、東洞は先ずその痼症を治し、妊娠・出産に成功している。妊娠中の記事も併せて記されているが、これは東洞が金瘡・産科を学んでいたことが早速に役立ったという逸話である。この『翁草』には、其の後、妊娠を希望する者などが次々と東洞を受診したことが記されているので、【行状④】の極貧の記述はかなりの脚色があると見た方が良さそうである。

また、この時期に東洞が粛々と臨床研究を行っていたことの証左は、実は【行状④】で少彦名命《すくなびこなのみこと》に祈った言葉に示されている。これは過激な古医道を実践していなければ発することは出来ないものと筆者は考える。

為則不敏、過《あやま》ちて古医道に志して衆懼を顧みず、推して之れを行う。今や貧窮して、命、旦夕に在り。我が道の非にして、天、罰するに貧を以ってするか。為則、其の是なるを知りて、未だ其の非なるを知らざるなり。

そして潔斎・断食の行を終えて帰宅すると、「旧知の商人」が資金援助を申し出た。この「旧知の商人」は筆者が推測するに、四方田氏、その人である。四方田氏は堀景山縁故の商人で、東洞は嫁の痼症の治療はおろか子供まで授けてくれた。その東洞が極貧の状にあるのを察して、感謝の気持ちを添えて、資金援助を申し出たと考えて無理はない。しかも四方田氏は東洞の医論とその臨床能力を高く評価していたことが【行状④】に記された二人の遣り取りから察せられるのである。

「少名彦の廟」は西本願寺の北方五〇〇メートルに現存する「五条天神社」である。別名を天使社と言い、御祭神は少彦名命である。少彦名命は大国主命と国造りをした神で、酒造と医薬の神として崇められている。

東洞を世に顕し、称揚した恩人は山脇東洋であることは【行状④】の通りであるが、ここでは、ある患者を診察した際に、東洋が偶々同席していたと記され、一方、森立之は『遊相医話』〔附録〕に、人形問屋の老母の治療に際して、石膏の取り扱いに関する東洞の見識が東洋に認められる契機となったとしている。物語性においては『遊相医話』に分があるが、真相は不明である。

この空白の時期に、東洞は松原一閑斎と出会っていたと筆者は考えている。山脇東洋の嗣子、山脇東門（一七三六―一八二）は『東門先生随筆』(3)に、

当時、吉益周助と云うもの出《いで》たり。此者元来安芸の産なり。医に志有りて、年四十を過て松原才次郎と云う医に学びたり。此の才次郎は仲景方を取扱《とりあつかい》たる者なり。

とある。松原才次郎は一閑斎の通称である。大塚敬節(4)は伊藤鹿里の『傷寒論張義定本国字弁』(5)を引用して、一閑斎の影響下に「方証相対論」が形成されたとしている。

東洞先生ナドモソノ先松原氏ニ従ヒ玉ヒシトキ、仲景氏ノ方法ヲ使用スル活手段ヲ二三目撃シ玉フヨリ発明シテ、証ヲ主トシ、脈ヲトラズ、弁論マデモ併セ去ツテ随証治之ノ工夫ヲセラレタルモノト覚ユルナリ。

東洞は上洛後に「万病一毒」に基づく激しい梅毒治療を実行すると共に、不妊症患者、難病・癇疾患者で臨床実践を積み重ねていたが、この時期に松原一閑斎と出会い、広島時代に形成された基本骨格の中で未完成であった「方証相対論」を確かなものにし、証と方と薬物に関する「暗黙知」の獲得と強化に、極貧の中で粛々と努力していたと考えられるのである。

上洛の二年後（一七四〇年）の歌が遺されている（全集五七二頁）。

庚申歳暮
せめてなど影だにとめぬ山の井のあかでくれゆく年の名残よ

また、甲子元旦言志の和歌もある。甲子は一七四四年。少彦名命の廟に籠もった年のものである。言志とは「こころざしを述べる歌」。これによって、東洞が『傷寒論』にすでに出会っており、勇躍、古医道に邁進する覚悟であったことを知る事ができる（全集五六五頁）。

甲子元旦言志
跡たへぬ千代のふるみちふみわけてけさ立春の恵をぞ思ふ

第二節　東洞世に顕る——東洞先生行状を読む(その三)

松原一閑斎を講主として山脇東洋と東洞は『傷寒論』の研究会を行うことになった。

【行状⑤】

先生、数々《しばしば》其の謬誤を論ず。閑斎曰く「東洞は僻説多し、其の弊を改めざれば、終日果さず」と。先生曰く「吾《われ》『傷寒論』を読んで、苦思すること久し。今、切磋して其の旨を得んと欲す。吾が説、若し謬有れば、請う之れを教督せよ。為則、不敏と雖も敢えて奉教せざらんや。今考うる所有りと雖も、嘿《もく》して論ぜざれば、吾れ我が非を知ること能わず。又、人の是を聴くことを得ざれば、書を読みて、何んの益か之れ有らん」と。閑斎応ぜず。是れより後、先生臨まず、終にして廃絶す。其の後、東洋、復び『傷寒論』を読まんと欲す。先生曰く「前に閑斎と絶す、而して陰に『傷寒論』を読むは、吾が意に、安んぜず。如かず、諸儒先生と『春秋左氏伝』を読み、傍らに医事を談ぜんには。東洋大いに然りと為す。乃ち諸儒先生を集めて『春秋左氏伝』を読む。東洋死するに至れども絶せず。

寛延四年、先生。年五十。長沙の諸方を選んで、以って之を類聚し、名づけて『類聚方』と曰う。是《ここ》において、『医方意著明なり。『方極』乃ち出て、功実を推して、薬能を審かにし、『薬徴』三巻を作る。門人の鶴元逸に『医断』の著有るなり。是れに由りて、業大いに行わる。弟子、愈々益々衆し。遠方より至りて、業を受けざるは莫《な》し。

是の年の春正月、南部侯に病有り。侍臣をして其の病状を審かにせしめて、処方を先生に請う。先生の術を信じ、侍医、数輩をして、先生に従学せしむ。此の時に方《あた》りて、其の侍医、孔尹粛《こういんしゅく》を召還して、先生の処方を調進せしむ。服すること数月にして、其の効を得ず。明年二月に至りて、既に危篤なり。先生を其の国に召す。先生往きて診す。廼《すなわ》ち侯に謂いて曰く「前剤応ぜざるに非ず。君侯の病劇しく、未だ其の験を得ざるなり。臣に他術無し。固より其の死生を知らず」と。敢えて辞す。侯曰く「先生、辞すること勿れ。他医の能く治する所に非ざるなり。寡人、心に決す」と。死を以って先生に委ぬ。先生乃ち許諾し、益々前剤を進む。明日、侍臣、先生に謂いて曰く「寡君、孔尹粛を黜《しりぞ》く」と。先生曰く「何《なん》の故ぞ」と。侍臣曰く「昨、先生進む所の薬は、尹粛が献ずる所と同方にして、寡君之れを嘗《な》め、其の味大いに異なれりと。故に其の学の粗なるを咎《とが》む」と。先生曰く「侯、過《あやま》てり、侯、過てり。方略を弁ぜざるの過りなり。尹粛に何の罪か有らん。夫れ方は伝うべく、略は伝うべからず。尹粛用うる所の者は方にして、我れ用うる所の者は略なり。君侯の病篤し。平剤の能く応ずる所に非ざるなり。故に其の分量を倍す。是れ味の異なる所以なり。請う、試みに尹粛をして其の分量を記せしめよ。吾れも亦た以って之《これ》を証せん。毫釐《ごうり》違うこと無し。是れ其の方なればなり。尹粛に何の罪か之《これ》有らん」と。侍臣、諸《これ》を侯に告ぐ。侯、聴きて過を知る。即ち尹粛を赦す。侯、是《これ》に由りて益々先生を信じ、議を政事に及ぶ。侯の病癒ゆること有れば、必ず将《しょう》に用いんとするなり。其の四月、侯の病、稍々退く。気体爽然として、食始めて進む。侯、悦びに勝《た》えず。先生を饗《もてな》して、左右に酒を賜う。公族、群臣、初めて喜色有り。北奥の地、四月もなお大寒す。而れども一日熱すること盛夏の如きなり。侯、此の変気に遇い、病勢復た加う。幾《ほと》んど将に殆《あやう》からんと。廼ち先生を召して、手を挈《う》ち、訣して曰く「諸侯、先生の薬を服すること、寡人尤も其の先ならん。今、良医の薬を服して、良医の手に斃《たお》るるも、寡人、遺憾無し」と。言絶え、涙下りて逝《ゆき》ぬ。

『傷寒論』を共に研究することになったが、東洞が「僻説」を主張することに一閑斎は辟易とした。なにしろ東洞は陰陽も六病位も否定する立場であるから、意見が合わないのは当然である。しかし、そうは言いながらも、漢学（古義学）の素養がある一閑斎から正確な『傷寒論』の読み方は是非学びたい。また、想像するに、一閑斎は自らの『傷寒論』『金匱要略』に基づく臨床実践も交えての講義内容であったであろう〔附録〕。これにも大いに興味がある。東洞にとって相当なジレンマを抱えての研究会である。恐らく『傷寒論』の半分ほど、さらに逞しく想像するに、太陰病の桂枝湯の条文あたりに進んだ段階で議論は紛糾し、遂に一閑斎も堪忍の限度に達し「東洞は僻説多し、其の弊を改めざれば、終日果さず（あなたの偏った言説に付き合っていると、議論は果てしなく、幾日あっても先に読み進められない）」と、いわば離縁状を出されてしまった。

しかし、山脇東洋は東洞の「僻説」に理解を示しており、再度の『傷寒論』研究会を提案してくれた。このエピソードは重要な意味を持っていると筆者は考える。東洋という人物の大きさである。

山脇東洋（一七〇五―六二）は名を尚徳、字を玄飛、子樹、東洋と号した。本姓は清水で、父東軒が法眼であった山脇玄修に師事。玄修は尚徳の才能を見抜き、養子に迎え、法眼の職を継がせた。好んで経書を読み、初めは宋儒を学んだが、三十歳ころから漢唐以前の学問に傾斜し、医術も漢以前に復古すべきことに気づいた。仲景に注目し、香月則真、稲生宣義、香川修庵と共に学び、後藤艮山に師事。法眼という地位にあったが、非常なリベラリストで、当時官医は娼妓の治療は禁じられていたが、これを撤廃。また、殿上人の治療に於いては複数の医師が衆議するのが習わしであったが、これをも撤廃。様々な陋習を洗浄しその志気を激発した、と『皇国名医伝』に記されている。[6] 一七四四年に『外台秘要』を校訂復刻したが、この大事業が徂徠学の影響の下に山県周南らの支えを得てなされたことを町泉寿郎が詳説している。(7) 東洋はその師艮山が獺《かわうそ》の解剖によって人体の構造を知ろうとしていた努力を一歩進め、刑死体の解剖を行って『蔵志』(一七五九年)を著した。東洋は東洞よりも三歳年少であるが、東洞と出会った一七四四年は『外台秘要』翻刻出版の大事業を終えた時期である。東洋と東洞が共に徂徠学に傾倒していたことは東洞にとって誠に幸運なことであった。しかも、東洞の「僻説」を受容してくれた、終生に亘る良き支援者であり理解者であった。「法眼」は幕府の奥医師に相当する地位で、京都にあっては宮中に仕える者であった。その東洋が市中の人形問屋の老母の診療に当っていたことは異例のことと、筆者はこれまで考えていたが、東洋が病人に貴賤はないとの革新的ヒューマニズムを持った人であったとする『皇国名医伝』の記述を見て、『遊相医話』〔附録二二〇頁〕の記述が偽りではないことを知ったのである。さらに、東洞と東洋の絶対的信頼関係の礎には、東洞の梅毒治療の実績を東洋は目にしたのではないかと、筆者は窃《ひそか》に考えている。一閑斎と東洞との議論は単なる理論闘争ではなく、各々が実際の臨床経験を元にした議論であり、東洋は「僻説」を唱える東洞の主張も当然のこととして受容できる度量と見識を持っていたのである。町泉寿郎の研究によって、徂徠派の学者山県周南と東洋の関係も明らかにされている。東洞は一七五〇年に山県周南と師弟関係を結ぶ礼を執り、その著作の草稿を校閲して貰っているが、これは堀景山のみならず山脇東洋の仲介・斡旋であった可能性を示唆するものである。

さて、一閑斎と離縁した(された)東洞に、山脇東洋は再び『傷寒論』の研究会を持ちかけたが、東洞は一閑斎に隠れての研究会は潔しとしなかった。そこで逆提案したのが『春秋左氏伝』の研究会である。この背景には二つのことがある。一つは、漢学の学識が深い東洋や儒学者に学びたいという純粋な欲求。そしてもう一つは、兵学を学んだ自分には一家言があり、しばしば軍事情勢が記されている『春秋左氏伝』には、コメントを発する役目が果たせることである。ここでは「諸儒先生」とのみ記されているが、この中に堀景山がいたと筆者は、ほぼ確信している。その理由は堀景山が『春秋左氏伝』を深く研究していたことが、本居宣長の資料から知れるからである。宣長は堀景山を儒学の師としたが、宣長が景山の『春秋左氏伝』の研究成果を丁寧に筆写した手沢本が現存する(8)。

【行状】に戻る。

寛延四(一七五一)年に『類聚方』、続いて『方極』『薬徴』が成立。この間に『医断』(一七四七年成立・一七五九年刊)を世に問うた。

『翁草』(附録)によると、東洞は花山院と臣下の縁を結んでいる。花山院とは花山院常雅(一七〇〇―七一)で一七四九年に右大臣に就任。常雅は伊藤東涯に深く心酔し、東涯の没後に墓碑銘を贈っている。花山院家の家道は書道と笙である。【行状】には、「臣、東洞」との自称があるが、これは花山院の臣下ということである。『類聚方』公刊の直前のことであった。『翁草』の記事が正しいことは遺された和歌から証明される。

『東洞翁遺草』には、花山院の逝去(一七七一年)に当たって詠んだ一首が遺されている。

年頃つかうまつりける右大将家の八月十四日に世をはやうしたまひければまたの日の夜月を見てよめる
さはりあれば今宵の月もなにならずわが心さへ曇がちにて

さて、【行状】は南部侯が東洞の信奉者であったことを記している。この南部侯は南部利視(一七〇八―五二)である。利視は享保十(一七二五)年に家督を継いで藩主となっている。町泉寿郎の「吉益家門人録(9)」によると、第十番に穴沢尹肅(孔尹肅)、十一番三浦道悦、第十二番福田秀俊の名があり、更に他の三人が記されている。『東洞先生遺稿』には辛未正月(一七五一年)、南部侯に奉った一文がある(全集五一一頁)。時に南部侯は四十三歳、脚気を病んでいた。

【行状】の記述から、南部侯は東洞の下で修行中の穴沢尹粛を国元に呼び戻した事が判るが、「奉答南部源侯書」は帰国する孔尹粛に持たせたものであろう。なお南部利視公は俳人でもあり、『壺雲亭句集』を遺している。(10) 東洞は南部侯の葬祭に当たり「祭南部源侯文」も寄せている(全集五四〇頁)。

南部侯往診のため陸奥に下向する際に詠んだ一首が遺されている。

　陸奥に下る頃鈴鹿山にて人々にわかれをしむとて
関守やしばしはゆるせあづさ弓ひきわかれ行《ゆく》今日のなごりを

第三節　医　断

東洞の著作は自著のもの、弟子に記させたもの、嗣子が記したもの或いは遺稿などがあるが、大きくは四種のカテゴリーに分類される。

一　医療哲学を論じたもの。『医断』『医事或問』『東洞先生答問書』『古書医言』がこれである。
二　方剤・生薬に関するもの。『類聚方』『方極』『方機』『東洞先生家塾方』『薬徴』『医方分量考』。
三　臨床記録。『建殊録』『東洞先生配剤録』である。
四　没後にまとめられた資料。『東洞先生遺稿』『東洞翁遺草』。

この他にも横田観風らによって、腹診に関するものなど十数編の伝写本が発掘されているが、本書の論点が散漫になることを懼れ、呉秀三・富士川游校定の『東洞全集』に収載されているものに限ることとした。ただし、『吉益東洞大全集』の『東洞先生配剤録』は『全集』にはないが、臨床を知る上で資料価値が高いと考え採用したものである。『医断』は吉益東洞述、門人鶴田元逸の編著になる医論集である。宝暦九（一七五九）年跋刊。瀧鶴台・神原行の序、元逸の自序、東洞の後序、上田秋成、中西深斎の跋文がある。元逸は佐賀の人。瀧鶴台は山県周南の高弟で医師も兼ねていた。

以下に本文の要旨を現代語に訳して掲げ、その考察を記す。

一　司　命

○古人が、医＝司命、とするのは誤りである。扁鵲が「疾は骨髄にあり、司命と雖も之を奈何すること無し」と、「司命と雖も」と謂うのであって、「司命と為す」とは言っていない。そもそも死生は命、すなわち天命である。東洞の主張は、天と人間存在との区別を明確にしなければならないと言うもので、これは荻生徂徠の主張に共鳴したものである。徂徠は『弁名』(11)に云う、

天は解を待たずして人皆知る所なり。之を望めば蒼々然たり、冥冥乎として得て之を測るべからず。嗚呼天は豈《あに》人の心の若くならんや。蓋し天なる者は、得て測るべからざる者なり。

二　死　生

○死生は天命である。天が定めた命である。医者が介入できる領域ではない。ただし、疾病によって死ぬのは天命とは云えない。そこで医者は疾病の治療を毒薬によって治療するのである。しかしその結果として死ぬか生きる

かは医者には思議できない。この関係を明確に認識すると「人事を尽くして天命を待つ」という意味がわかる。人事を尽くすということは、規矩準縄に合った高度な医療を施すことであり、それには古代の方剤を駆使し、張仲景の治療法則に適合したものでなければならない。

東洞医論の根底を為す死生に関する見解である。難治の梅毒・痼疾の治療に伴い死亡例が続出したが、敢えてこれに挑戦した際の心の支えとなった。しかし、これを終生の教条とした為に、東洞の医療は世間に恐怖を与えた。この見解は荻生徂徠の影響を受けたものである。徂徠は云う、

嗚呼天は豈人の心の若くならんや。蓋し天なる者は、得て測るべからざる者なり。

宋儒曰く、「生死聚散は、理之が主宰為り」と。是れ天を知るを以て自負する者なり。(中略)夫れ天なる者は知るべからざる者なり。且つ聖人は天を畏る。故に止《ただ》「命を知る」と曰ひ、「我を知る者は其れ天か」と曰ひて、未だ嘗て天を知ると言はず。敬の至なり。

東洞晩年の著作『医事或問』にも繰り返し、この見解が述べられている。「或問九」の後半には「或老人《ある》」が、「あなたが死生は知らないなどと言うから世間の人が恐れて受診しない。その様なことは公言しないほうが良い」(一一七頁)と諫めたが、東洞は断乎として拒否したことが記されている。

三　元　気

○世間一般に「元気」という言葉が流布しており、「元気が衰えている」、「元気を補う」などと言うが、そもそも「元気」は天がわれわれに賦与したものであるから、人間がこれに介入できる性質のものではない。加齢によってこの元気が衰えて行くのは天の定めた命であって、人間の力で挽回することなどできない。ただし、強壮であ

るはずの人が衰弱した状態に陥るのは病毒によって元気が抑圧されたものであるから、この毒を排除すればよい。後世家流が補剤などと言って、妄《みだ》りに元気を補おうとするのは愚の骨頂である。また「気がめぐれば病は自然に治る」と言う者もいるが、疾病は毒が生体を侵したもので、気そのものが単独で病的状態を起こすものではない。この毒は生体の自浄作用だけでは除かれない。毒薬でこれを排除しなければならないのである。東洞は目で見るもの、手で触れられるもの以外は臆見として、これを排除した。「気」も排除の対象である。徂徠は云う。

則ち其の所謂《いわゆる》気とは、亦《また》古言に非ずや。仁斎先生の所謂「天地の間は一元気のみ」の如き、之を要するに皆聖人の天を敬するの意に非ざるときは、則ち君子の取らざる所なり。

毒を以て攻めなければならない病症に対して、「まずは補脾益気を図りましょう」などという世間一般の医療を断乎として拒否した東洞。「一気留滞」と言い、順気を唱える後藤艮山も返す刀で切り捨てている。ここで東洞は「一気留滞」説を切り捨ててはいるが、その思想に大きな影響を受けて「万病一毒」を発想したであろうことは、花輪壽彦の論考のとおりであろう。(12)

四　脈　候

○人間の顔がそれぞれ異なるように、脈も個人差がある。平常の脈を知っていると、病的状態になった時にその異常がわかるという医者もいるが、医者に治療を求めて来る時は病的状態にあるわけで、平常の脈と比較できるのは一、二割程度である。このように脈診によって得られる情報は不確実であるので、東洞先生の教えは、証が優先し、脈診は副次的な情報としているのである。扁鵲も脈診、望診、聞診よりも、全体像から病の所在を言い当てている。しかも溜飲の病症を持つ人の脈などは千変万化で一定のものではない。そのようなわけで、脈拍の観察によって、五臓の気を察知することなどできるはずがない。脈診でわかることと言えば、浮沈、遅数、滑濇くらいのものである。三部九候などと言って、いかにも判ったような顔をしているが、自らを欺くものである。東洞はこう云いたいのである。脈で病気が診断でき、治療が全うできると言うのであれば、梅毒を初めとする難病・痼疾を治せるのか。治せないではないか。後始末はみな私がしている。そもそも、その様な不確実な情報で、患者を欺き、自らを欺いているその態度が許せない、と。

五　腹　候

○腹は生命体の根本である。従って、全ての疾病はこの腹に根ざしている。そのような理由から、疾病の診察に当たっては、まず第一に腹候を診なければならないのだ。その次に体表の状態を診る。勿論、病症によって、腹候がより重要な情報源となる場合もあるし、体表の情報が優先されることもある。仲景も「証に随って之を治す」と言っている。要は病症の容を捉えて適切に個々の症例に対処することである。

庭に幾つかの石が点在しており、その上を被うように落ち葉が降り積もった様子をイメージするとよい。陰陽・五行など一切の臆見という落ち葉を吹き飛ばした時、現れ出るのは腹候、体表部の症状という確かな石と地面である。このように考えると、東洞が腹候を重視するのは必然的であることが理解される。『傷寒論』には様々な腹部所見が記されている。それにも拘わらず、これを無視してきたのは後世の医家達である。東洞はこの腹候の意義を再発見したのである。ところで、薬物を記した「本草書」は、時の皇帝と皇太子に二部献上された事例が多い。その王国が崩壊すると、次の時代に、そのものが初めて公開されるという歴史がある。つまり、医療は時の権力者を支える技術であったわけで、高貴な人々の身体に直接手を触れることは礼を失する行為であった。これは儒教の影響を受けた結果であろうが、腹診が廃れた理由がこの辺りにあると筆者は考えている。現在、日々筆者はこの方法論に従って診断・治療を行っているが、腹部症候は実に精度の高い情報を与えてくれる。日本漢方を特色づける医論である。

六　臓　腑

○春秋時代に成立した『周礼』には「之を参るに九臓を以てす」とあり、臓と腑を分けていない。張仲景も臓腑についてが言及していないが、その理由は疾病治療に役立たないからである。しかし、『傷寒論』の中に、時たま臓腑に言及した箇所がある。しかし、その文章の表現法は仲景自身が書いたものとは明らかに異質である。恐らく五臓論を信奉する後人が紛れ込ませたものであろう。その五臓論も漢代以後、ますます複雑になり、なにを言っているのかわからない。結論的にいえば、臓腑論は疾病の治療に役立たないものである。

五臓論を根拠として、補脾益気、抑肝扶脾、肝腎両虚などと世間一般の医者はこれを常識としている。それで梅毒が治せると言うなら見せて頂きたい。梅毒患者に、補脾などと言い無駄な費用と時間を費やさせ、挙げ句の果てに病気を進行させてしまう。このように臓腑論は無益なばかりか、有害ですらある、と。このように東洞は言いたいのである。

この「後人の攙入」として『傷寒論』の記述内容の一部を刪去する手法は『医経溯洄集』に端緒を発する中国での復古運動に共通するものである。

七　経　絡

○十二経、十五絡は人体における気脈の通路である。世間一般の医者はこの経絡を重視しているが、重症・難治性疾患の治療には何の役にも立たない。鍼灸の常識として灸をしてはいけない経穴、或いは鍼を刺入してはいけない経絡があるようだが、様々な鍼灸手技を含め妄説である。従ってはならない。

東洞と鍼灸の関係はなかなか微妙である。扁鵲伝（第二章第四節）に見るように、東洞が尊崇して止まない扁鵲は鍼と石を弟子に研がせて治療に当たっているからである。この事と万病一毒を如何に擦り合わせるか。経絡は「目に見えない」ことであるので棄却。経穴は『輯光傷寒論』[13]の「太陽病、初め桂枝湯を服し」の条下で、「「先刺風池風府」の六字は、域して取るべからず。吾が党は已に験せど、終に効有ること無し。凡そ刺の法は、兪穴に拘わらず。苟《いやし》くも其の毒の在る所は、則ち之れを刺して可なり」と述べ、「親試実験」を試みて経穴の意義は認めていない。『建殊録』附録に『東洞先生答鶴台先生書』があるが（本章第十二節）、ここで東洞はこう記している。「若し毒、背兪に著き、凝然として動かざるときは則ち灸、九曜星の如くす。或いは五日、或いは七日を以て度と為して、控涎丹《こうぜんたん》にて之を逐う」と。九曜星は九耀星ともいうが、第八・九胸椎棘突起間に中点を取り、その上下左右に四点、放射状に四点（一棘突起分の距離）に取穴する灸の方法である[14]。結論的に言えることは、東洞の作戦は背部の凝りは「毒」であるから、この「毒」を鍼灸で動かして胸腹部に移動させ、これを控涎丹や承気湯などで対外に駆逐するという戦略である。凝りのある「毒」の所在箇所が治療点となるので、禁忌穴などは無いということになる。

八　引経報使

○本草書には「某薬は某経・某臓に入る」とか「某薬は某臓の病を治す。某薬は某経の薬なり。某物は某臓の薬なり」と記され、如何にも論理だって信頼して良いような印象をあたえるが、実際の臨床では治療効果がまったく挙がらない。つまり、これはこじつけの理屈なのである。仲景方をはじめとする古方は、身体の上下、表裏を論じるだけで病毒の容を見て方剤を投与するのであって、引経報使は妄説である。

『翁草』〔附録二一七頁〕には、東洞を評して「医学物産等委《くはし》くして、堀元厚、松岡玄達没せし後は吉益長たり」(1)と、東洞が非常な博識であったことが記されている。松原一閑斎には僻説の徒と断じられ、山脇東門には無学の徒と評された東洞像とはかけ離れた、もう一人の東洞像が描かれている。東洞は李時珍の『本草綱目』など、勿論、読み込んでいたのである。そして、この書物には極めて理路整然とした引経報使の説があり、当時の医界の常識となっていた。この常識的学説によって梅毒や難症・痼疾が実際に治れば、東洞も納得したであろう。しかし、効果は全く得られなかった。そもそも実体のない経絡に薬の作用を分配すること自体が東洞の気に障ったのである。

九　鍼　灸

○鍼灸の効用は一時的ではあれ、病を駆逐できる有用な手段である。しかし難点は疾病の根本的除去ができないことである。長期間凝り固まった疾病は灸をすえると動くので、この毒が胸腹部に移動した時点で瀉下剤などを用いてこの毒を攻めれば治りやすい。しかし、鍼灸はあくまで副次的な手法である。鍼灸を行う場合、常識となっている経絡や特定の部位からの距離に取穴することはしない。「毒」が在る部位に灸を施し、鍼を刺入するだけのことである。

先の経絡の項で東洞と鍼灸については記したところである。東洞が梅毒治療の薬剤で大きな影響を受けた後藤艮山は艾灸を主な治療手段としていた。富士川游は艮山について、こう記している(15)。

先生の病を治する、動もすれば輒《すなわ》ち灸を用い、且つ其の壮数太だ多し、世間指して灸家となし、又温泉、熊胆、艾灸を用うること多きを以て、呼びて湯熊灸庵《ゆのくまきゅうあん》と曰う。

十　営　衛

○営衛は気血の別称である。営は脈中を流れ、衛は脈外を循行し、外表(陽)を二十五回循行し、内臓(陰)の部位を二十五回循行すると云う説は一つの理屈に過ぎない。難症・痼疾の治療を専らとする疾医には無用のものである。このような説に従ってはならない。

営衛不和という表現を用いた方が桂枝湯の容という「暗黙知」を「形式知」として記すには最適であると筆者は考えるが、「目に見えぬものは云わぬ」という東洞の立場からは、営衛は臆見に過ぎない。

営衛が陰陽の部位を二十五回循行するという記述は『黄帝内経霊枢』の「営衛生会」第十八にある。(16) 臆見の極みの典型例として掲げたものであろう。

十一　陰　陽

○陰陽は天地の気を云うのである。これを人間を扱う医療に取り入れることはできないのだ。人体の表裏を陰陽とし、上下を陰陽とするのは天の造化による人体の部位の呼称であるから、その限りで用いるのは許容できる。しかし、朱丹渓の云う「陽有余」、張介賓の云う「陰有余」のような説は穿鑿も甚だしい。後の世の医家は両者の説を折衷して自らの拠り所としているようだが、「中庸」の本質を生半可に理解し、何事も中間を採用した春秋時代の子莫のようなものである。その他に太陽病、少陰病など陰陽で六経を区分するようなことは、無理なこじつけであり、これに拘ってはならない。治療に無益なだけでなく、逆に人を惑わすものである。よくよく考えること。

東洞の陰陽についての見解は荻生徂徠に影響を受けたものである。徂徠は『弁名』(11)に云う。

陰陽とは、聖人易を作りて、立てて以て天の道と為す所の者なり。所謂極なり。学者は陰陽を以て準と為す。此を以てして天道の流行、万物の自然を観るときは、則ち或は以て之を窺ふに足るに庶《ちか》きなり。然れども人事に至りては則ち然らず。何となれば則ち、聖人此を立てて以て人の道と為さざるが故なり。後世、陰陽を説く者、其の言曼衍《まんえん》にして、遂に之を人の道に被らしむるに至るは、謬れり。

朱丹渓（一二八一―一三五八）は金元四大家の一人。張介賓（一五六三―一六四〇）は『景岳全書』（一六二四年刊）の著者。子莫は魯の賢人。『孟子』尽心章句上に記述がある。

東洞は陰陽と六病位を無益であるばかりか、人を惑わすものとしてこれを否定した。

先に記したように、野中郁次郎は「妥当性の高いモデルを構成してしまった場合、それは発見の手段になると同時に隠蔽の手段にもなりえる」と述べているが、陰陽・六経を妥当性の高いモデルと位置付けると、これが為に、あるがままの姿が隠蔽されてしまうことが理解される。東洞が敢えてこれを否定した最大の目的は、あるがままの中から新たな知識を創造するためであったと考える。

十二　五　行

○五行の説は古典にもあるが、時代が下って漢代の儒者が盛んに之を言うようになった。『素問』『難経』はこれに準拠して、天下の様々な事象を五行論で統括し、人体の百病の道理を窮めようとした。なるほど、全てが五行の理論で整然と整理されるが、要するにこれは理論に終始するもので、この五行論で実際に処方すると、とんでもない結果になるのである。実際の臨床で役立たないということ、これが我々の仲間で五行論を採用しない理由である。後の世の人が理論に理論を重ね、全ての事象が究極的に理解されたと誇るのは、実に無駄なことに時間を費やしている無用の徒と言うしかない。

「言語」と「本質」の乖離を論じたものである。森羅万象を五つの要素に還元する論理が五行論である。しかし、要素還元的な論理をいくら積み上げても真理の把握は不可能である。その証拠に、この論理に従って実際に臨床を行っても、成果が得られない。漢方は言わば「暗黙知」の世界である。その病症の容を見抜いて適合する方剤を用いる。その「暗黙知」をある論理に従って言語的に展開することは可能である。しかし、大問題はそれを逆方向に辿っても出発点となった元の「暗黙知」には到達できないことである。「則ち謬り千里を致す」とはこのことである。ある事象を言葉で説明することと、その事象のありのままの容とは全く別のことである。「意味」と「現実」の関係を逆転させてはならない。このことをしっかりと認識する必要がある、と東洞は言いたいのである。

十三 運気

○五運六気の説は臨床的に全く役立たない。体表面と内部、五臓の気の過不足、寒熱・温涼を見定めて主たる病変を推論し、脈の性状の変化を観察しようと試みる者が居るが、的確な臨床効果など一切ない。全く無駄なことである。要するにこれは、陰陽という抽象概念を教条としている者達の言説で、難症・痼疾を本当に治そうとする疾医である我々がこれを採用することなど到底できないのだ。

五運六気の五運とは土・金・水・木・火の五段階の相互推移で、これは『素問』天元紀大論に記されている。六気は風・火・熱・湿・燥・寒の六種の気候の転変を言う。これを結合して五運六気を展開したのは唐代の王冰《おうひょう》の『黄帝内経素問釈文』とされている。
東洞は疾医には一切無用なものと、棄却している。

十四　理

○世間の人々の中でlogic（理）が重要だと言う人は、全ての事象をlogicalに解き明かそうとする。そしてlogicalに説明することが困難になると、無理にspeculateする操作を持ち込んで誤った結論を導き出す。logicそのものは排除すべきものではないが、無理なspeculationが問題なのである。そもそも理には定準がない。一方、疾病には定証がある。どうして定準のないもので、定準の有る病症に対処できるだろうか、不可能なことである。このような理由から我々の仲間は「存在そのもの」を論じて、「そこに存在しない観念論的なもの」は論じないのである。そもそも「存在」と「理」とは不即不離の依存関係にあるから、「存在」そのものを感得すれば、logicを展開せずに「暗黙知」そのものを把握できるのである。

これは徂徠学の宋儒批判によっている。朱熹は天も人間存在も全てが理で統一的に理解可能であるとしているが、徂徠は、天は思議できる対象ではないとしたのである。徂徠『弁道』[11]に云う、「理は形無し、故に準無し」と。

ここで東洞が提示するのは実存的経験主義である。「知る」と「識る」の相違である。「暗黙知」の直接把握。これが『方極』『薬徴』を成立させた方法論であり、それはまた徂徠のものでもある。

十五　医　意

○「医は意なり」という説がひとたび世に流布し、浅はかな輩はこれを口実にして「医の道は意によって推進されるのであるから、読書や受業で苦労した後で手に入るものではない」と言う。なんとも思慮のない、視野狭窄の意見である。情けない。このような輩と道を共に論じることなど出来はしない。そもそも「医の道」には一定の法則があるのであって、勝手気儘に遣りたい放題で成し遂げられるものではない。この法というものを識らずに「意」だと騒ぐ連中は、定規やコンパスを用いずに正方形や円を描こうとし、墨壺を用いずに材木が曲がっているか、まっすぐかを判断しようとするようなものである。どうして本道を踏み外さずにいられようか、大きく踏み外すことになるのだ。医を学ぼうとする諸君、よくよく考えなさい。

「医は意なり」という言葉が当時もてはやされたと推測される。大塚恭男はこの言葉が漢代以前に遡れること、東洞の時代に影響力の強かった人物として、朱丹渓（一二八一―一三五八）が挙げられること、及び東洞と同時期では上田秋成（一七三四―一八〇九）、亀井南冥（一七四三―一八一四）が用いていたことを明らかにしている。[17]上田秋成は「医療はまごころを尽くすもの」との意味合いで用い、南冥は「医は刻苦勉励して暗黙知を自得するもの」との意味合いで用いていると記している。いずれにせよ、ここに記されている不逞の輩のような都合の良い意味ではない。

それにも拘わらず、東洞が敢えてこの一項を設けたのは、世上に不逞の輩が蔓延していたのではなかろうか。「天下の医を医すに非ざれば疾を救うの功や《いや》多ならず」（【行状③】）、東洞の悲憤慷慨のさまが窺える。

十六　痼　疾

○世の中一般の医者は痼疾を持病だなどと名づけ、治療が困難だとしている。脳卒中、通過障害を伴う食道癌・胃噴門部癌・食道狭窄、腹水・全身浮腫、下肢麻痺などは難治中の難治の病症としている。これは何の事もない、用いる方剤が治療法則に準拠していないからである。用いる方剤が法則にぴたりと合っていれば、治らない病気などないのである。実際、法則に従って方剤を投与すると、世間一般の医者が難治と決め込んでいた患者が治癒することも少なく無い。また、世間の医者が全く見放して治療を放棄したような患者が千人いたとして、その内の一人でも再起させられたら、それだけでも善しとしたい。この様なことは、一緒に体験しなければ理解が得られないことで、入門して貰わなければ、此処で云う「法と方」などを論じることは容易ではない。

当時の医者と現代の医者の立場を同一視してはならない。当時の医者の社会的地位は低く、医業を成り立たせるためには、一切の危険を冒さないことが肝要であった。幸いなことに世間も「医者はそんなものだ」と考えていたので、一人の医者を頼んで結果が思わしくなければ別の医者に掛かる。資産家などは複数の医者を呼びつけて衆議させることなど、当たり前のことであった。従って、医者の方も、生死の予後を推定し、難治か否かを素早く見抜いて、危険を感じれば治療を辞退する。患者の方も辞退されてもさして苦痛を感じない。そのような風潮であったのである。

このような医療界のありように憤慨し、医療そのものを変革しようと考えた東洞は、その医論を云々する以前に、やはり素晴らしく良心的で人間愛に溢れる人物であったと云う他ない。

ここで「法」を法則、「方」を方剤と意訳したが、「法」とは容を変えて出現する病症に対する秩序立った情報処理法、「方」は方格を持つ方剤である。方格とは方剤の容で『方極』に記述されるようなキーワードで形式知化される内容を持つものである。

「方と法が合致すれば治らない疾病はない」と云うことは「方証相対すれば治らない疾病はない」と言い換えられる。これはあくまで一般法則で、治療成果の挙がらない事例があるのは当然である。しかし、生死を度外視して、難病である痼疾に敢えて挑戦するところに東洞の真面目がある。世間から全く見放された梅毒、癩病、膈噎、腸満、痿躄。千人に一人でも再起が図れれば、それで善しとする。その心意気である。

十七　素　難

○『黄帝内経素問』と『黄帝八十一難経』の二書について、古人は秦代初期のものに偽《に》せて作り上げられた物と言っている。春秋戦国時代の文献に詳しい儒者、山県周南先生は「六世紀後半の六朝時代以後の著作」とされた。しかし、前漢以前の古語に合致する言葉も所々に含まれている。学ぶ者は慎重に拾い出すとよい。『難経』は越人(扁鵲)の著作であると伝えられているが、理を甚だしく重んじているので、医の本道を害する点が多々ある。この『難経』の文章の書き方と、『史記』扁鵲伝を比較検討しても、これは後世の偽作であることは確定的である。

これまで見て来たように、東洞は陰陽五行を否定している。にも拘わらず、それを説く『素問』と冷静に対峙していることに、筆者はある種の驚きと意外性を感じた。しかし、東洞が指摘するように、陰陽五行論に隠蔽されていない古語、すなわち「ありのままの姿の観察」が確かにある。試みに数例を、同書に見てみたい。

五臓生成篇・第十には胸脇苦満に類する症候観察が記されている。

　腹満䐜脹、支鬲胠胸、下厥上冒、過在足太陰陽明。

移精変気論篇・第十三には病症の流動、本末・標本の意義が記されている。

　変化相移、以観其妙、以知其要、即色脈是矣。

　本末為助、標本已得、邪気乃服。

結論的に言えることは、現存する『黄帝内経』は偽書である。しかし、其の中に「古語」がある。この「古語」は参考にしなくてはならない。『傷寒論』研究において、陰陽五行論に汚染された文言を、後人の攙入として刪去する態度の一変形である。

十八　本　草

○『神農本草経』はでたらめな説が極めて多い。従って、日常の臨床に採り入れる必要はない。しかし、個々の生薬の薬効を考える際には、この書物が提供する情報を無視することは到底できない。つまり、その記述の中から仲景の法則に適合するものを選択して利用するのがよい。「寿命を延ばす、長生きできる、元気を補う、顔色を美しくする、水に入っても溺れない」などの薬能、極端なものでは「日中に星をみることが出来るようになる」と言うような記述は決して信じてはならない。この書物が炎帝(神農)の著したものでないことは、論じるまでもなく明白である。後世になってから食養生を説く一派の言葉が攙入している。この影響を受けていない原文と考えられる記述を選択しなければならない。

大塚恭男によれば、『神農本草経』の原形は紀元一―二世紀に成立したと推測されている。[18] 筆者は新王朝を建てた王莽が深く関与したものと考えている。[19] 新王朝は紀元八―二三年であり、大塚の推測とも一致する。なぜ王莽か。彼は周代を理想として様々な制度改革を行った。その一つが度量衡の全国標準の制定であるが、薬物についても全国から専門家を集め、その統一を図ろうとしたことが記録に残されているからである。[20]

十九　修　治

○後世になってから、生薬に炙る、炮じるなど、様々に手を加える修治法が為されるようになった。その方法は実に煩雑である。このような修治によって、生薬が本来もっている味、特有の毒気を除去し、それによって作用を鈍く弱いものにしてしまう。この様なことで、どうして十分に体内の毒を除き、病気を治せようか、決して治せない。そもそも、毒こそ薬能であり、薬能を発揮するのは毒に依るのである。修治という加工を施すことによって、毒が益すのであれば其れでよい。毒を失わせるものであれば良くない。

基本的に「修治は無用」というのが東洞の主張である。一つ気になることは乾姜《かんきょう》である。生姜と言うとき「ヒネ生姜」「乾生姜」と修治を経た「乾姜」を区別すべきであると筆者は考える。乾姜の場合は「修治によって毒が益す」に該当するであろうか。『薬徴』で論じることにする。

二十　相畏相反

○二つの生薬を組み合わせる際、ある生薬の毒性を他の一つが弱めることがあり、これを相畏という。また二つの生薬を組み合わせると毒性や副作用が発生することを相反というが、この相畏相反の説には根拠がない。古人が方剤を組み立てた時には、この説に関係なく為されたものである。実際、相反すると言われている甘草と芫花《げんか》を組み合わせてみても、有害事象は経験していない。その他の相畏相反と言われる組み合わせも同様である。
相畏相反は『神農本草経』に記されている。相畏の一例は生姜と半夏《はんげ》の組み合わせである。生姜が半夏の毒を除くとされている。また、相反の事例としては甘草と甘遂、甘草と芫花などが掲げられている。東洞は「親試実験」によって、この説を否定している。

二十一　毒　　薬

○生薬は草木由来であって、偏った性質(偏性)を持つものである。この偏性の気は皆「毒」である。この「毒」によって体内の「毒」を除去するのである。『周礼』に云う「五毒によって、之を攻める」と。『春秋左氏伝』に云う「美灰は悪石に及ばない」と。古語に云う「毒薬は、口に苦ければ、病を利す」と。『黄帝内経』に云う「毒薬邪を攻む」と。このように上古にあっては、薬を毒としていることを、このような記述から知らなければならない。後世に及んで道家の説が、疾医の書物に混入されるようになってから、薬を補気の剤としたり、生命を養うものとしたが、これは上古の疾医が薬を逐邪、駆病のものと設定したことを知らなかったことによる。生薬が「毒」であるという本質を見失っていたと言わなければならない。甚だしいことに、寿命を延ばし、歳を長くし、若返る、死ななくするなどの説を記すありさまである。凡庸で愚かな者はこれを信じて、練薬や薬膳などといってこれを摂取し、健康を害する者が多い。実に悲しいことだ。

『神農本草経』はその成立に当たって、道家(神仙家)が関与したようで、延齢、長生、不死などが数多く記されている。「毒薬邪を攻む」の記述は『黄帝内経素問』蔵気法時論篇第二十二に見られる。

二十二　薬　能

○『神農本草経』から『本草綱目』に至る、諸家の本草書に説かれている薬能には、誤りやでたらめが多い。そこで、東洞先生は「専一に仲景に照らして信頼出来るか否かを考える」と云われた。仲景方を参照すると、個々の生薬の功用は推測できる。ここでは、本草書に掲載されているもので、仲景に合致しない者、一、二を挙げる。人参は心下痞鞕を治す。しかし本草書は人参を気を補うものとしている。石膏は渇を已める。しかし本草書は熱を解すとしている。附子《ぶし》は水気を逐う。しかし本草書は寒を暖めるとしているのである。東洞先生の見解と本草書の齟齬する場面は、大抵がこの様に大きい。先生は、別に『薬徴』を著し、これによって双方の相違を詳細に述べる予定であるから、これ以上のことはここでは割愛する。

本書の公刊は一七四七年。この時点ですでに『薬徴』の構想は出来上がっていたことがわかる。

二十三　薬　産

○薬草を産出するのには、土地の適不適の場所がある。良質の生薬を得るには、その土がどのようにして出来たものか、日照・湿度などの条件を詳細に検討しなければならない。

生薬は良質のものでなければならない。同じ名前の生薬でもその質が劣悪では治療効果は挙がらない。東洞はこの点に非常に注意を払っていたことが『薬徴』の記述に示されている。

二十四　人　参

○人参には数種があり、清国・韓国の船が舶載してくる物を見ると、白参・曲参・髭人参・紅参など全て、古代に用いられていた物ではない。そもそも人参は心下痞鞕を治すものである。仲景の書、および『千金方』(『備急千金要方』。『千金要方』とも)『外台秘要』の方剤で人参を配剤したものを見なければならない。食養家の説が勃興してから、人参が元気を補う、精力を益すなどの言説が為されるようになった。この時点から甘草の汁に浸して其の味を甘くし、外皮を去ったり、蒸してみたりと修飾を加え、外形を美しくし、商品価値を高くすることをもくろんでいる。世間の人は死を救う為の良薬と考え、医者もまた生命を保つ最高の薬とし、誤った言説を採用して弟子にも伝え、偽物の言説に目がくらんで、真実を見失っている。貧困で身分の低い者が病気で死ぬと、高価な人参を用いられなかったからだと、人参に責任を負わせ、資産家で人参を十分に用いた者が死亡すると、人参でも救うことができなかったとする。これはひたすら人参に責任を負わせ、自分の責任を回避しているに過ぎない。しかも舶載の人参を実際に臨床で用いてみると、心下痞鞕を治すことはない。一方、国内産の人参は心下痞鞕を能く治すのである。外国品と国産品の違いは、修治・加工に原因があることは、この事例から知ることができるのである。

東洞の主張と『本草綱目』などの本草書との最も大きな違いがあるのがこの人参である。そもそも東洞は元気を補うとか、精力を益すということを否定する。何しろ生薬は毒で、この毒をもって病毒を駆逐するということが前提となるので、人参が補脾益気であることなど、断じて認められない。しかも、仲景方、千金方、外台秘要方で人参を配剤するものには共通して「心下痞鞕」という腹候が記述されていることを発見したのである。

二十五　古　方

○方剤についての系統的記述は張仲景よりも古いものは無い。仲景はそれ以前に成立していた方剤を後世に伝える役割を果たしたのであって、仲景が創方したのではない。つまり、仲景自身は長沙の太守に就任しており、各方面から様々な方剤を収集し、その生きた時代に、実際に臨床で用いて、優れたものを後世に伝えたのである。こうして記述してくれたお陰で、今日われわれは此《これ》を手にすることが出来るのである。このような理由で、古方を用いたいと思う者は、必ず仲景の書を読んで、方剤の作用(方用)を知らなければならない。その後で、方剤を構成する個々の生薬の薬能を知ることになる。いまだ十分に方用を会得していない段階では、薬能を知る事など決して出来ない。そうは言っても、薬能を知らないと方用も会得できない。云うまでもなく、方剤の意味(方意)が理解できない者が実に多い。一般的に言えることだが、仲景自身も方意を会得できなかったものもあるようだ。

しかし、仲景の理解が及ばなかった方剤であっても、記述され、伝えられている古方を、実際の臨床の場で用いて効果が確認できたものは、これは全く疑う余地のない古方と言える。時代が下って、『千金方』『外台秘要』の医書になると、古方と呼べないものが数多く有る。其の中で採用すべきものは数方に過ぎない。古方と、そうでないものの見分け方であるが、一般的に言って、薬味が多いものは古方でない可能性が高いので、疑わなくてはならない。世間の医者の中に、何種類かの方剤を同時に用いて、同時的にみられる複数の証を治療しようとする者がいる。そして誇らしげに云う「的中しないことがない」と。これは暗闇の中で目標に石を投げ、目標に向かって前後左右の見境もなく、手探りで歩いて行くようなものである。医道を学ぼうとする諸君、よくよく考えなさい。

東洞の研究手法を知る上で貴重な記述である。この『医断』は『類聚方』『方極』『薬徴』に先駆けて公刊されたが、後の三書の草稿は、ほぼ同時期に出来ている。それは、一七五〇年に東洞が長門の山県周南にそれらの草稿の校閲を願い出ていることから知れる(『東洞先生遺稿』の書状)。つまり、ここに明確に記されているように、方用と薬能のクロストークを繰り返し、臨床で演繹的に確認しながら、スパイラルを描いて、より妥当性の高いものへと「暗黙知」を形成していくのである。従って三書は、同時期に成立したのである。

二十六　名　方

○世俗で名方と呼ばれるものは、時に奇効がある。それ故、医者は子孫につたえ、また、医者でない者もこれを子供、孫へと伝えるのである。その処方の出所は明らかに出来ないことが多いが、何かの折りに、実際に用いてみて、確かに効果があるものであれば、世代を超えて伝えて、名方とするのである。そもそも書籍に収載されている方剤が全て優れているとは限らない。世俗に伝えるものが全て価値の無いものとは限らない。適切に広汎に情報を集め、これによって自分自身の医術の助けとするのがよい。

東洞は伯州散を家塾方の一つとしている。この薬は化膿性の皮膚病や創傷治癒の遷延するものに用いて、実によく効く。これは民間の伝承薬であった。ここに言う、名方の一つであろう。また尾台榕堂の『方伎雑誌』に梅毒治療薬である七宝丸は東洞が伊吹山の山麓に住む老婆から、その処方を買い取ったとする逸話が記されている。そのことの真偽は措くとして、東洞が民間の名方に注意を払っていた姿勢に注目したい。これは伊藤仁斎や徂徠の主張に賛同したものと考えられる。

伊藤仁斎の『童子問』[21]に云う。

故に道を知る者は、必ず之を邇《ちか》きに求む。其の道を以て高しと為《なし》遠しと為《なし》、企て及ぶべからずと為《す》る者は、皆道の本然に非ず、自ら惑うの致す所なり。

二十七　仲景書

○張仲景が著したとされる書物に『傷寒雑病論』『金匱要略』『玉函経』がある。共に傷寒、雑病を詳細に論じている。しかし、『金匱要略』『玉函経』は偽りの書物である。東洞先生はこれについて、すでに論じておられるので、ここでは言葉を費やさない。『傷寒雑病論』だけは仲景の真の著作であるが、その後、王叔和(三世紀)がこれを再編し、その際に自分の所説を加えた。また方剤も秩序なく書き連ねられており、本来、『傷寒論』が持っていたであろう色を失っているものも往々にして見られる。しかも時間は非常に長く経過し、誤謬も錯乱して混入したものとなり、王叔和が再編した姿も失われている。原『傷寒論』をこの錯綜した現『傷寒論』から選び出さなければならない。唐代以後に出た註釈家の所説は、すべて牽強付会のものであるから、従ってはならない。このような理由から、東洞先生の教えは「理屈をこね回したもの、その説が回りくどいものは、一切これを採用しないこと」である。原『傷寒論』本来の色を求めるという理由からである。医道を学ぶ諸君、このところを明確にしなさい。

東洞の『傷寒論』に対するこの姿勢は、小曽戸洋が記しているように、中国の復古運動における、『医経溯洄集』『傷寒論後条弁』『傷寒尚論篇』の影響を受けたものと考えられる。

『傷寒尚論篇』[22]の一文を例として掲げる（訓読は筆者）。

叔和の筆力は軟弱纏擾《てんじょう》なり。此の一段の如きは、理に入りて深く正を諱《はばか》ること未だ及ぶべからず。後人の善く読まざる者の、陽明二三日下す証に遇ふ毎に、藉《かり》て口実と為し、延《のび》て六七日に至りて方に下す。而も枯槁の救うこと無き者多し。此れ則ち叔和に於ける、何ぞ尤《とがめ》ん、と。

二十八　傷寒六経

○太陽病から始まり厥陰病に至る、傷寒の六経というものは、病が六経のどこかに在るというものではない。病の進行の順序を仮に示したものである。実際の臨床に於いて治療を施す場合には、六経に拘わらず、すべて証に従うのである。後世になってから、其の証は其の経に有る、其の経は其の経に伝わるなどと言い、また誤下越経伝（誤って瀉下したために、例えば、太陽病から少陰病へ六経の順序を飛びこえて伝わる）の説のようなものは、全て非である。従ってはならない。

この東洞の所論は、これまでに殆ど注目されたことは無いが、方剤を縛っていた既存のモデルからの解放という点で、極めて重要な発想であると筆者は考える。

なお筆者は六経が原『傷寒論』の成立の後で為されたカテゴリーであると考えている[19]。

二十九　病　因

○後世は病因を治療の根拠としている。しかし聖人であっても、全ての病因を知るのは難しい。しかし、病因が無いと言うのではない。病因を知るというのは想像である。想像したものを治療の根拠とする。わたしは未だにこれを信じることが出来ない。このような理由から、東洞先生は、見証を治療の根拠とするのである。病因に関係なく治療を施すというのは、即ち仲景の治療法則なのである。

桂枝湯は中風で、頭痛、発熱、自汗。下痢後の頭痛、発熱、自汗の者を全て治す。小柴胡湯は傷寒で、往来寒熱、胸脇苦満の者。中風で寒熱往来、胸脇苦満し、或いは瘧、或いは腹痛、或いは熱入血室のような証があれば全て治せる。白虎湯は大煩渇する者。中熱で、大煩渇する者、全てを治すことができる。つまり、その適応となる証と認識できれば、病因の如何を問わず、用いる方剤は同じである。仲景は証に従い病因には拘わってはいないことを、見なければならない。

強いて病因を論じるならば、外邪と飲食の二つである。経口摂取した飲食が体内に留滞すると「毒」になり、千変万化の症状を起こす。もう一つの病因は外邪で、これは体外から侵入するが、疫病が流行しても罹患する人と、しない人がいる。体内に「毒」の無い人には外邪は侵入しないのである。こう考えると、病因は結局のところ体内の「毒」という一つに集約される。「病因は無い」と言うことも可能である。このような事情から、我々の仲間は、病因を問わないのである。病因に目が眩んで、治療に失敗することを恐れるのである。後世になってからの病因論は、数を増すばかりで、その煩雑なことは、目を被いたくなる情況である。これでは人を惑わすばかりである。このような病因論に従ってはならない。

張仲景の治療法則が「方証相対」にあり、これはそもそも病因を問題としない治療システムであることを前段で示している。一方、後段では、強いて、止むを得ず病因を論じろというのであれば、それは「万病一毒」である、と言うことを述べている。

三十　治　法

○治に四方がある。汗・吐・下・和がこれである。その治療法則というのは毒の所在に応じて対処の方剤が異なる。この方剤を用いて瞑眩が起これば、其の毒は去る。この法則は仲景のそれである。仲景が『傷寒論』に記載している事柄は、最初に服用して微煩し、再度服用して汗が出て、頭に物を被せられたような頭冒、酒に酔ったようになって吐き、虫が皮膚の中を動き廻るような感じになり、時には月経血が豚の肝臓のように粘り固まったようになり、尿が濃く色づき、膿を喀出したり、肛門から射出するようなことであるが、これらは全て治療が正しく行われたことによる当然の結果である。『書経』に「若し薬、瞑眩せざれば、その疾、謬《い》えず」とある。仲景の治術は尭・舜・禹の三代の聖王の遺したものであることが、これによって理解出来る。今、この仲景の治療法則を、仲景に倣って臨床で試してみると、この法則から外れるものはない。このような実地臨床によって、私はその法則が私を欺くものでないことを知るのである。それにも拘わらず、世の中の人々は、この仲景の明言を畏れるさまは、あたかも斧や鉞のようで、姑息な従来の医術を守るさまは、疾病を攻めることなく、ひたすら子や孫を愛撫するに似ている。このようなことでは、何の病気を治せるというのだろうか。まことに嘆かわしい。その迷妄なことと言ったら言葉にならない。

この『医断』にはしばしば「法」あるいは「仲景の法」という言葉が出るが、ここには、その具体的な解説が示されている。東洞は、先に記しているように、『傷寒論』の編纂者、張仲景は自分で方剤を創案したのではなく、上古に既にあったものを収集したと主張している。ここには尭・舜・禹の三代の聖王にまで遡っているが、勿論、これは推測に過ぎない。しかし、一九七二―七四年に馬王堆墳墓が発掘された。この墳墓は紀元前一八六年以前の長沙国丞相であった利蒼と妻子のものと判明しているが、その副葬品として、医薬関連の帛書があり、これには生薬を複数組み合わせた処方が記されている。[23] 従って尭・舜・禹は措くとしても、紀元前に遡れることは確定的であり、この意味において東洞の主張は妥当性が高い。因みに兵法の『孫子』の原本と考えられるものが一九七二年に山東省臨沂県銀雀山の前漢時代の墓から、竹簡として出土し、『孫子』研究は一挙に千年以上も遡ることができたとのことである。[24]

文中にある「若し薬、瞑眩せざれば、その疾、瘳えず」は東洞の確信の拠り所となっているが、後人の批判の的となっている。東洞は「薬という者は必ず瞑眩するものだ」と受け止めているが、批判者は「これはあくまで比喩であって、全ての薬が瞑眩を来すものではない」と言う。確かに批判にも一理がある。たとえば「良薬口に苦し」(『孔子家語』)という場合、全ての良薬が苦いわけではない。「苦いことが通例であるが、病気の治療に有益である」との意味である。瞑眩に関する原文を後(附録二二七頁)に掲げた。

三十一　禁　宜

○およそ人間が好み、嫌悪する事柄は同じではない。飲食でも食べてみて味や摂取後の具合の良いものは、好ましいと思い、不快を感じる物は良くないと思うのである。上古に於いては、生きる力(精)を養うには穀物・肉類・

果物を用いていた。従って禁宜（禁忌）ということは言わなかった。後世になって、厳しく禁宜の所説を設けて、云うには「其の物は病気を増悪させる。其の物は薬よりも優れている」と。しかし、薬と言うものは食物と比較されるようなものではない。どの様な根拠で、ある食物が疾病を克服・排除することが出来るというのであろうか。禁宜を設けることの弊害は、嫌悪している物を摂取するように強要し、好むものを禁じる事態に至らせることにある。これに相違ない。

東洞の主張は明確であって、生命力を維持するのは穀物・肉類・野菜・果物であり、病毒を攻めるのは薬（毒）である。従って薬によって補脾益気を図ろうとするようなことは断乎として拒否する。

この主張は『黄帝内経素問』蔵気法時論篇第二十二にある記述を参考に、薬と食物の区分を明確にしたものと考えられる。『素問』に云う「毒薬攻邪、五穀為養、五果為助、五畜為益、五菜為充」と。

三十二　量　数

○銖・両・升・斗は古代においては非常に厳密なものであった。しかしながら、悠久の時間が経過したために、その古代の度量衡を詳細に知る事はできなくなっており、おおよその事を推測して知るだけである。東洞先生は考えるところがあって、これを検討しているが、ここでは省略する。後世の中国の方剤では一貼の重さは、おおむね数両以下である。現在、長崎に来航する中国人の用いる方剤の重量もこれと同様である。また、この方剤は一貼の重さは一銭とする説もあり、この一銭前後の加減があるだけである。

人命を奪うかも知れない薬において、この様な少量の処方を作って、しかも煎じ方も多様である。一度煎じた滓を再び煎じて服用していたのでは、どうして疾病を治し、毒に勝てるだろうか。このような理由から、東洞先生の教えは、専ら方書の分量を守り、病状の軽重を必ず判断し、一剤の重量を決定するのである。「再煎」のようなものは、上古には無い所であり、従って、行わない。

東洞の著作に『医方分量考』がある。鈴木達彦(25)は『傷寒論』における薬用量について考察し、東洞は一両＝二銭、一銭＝三・七五グラムとしている。因みに現在流通している五円硬貨の重量は一銭に相当している。

三十三　産　褥

○出産時の産婦の取り扱いについては各地方の習慣があって、それぞれ異なっている。有害な風習は取り除き、害がなければ風習に従う。産科医や産婆の方法に拘束されてはならない。おそらく別の病気を起こさせるだけである。一般的に言って、産後は疲労困憊して眠り、臥床したがる。これは自然のことであるのに、現今の京都の俗習は、産婦が数日間、臥床することを禁じている。はなはだ宜しくない。産後に起こる目眩(血暈)を、人参・黄耆剤で予防しようとする。とんでもない誤りである。血暈がみられたならば、証を丁寧に診て、適切に治療する。また、妊婦が腹帯をする方法は、中国の古代にはなかったことであろう。我が邦にこの風習があるのは、世間では「神功皇后が新羅を攻めた際に、鎧を身につけたので、腹帯をした」からだと言われている。これは非常時のことであったわけで、日常における方法ではない。

【行状③】に見るように、東洞は吉益流の金瘡・産科を青年期に学んでいる。『翁草』(附録二一七頁)には、此処に記された考えを実行した逸話が記されている。

三十四　初　誕

○誕生直後の乳児を取り扱う法則は、胎毒の除去に努めることである。しかも早々に母乳を与えなくてよい。早々に母乳を与えると胎毒が除去されにくい。朱蜜、茯苓、五香のような物で、どうして胎毒が除去できようか。このような物は与えなくてよい。乳児に病的な様子がある時には、捨てておいてはいけない。急いでこの毒を攻めること。近頃、ともすると、こう云う人が居る「人の稟性は、古今を問わず強健と虚弱がある。この児は虚弱に生まれついた。従って攻める方法には耐えられない。これを補わなくてはならない」と。何という理不尽な言辞であろうか。そもそも人間は天地の中の存在である。天が裂けることはないし、地が壊れることもない。どうして人間だけが先天的に強健・虚弱に分かたれようか。草木でもまたこの道理である。現存する薬によって、現存する疾病を攻めることになぜ畏怖することがあろうか。

東洞は安芸時代には金瘡・産科を標榜していたので、妊娠・出産を多数取り扱ったものと推測される。胎毒の意味は広いが、ここでは特に先天性梅毒性を念頭においての所論と考えられる。

三十五　痘　疹

○痘瘡という病症は古い時代の医籍には記されていない。後漢の初頭に初めて記載が見られる。本邦では聖武天皇の時代に記述がある。そもそも天地・人物には古今の差異は無く同一である。どうして古い時代に有るものが、現在には無く、現在有るものが、古い昔になかったであろうか。考えるに、痘瘡は古くから有ったが、その名称を伝えなかっただけのことである。この疾患の初期は癰瘍と異なることがない。その治療法も癰瘍と同じく毒を排除し、排膿することを主体に治療する。この治療に補・瀉の二通りがあるとするのは、無知の輩がいうことである。毒が猛烈で死亡する例を見るが、攻毒によって毒が排除され尽くして死亡した事例は見ない。死亡する者は毒が猛烈で体内に閉じ込められたことによるものである。医者たるもの、この道理をよくよく考えなさい。生体の防御機転に古今の差異がないことは首肯できるが、外邪に歴史的消長があることは、現在では常識である。東洞の論理によると梅毒は新興の性感染症ではなく、古くから有ったということになる。

三十六　攻　補

〇医術に於いては毒に対する攻撃のみである。精気を補うというようなことは決してない。薬も攻めることだけを任務とするものであり、疾病を攻撃するものである。『黄帝内経』に云う「病を攻むるに毒薬を以てす」と。此《これ》が上古の治療法則である。従って「攻むるのみ」と言うのである。精気は人間が生きるためのもので、これは養うことで保持しなければならない。これを養うものとしては穀類・肉類・果物・野菜だけである。『黄帝内経』にはこうも云う「精を養うには穀肉果菜を以てす」と。之を補うと言わずに、養うと云うのが上古の表現なのである。この穀肉果菜を以てしても精気を十分に補うことは困難であるのに、それを薬で補うことなど出来はしない。天の造化が与えた精気に人の力で介入することなど出来はしない。従って東洞先生は「補など決してない」と言うのである。後世に至って、攻補を二項対立させ、薬をどちらかに分配し、補気の説を創り上げて、云うには「病軽ければ則ちこれを攻め、重ければ則ち元気を補う。若し強くこれを攻むれば、元気竭きて死す」と。そもそも薬は攻めることを専一にしている。どうしてこれが精気を補うことができようか、決して出来ない。元気を補うことが結果として可能であるとするならば、それは、人間に死がないことになる。でたらめも極まったということだ。

東洞の思想は徂徠学に共鳴したもので、天と人とを明確に分かち、天命には人間は介入できないとする。人間存在そのものが天の造化の生み出したものであるから、その生命の根源である精気は、同じく造化の賜物である穀肉果菜によって保養する。それは当たり前の自然との共生である。一方、生薬は同じく造化の賜物ではあるが、偏性の毒を持った存在である。これを明確にしているのが東洞の立場である。「医食同源」「薬膳」などという言葉は東洞とは無縁である。

三十七　虚　実

○そもそも、何物であれ、それを計量しようとするならば、先ず度量衡を定め、その基準によって行わなければならない。これを人間存在の内容に当てはめると、まず先に平常状態がある。この平常状態が失調した後に虚実がある。ところが、世上の通説では、精気という尺度で、これを虚と言い、邪気の尺度で、これを実と言うのは、一体、何を共通の尺度としているのであろうか。『黄帝内経』に云う「邪気盛んなれば則ち実、精気奪すれば則ち虚」と。そもそも精気は、生命体としての人間になくてはならないものである。ひたすらその精気が衰えることを畏れるために、これを虚といい、奪うという。一方、邪気は人間にとって有ってはならないものである。そこで、この邪気が勢力を増して実することを恐れるので、これを実といい、また盛ともいうのである。このような前提に立って、虚は養という用語を用い、実は攻という用語を用いる。邪気の実を攻めるのは毒薬であり、精気の虚を養うものは穀肉である。これは上古の治病の法則である。以上のような理由から、虚実は平常状態によって論じなければならない。

ここに或る人がおり、身体は羸弱、様々な不具合を抱えている。この人が問うて云う「私は誕生以来、今日に至るまで、このような状態で、患っております」と。世間の並の医者達は皆、こう云う「あなたのような人は、天があたえた体質が虚症である。病は治すことができない。もしも無理に治そうとすると、死ぬことにもなる。精気を補うことで、寿命を全うするより他にない、と。そこで、薬を飲食に代えて服用し、以来、一日もこれを怠ったことがありません。そうしたにも拘わらず、依然として前の状態です。あなたの見解もこのようなものですか。その説明をうかがいたい」と。

　そこでこう答えた「そうではない。私の視点で見ると、あなたの患っている部位は実です」と。

　其の人は愕然として云う「あなたは何というでたらめを言うのですか。私の身体の痩せはこの様な有様です。これに加えて年来の持病を患っている。人々はこぞって虚症としているのに、どうして実というのですか」と。

　答えて云う「どうして、この病症を実と呼ばないでおけましょう。そもそも虚実というものは、平常の状態を前提とする概念なのです。邪気に視点をおくと実といい、精気に視点をあてれば虚といえるのです。あなたはすでに病的状態にある。どうしてその病態を虚と命名できましょうか。そして、どうしてあなたの体質を天の与えた性質といえるのでしょうか。これは母親の胎内で生育する際に、疾を受けて生まれ、本来持つべき精気がこの毒のために抑圧された状態になり、結果として精気が十分に伸びやかに出来ないだけの話です。『黄帝内経』に「邪の湊る所、其の気必ず虚す」と言っているのは、このことです。こういう訳ですから、戦術を詳細に練って、この戦術で疾毒を攻撃し、他方、飲食は嗜好のままに摂取すると、病は去って精気もひとりでに十分で伸びやかなものになるのです。こうして完全に病的状態から快復し、平常の状態になった時、はじめて肥満とか痩せなどの形質を論じることが出来るわけで、これを天性あるいは天質と言うのです」と。

　この人は平常を基準とせずに、虚実を論じている。定準がないので論理が混乱し、何を頼りとするのかわからない。従って其《そ》の病の全体像を目でみることができない。そこで、単に痩せて弱いのを視て、虚症と名づけることになる。誤りという他ない。虚とは度量衡の定準を設定せずに軽重を計量する曖昧な言葉である。しかも、この虚なるものを補いたい時、用いるのは薬ではない。薬というものは偏性の毒物なのだ。薬によって邪気が排除されることは有っても、精気を補うことはできない。若しも単に精気が衰えて虚と呼ばれる状態であれば、其《そ》の時は穀肉によって精気を養うことは当然しなければならない。彼は既に薬によって補うことを試みようとしていたが、果たせなかった。誤った思い込みで疲れ果てた状態で慢性病を抱え、寿命を短くする事態からのがれられない。悲しいことである。このような誤謬の原因は、要するに「虚」という言葉は平常状態の失調を述べるものであることを弁《わきま》えないで終始してしまった為である。また、気虚、腎虚、脾虚というような類も、おおむね、この誤謬に該当する。全て病毒の所在によって命名されたものではない。誤った所説により創られた用語である。ここで主題となっている虚実は、現在の「中医学」と「日本漢方」の基本的概念の相違となっている。語を補って現代語訳を試みた所以である。

以上、「医療システムの変革」という大志を懐いて京都に上ってから約二十年。ようやくその革新的医論を世に問うことになった。『医断』はその先駆けとして公刊されたものである。高弟の鶴元逸が記したものを、東洞自ら、あるいは中西深斎(一七二四―一八〇三)が整備して公刊されたことが、本書末尾にある深斎の「題医断後」に記されている。鶴元逸は東洞に学んだ後に故国の西肥(佐賀県)に戻ったが、本書の刊行を見ずに夭折した。

第四節　医事或問

『医事或問』は明和六(一七六九)年に刊行された医論である。前節の『医断』の十年後の出版で、執筆時、東洞六十七歳。自らの著作で生前に刊行された最後のものである。すなわち、東洞医論の集大成と位置付けられる。

明治政府によって漢方医学が排除された暗黒の時期に和田啓十郎が現れ『医界之鉄椎』(一九一〇年)を著し漢方の再認識を唱えたが、その端緒となったのがこの『医事或問』であった。

「或問」とは自らが設問し、それに答える形をとる文章形式の一つである。当時の内外の医書に広く採用されていた。

『医断』は当時の医界に大論争を巻き起こした。その反論の『斥医断』、それに反論する『弁斥医断』などが次々に公刊された。本書はそれらの反論をも十分に咀嚼し、自説を展開したものである。

問答の意訳を掲げて、逐次検討するが、参照の便を考え、或問に番号を付した。

或問一

問。医家が分かれたのは何故か。

答。上古の医者には三種類あった。疾医、陰陽医、仙家医である。『周礼』に言う疾医は、病毒の所在を見定め、其の毒に適する方剤を与えて病毒を取り去るので、諸病疾苦が全て治った。扁鵲《へんじゃく》、仲景の医法がこれである。

陰陽医は病の所在を視ずに、ひたすら陰陽五行、相生相剋、経絡によって病を論じる。みな臆見であるから、手に取って治すことができない。淳于意《じゅんうい》（太倉公）がこれである。仙家医は仙人をめざして気を煉り、煉丹を服用するが、実行する人が少ないので、世間に流す害も少ない。葛洪《かっこう》、陶弘景、孫思《そんし》邈《ばく》等がこれである。

疾医は万病一毒を会得し、方証相対を心得ているので、治らない病気はない。陰陽医は五臓六腑、陰陽五行、相生相剋などを書籍で学び理論で病を論じ、実際に患者が呈している病状を手で触れることをせずに、臆見で診断するので、一見すると理路整然としていて理解が容易にみえるが、実際に病気を治すことができない。このような病気を治せない陰陽医の書物を、後世、編纂するに当たって、陶弘景や孫思邈などの仙家医は仙家の方剤を混入させたのである。このような夾雑を経て伝えられた医書を、現在の医者は貴人のための医学として尊信しているので、ますます扁鵲・仲景の道は絶えて、其の後に疾医の道を説く者は誰一人として現れなかった。その陰陽医の根源は太倉公であるから、既に二千年、この道は途絶えている。この間の事情を知りたければ『医事古言』を参照するとよい。

淳于意（前二一五―?）は『史記』の扁鵲倉公列伝に記された前漢の医人である。葛洪（二六一―三四一?）は『肘後備急方』『金匱薬方』『抱朴子』を著した。陶弘景（四五六―五三六）は散佚していた『神農本草経』を整備し、『名医別録』を合して『神農本草経集注』を著した。孫思邈（五八一―六八二）は『千金方』の著者。

或問二

問。今の陰陽医流の医方で病が治り、疾医の方で死ぬことがある。何を根拠に、双方の善悪を区別したらよいか。

答。死生に人間は介入できない。天の命である。医者はひたすら病毒を駆除して病苦を救うのが任務である。しかし医者にも技量の差がある。高い水準に達した医者というのは、その術を真に自得した者である。この病はこの薬で治るという確信の下に、其《そ》の毒がつきるまで徹底的に一貫した方剤をもちいて、妄《みだ》りに方剤を変えることはしない。真に自得していない医者は心に疑いが生じ、日々方剤を加減したり、変えたりする。これでは病は治るはずがない。今の陰陽医流の所謂補剤などで治ったということは信用できない。

そもそも、病毒は動くもので、休息の期間がある。この休息に向かう時期に用いた方剤は、その方剤が効いたように思われるが、実はそれは薬効ではなく、自然の消長の中で毒が静まったのである。その証拠に再発した時に、其の方剤を用いても無効なので、方剤を変えることになる。これをみると、以前の方剤が効いていたのではなかったことが明白になる。また、世上、相薬と言われるような、用いる毎に病が静まる薬が有るとされている。これは病気の消長の周期にたまたま相対したもので、なにもせずとも、自然に治まるものである。この道理を知らずに相薬などというのは迷妄である。真の意味での相薬(方証相対した薬)は必ず毒に当たるので、瞑眩して治る。瞑眩する時は不快な症状が現れるので、いっとき不相応な薬のように思われるが、其の後に病気が治るので、相応の薬と考えなくてはならない。

「今(陰陽医流)の方剤で治るということは信じられない」という発言の根拠は、東洞の見地からは病毒を温存する方針の陰陽医流では根治できる道理がないということである。

後段の病気の消長は梅毒の一期・二期・三期を見ていた東洞の臨床経験が有力な根拠になっているものと推測する。また、梅毒に限らず様々な重篤な感染症の経過を、東洞は慎重に観察していたことが窺われる。

或問三

問。毒が完全に排除されて病気が治ったのと、自然の消長の一環で静まったもので、薬効ではないとする二つの事柄を区別できるか。医者でないと区別できないものなのか。

答。これは本当の事実であるから、医者でなくとも分かる。しかしありふれた軽微な病気では、瞑眩が現れたとしても軽微であるから、判別しにくい。両者の相違がはっきりと分かるのは、重篤な傷寒、時疫、下痢病などで、生死が十日か二十日で決まるような病気の場合である。このような患者について、現在、世間で腕が立つ医者十人が診て、全員が必ず死ぬというなら、大病に疑いがない。この際、各々の医者に「それではあなたが必ず死ぬとした患者は一〇〇パーセント死にますか」と質問すると、其の医者は「一〇〇パーセントではない、死ぬこともあれば、生きることもある」と答えるであろう。この答弁は本当のところ、生死は完全には知る事ができない証拠である。生死は天の造化の専権事項であって、人間は思惟できない。医者が担当できるのは病気に対してだけである。其の疾病を治すことに専念すれば、天が与えた寿命が尽きない人は、その全てが生きるのである。さらに其の医者達に「此の人が、もしも生き残るとした場合、幾日くらいの経過で回復しますか」と質問するとよい。そこに居合わせた医者十人全員が「此のような重篤な患者は、生き残るにしても、八、九十日を経過しないと正常状態には回復しない」と言うであろう。これは事実であるから、その言葉に偽りはない。また医者ではなく病気の知識に詳しい一般人に質問しても、医者達の先の意見とほぼ同様であろう。ところが、この患者を其の日から私が預かり、毒の所在と容を見て処方し、その毒を排除することに専念すると、寿命が尽きない人にあっては、約三十日で回復する。これは一貫して「以毒攻毒」以外のことはしないからである。急性期を脱した後に補剤で養う治療法では八、九十日も経過しないと平常には回復できない。その違いは五、六十日である。

また、病名、病因を論じる医者は、至って腕が立つように聞こえるが、各人の論理展開を聞くと、その見解は異なっている。それは所詮、空理空論であって、毒の所在を見定めることができないので、最初に決めた薬方を、終始一貫して投与することなどできはしない。定見が無いので、日々に薬方を変え、或いは加減するのである。これは「以毒攻毒」「方証相対」によって確実に治療する法則を知らないからである。とは言え、陰陽医流で方剤が適合することがあるが、それは偶々の幸運で、患者に与えられた天命によって死ななかっただけの話である。治療法則を知っていないことは、処方が日々変わっていることで知る事ができる。

そもそも、医者たる者は病毒の所在の診断方法、方剤について、踏むべき道を知らなければ、病を治すことはできない。これを軍事に喩えれば、大将が士卒を使うようなものである。士卒に絶対の信頼が置けないようでは攻撃、撤退など秩序立った軍隊の機動力は発揮できない。病気の治療でも、医者が自分の使う薬を恐れ、信頼できないようでは、病気は到底、治せないのだ。

ここでは原文にはない「以毒攻毒」「方証相対」の語を補って意訳を試みた。「陰陽医流」という用語も創って挿入した。陰陽医流の駆使する理には、そもそも定準がない。「理に定準がない」ことは荻生徂徠が喝破したところである。補剤というものを否定する徹底した態度は、それだけ当時の医療常識の中核を補剤が占めていたからに他ならない。窃に筆者は東洞も補剤が有効な局面があることは承知していたに違いないと考える。しかし、敵の拠り所である補剤城の本丸を直撃するのが最も効果的で、些《いささ》かの妥協もせず徹底的に敵の主張を粉砕する。これでなくては戦にならない。これが東洞の大戦略であり、生涯を貫く姿勢であった。

或問四

問。先生は用いている薬方に目立った効果が無いのに、半年間、一年間と薬方を変えないのは何故か。

答。これは治療についての「暗黙知」(毒の見定め・薬方の方格・薬徴)をしっかりと自得していなければ実行する事は困難である。病の病名を付け、病因を論じるのは、所詮、臆見であるから、十日間も其の薬方を投与して効果が見られないと、心に疑いが起こり、薬方を変えるのである。扁鵲のような疾医は、病毒を見定めて、此《こ》の毒は、此の薬で治すという方針をしっかりと心に決するので、たとえ効果が即座に得られなくとも、病が治りきるまで、薬方を変えないのである。このように長期間、ある薬方を投与し続けると、その経過中に自然に病毒が動き出す時がある。その動き出す時には大いに瞑眩し、病は治るのである。こうして病が治った時レトロスペクティブに見ると、其の薬方を途中で変えていたならば治らなかったであろう事が分かるのである。ところで、「薬方を変えない」という事について言うと、その薬方が病に的中したものか否かを良く理解せずに、ただ「薬方を変えない」という事だけを自慢して、患者を惑わす者がいる。これは法を自得していない無法者のすることである。騙されてはいけない。無法者か否かを識別するには、其の医者の治療の根拠を問いただしたらよい。このような無法者は、治療の法を自得しておらず、出任せの理由を述べ立て、曖昧な自己流の考えで場当たり的に答えるので、最初から最後まで一貫したものにならないのである。他方、法に則ってよく病を治せる人は、自得によって確信したこと以外は述べないので、終始一貫しており、病人に変化が起こっても驚くこともなく、用いている薬方で目立った効果が現れなくとも、其の患者の毒の容が変わらない限り、いつ迄も同じ薬方を用い続けるので、最終的に良い結果を得るのである。このような理由で、即座に効果がみられなくとも、一年間、半年間と同一の薬方を続投するのである。

「方証相対」とは言え、毒の所在・容の見定め、つまり証の決定、用いる薬方の理解という知識のレベルが問題であることを指摘した一文である。これは「暗黙知」であるから自得しなければならない。禅の悟りにも段階があると聞くが、頭で分かったつもりになるのと、心底自分のものにするのとでは、治術に雲泥の差が生じる。

東洞のこの理念を実践することは言うべくして実行は容易ではない。しっかりとした医師・患者関係が前提となる。ある国では三―七日で薬効が出ないと、患者が医者をすぐに替えると聞いた。このような社会的風潮の中では東洞の理念は実践できない。

「証が確定したら、妄りに薬方を変えることはしない」という基本方針が東洞の臨床で実践されていたことは、『建殊録』や『東洞先生配剤録』から知る事ができる。

或問五

問。聖人の道も、医の道も、それを生んだ中国本土では絶えてしまったということについてはどうか。

答。尭・舜・禹の聖人の道が絶えたのは、春秋戦国時代の孟子や荀子などから既に始まっている。『論語』において、子貢が云う「先生(孔子)の人性論や天道論について語られることは稀で、容易に聞くことができない」と。孔子の高弟である子貢すら聞くことができないという事柄を、荀子は性悪と言い、孟子は性善と言い、それぞれがそれを根拠に言説を展開したので、とうとう「気」についての穿鑿が始まることになった。「性」や「天道」は造化の定める所で、人間の思惟が及ばぬことである。それにも拘わらず、これを説いたので、ありのままの天道が損なわれ絶えてしまったのである。聖人の道はその結果が具体的事実として現れ、人間が自得した後でその存在を知り、実践以外では表現できない。つまり、「性」と「天道」とは「暗黙知」として心で自得するしかない。決して言葉では表現できない。このような理由から、孔子も言葉にすることは極めて稀で、子貢も孔子から滅多に聞くことができなかったのである。

この聖人の道が絶えてから、次第に陰陽五行によって、本来、介入できない所の天道を理屈で云々するようになったので、扁鵲のような疾医の道も絶え、医界では、理屈をこね回す太倉公のような陰陽医だけになってしまったのである。実際、扁鵲などは造化の専権事項には一切介入していない。ひたすら病毒の形状を観察し、其《そ》の毒を去り、病苦を救うという、実存的経験主義を貫いたので、千年を経過しても、治術において内容が変わってしまうことは無いのである。聖人は自ら実践し納得したことだけを「知った」と言い、実践しなかったことは、およその事は分かっていたとしても「知らない」と仰せられたので、その「知った」という事柄に事実に相違するものがないのである。

ここで主題とする「聖人の道」は非常に大きな哲学的問題である。荻生徂徠《おぎゅうそらい》も『弁名』(11)の冒頭に掲げ、これを詳細に論じている。

道は統名なり。由《よ》る所有るを以て之を言ふ。蓋《けだ》し古先聖王の立つる所、天下後世の人をして此に由りて以て行はしめ、而して己も亦《また》此に由りて以て行ふなり。……

『論語』(26)の引用は「公冶長」第五からで、原文は以下のとおりである。

子貢曰、夫子之文章、可得而聞也。

夫子之言性与天道、不可得而聞也。

この「道」に関する見解こそが、徂徠学の儒学革命の根幹である。東洞も造化と人間存在との関係を識ることによって、医療思想の形成を成し遂げたのである。

東洞の盟友、山脇東洋は『蔵志』を著したことからも理解されるように、人体の仕組みの解明に取り組んだ。しかし、東洞はこの件には全く興味を示していない。その理由の一つは、「人体は造化の為せる業であり、これに人間は介入できない」とする姿勢が有ったのではないかと考える。

或問六

問。後世派の医者は、風寒暑湿燥火の六気に傷《やぶ》られて病が起こると言う。疾医は傷られることは無いという。この点を問う。

答。風寒暑湿燥火は、天の六気であって、万物の生長、収蔵を行う天の生令である。どうして天が人を傷害する道理があろうか。もしも有ると主張するのであれば、それは天を自分の恣意で思いのままに理解しようとする企てである。なぜならば、天下万民はことごとく六気の内に生まれ、朝夕に六気に曝されないことはないが、障害される者と、されない者が居る。どうして天が両者を区別して、或者は罰し、或者は罰しないなどと言うことがあろうか。もし天が下した罰が疾病というものであれば、なぜ薬で治せるのか。よく考えなさい。私自身、名医の治法に随い、臨床に従事して考えたことは、六気に傷られたとする病症であっても、其れだからと言って特別な薬方が有るわけではない。単に扁鵲、仲景のように、病毒の容を診て、それに対応する薬方を投与すれば、汗吐下和が起こって、万病が治る。後世派の言う六気に傷られ易いという人も、其の人の毒を排除すれば、再び風寒に遭遇しても傷られることはない事実から、六気というものと人間存在について理解することができる。『医断』「二十九　病因」の項で記されたことと同じ論理が展開されている。如何なる外的な因子であろうとも、体内の毒がなければ、これを犯すことはできない、との主張である。万病の生起は体内の一毒に帰すのである。

或問七

問。六気の一つである風にあたって、風の病が起こり、食物にあたり、腹痛した際に、其の食物を吐いてしまうと腹痛が治る。このように因果関係が歴然としている事実を見ると、飲食物、外来の邪気に傷られないとは言えないのではないか。

答。万人が同じ風にあたっても、傷害される者とされない者が有る。また、同じ食物を摂取しても、中毒症状を起こす人と起こさぬ人がいる。これは風・食に傷られたのではないのである。風・食を含めて天の気と言うが、この天の気に感じて、以前から在った腹中の毒が動き出すからである。この体内の毒を取り去れば、日頃から風や食に傷られ易いという人も、どれほど風にあたろうが、何を食べようが、傷られることはないのである。ところで、食物に好き嫌いがあるが、嫌いな者というのは、これが腹中の毒に衝突する物であるために嫌うのである。従って、あらかじめ此の毒を取り去ってしまうと、嫌いであった物も好きになり、食べるとあたって腹痛するという物も、あたることが無くなるのである。以上のことから理解されるように、風も食も、単独では生体を傷害するものではない。生体内の毒が動くことで不快な事象が起こるという事を知らなければならない。

或問六を補完する内容である。現代医学の感染論では「微生物対宿主関連」が古くから唱えられ、免疫学の発展によって宿主側の防御システムが明らかにされて来ている。また、原因と共に「誘因」という概念もある。

或問八

問。『黄帝内経』その他の諸家は、五臓の積という病態を説いている。疾医は唯一毒と言って五臓論は採用しない。何故か。

答。臓腑のことは上古の『周礼』『管子』などに記述があるが、後世にいう五臓六腑の事ではない。後世の五臓六腑論は漢代になって陰陽医が盛んになってから後に形成されたものである。『黄帝内経』などに、心積、脾積、肝積、腎積などの事が詳しく論じられ、此の病は、此の薬で治ると言うようになった。其の理屈は一見すると理路整然に思われるが、これを今、実際に臨床で用いても薬効はない。腹腔内の事は外からは目にすることができない。従って五臓論は所詮、推量であるから、疾医はこの説を採用しないのである。

ここに言う「積《しゃく》」（「せき」ともいう）は「積聚」の略称。腹内に結塊があって、腫れや痛みをともなう病症。因みに、心積は胸部痛に心煩・抑鬱をともなうもの。

五臓の積についての記述は『黄帝内経』ではなく『黄帝八十一難経』であると考えられる。「五臓之積、各有名乎。以何月何日得之」などと詳説されている。

或問九

問。「生死は知らず」というのは強力な薬剤を専ら用いて、患者が死亡してしまった時の言い訳だと言う人がいる。如何か。

答。わたしが「生死はしらぬ」というので、世間の皆が恐れるのも当然である。しかし、妥協して世間に諂うつもりは無いし、言い訳するつもりもない。もしもこの言葉が言い訳の為のものであれば、どのようにでも表現を工夫できる事であるが、生死は元々知らない事なので、「しらぬ」というだけのことなのだ。聖人も「死生命あり」と仰られて、人が思惟することができないものなのだ。其の知ることができない事を知ろうとするから、治療に迷いが生じる。言うまでもなく、人間が一番大切にするのは命である。しかし、その生と死の二つはすでに生まれる時に「生」は完了し、「死」だけが残っているのが人間存在なのである。もしも変わるとすれば、「死」より他はない。それが人間なのだ。その人間を預かるということは非常に危ういことである。特に大切な患者を預かった場合、もしも死んでは大変だと思う心が働くと、冷静な心が失われ、混乱して病態の把握もできなくなる。「死」という一語に目が眩んで、適切な治療ができない。その途方に暮れ、茫然とした有様は俗人にも劣る。これは他でもない、生死を知ると言いながら、実は生死を知らない結果なのだ。医者は病苦を救うだけで、生死は天が司る所と明確に心に決めれば、迷うことはない。これを明確に自得すると、世間の多くの医者が必ず死ぬと宣告した患者でも、生死は度外視して、全力で治療に当たれるので、全快することがある。こうして考えると、「生死をしらぬ」という事は、医者の重要なキーワードである。しかし「生死をしらぬ」の一語は口では言えても、心にしっかりと覚悟することは難しい。心に覚悟しない者は、医者とは言えない。

「古昔、扁鵲、虢《かく》に過《よぎ》るに、太子、暴《にわ》かに厥して死す」という状態であったが、扁鵲は治療して蘇らせた。そこで、天下の人々はこれを称賛して「扁鵲、能く死人を生かすと為す」と言ったとのこと。しかし、扁鵲は称賛の此の言葉を認めずに「越人(吾)は、能く死人を生かすに非ざるなり。此れ自ら当に生くべき者にして、越人能く之をして起たしむるのみ」と言ったのだ。この故事をじっくり考えて、生死は、医者が関与するものではない事を知らなくてはならない。

私は、以前に、京都祇園町、伊勢屋長兵衛という人を治療した事がある。この患者は激しい下痢(泄瀉)の病で世間一般の医者は治せないという。そこで私が招かれた。往診してみると、心下《しんか》痞《ひ》鞕《こう》、水溶性の下痢、はげしい嘔吐があり、いまにも死にそうな状態であった。私は「私の治療を世間では大いに恐れている。その理由は、一般の医者が柔らかい、作用が穏やかだと云う薬でも、私が用いて病に的中する時は、激しい瞑眩《めんげん》が起こるからである。しかし、この瞑眩を恐れていては、病が治せないのだ」と言ったところ、患者の家族の者は納得して薬を処方してくれるように求めた。そこで、生姜瀉心湯を三貼用いたところ、其の日の午後四時頃、激しく吐き下し、患者は気絶した。このような事態になったので、家中が大騒ぎになり、医者を幾人か呼び寄せて診察させたところ、医者は全員、死亡してしまったと言って帰ってしまった。そのようなことで、私が呼ばれた。再度、往診して患者を診ると、顔色、脈、呼吸の全てが絶えている。家中の者も皆が死んでしまったと考えた。私は「本当に死んだようにみえるけれど、其の形状に疑いがある。しかも死んだ状態になってから四時間ほどしか経過していない。先ずは冷静に、とうとう死んでしまったのか、死んではいないかの判断を見合わせるのがよい。薬は前と同じ物を口の中に注ぎ込んで、咽に通れば、追加して入れなければならない」と言って帰ってきた。

その真夜中の午前〇時頃、患者は夢から覚めたように目を開き、「親戚一同が集まっているのは何故か」と尋ねた。親戚一同の者が驚いて云うには「今日の午後四時頃からただ今まで、呼吸、顔色、脈が皆絶えてしまっていた。医者達を集めて見せたが、死人に薬は無いと云って帰ってしまった。そのような訳で、皆が集まっているのだ」と云ったところ、患者も不思議に思い、思い返せば、昼頃に大いに下痢をしたが、其の後は何の苦しみもなく、寝てしまったように記憶している。もう大丈夫、気力も良くなったので、皆様お帰り下さいと病人が言ったのだが、一族の者達は不審に思い、昼間に診てもらった近所の医者を招いて、診察させたところ、「脈も正常で、何の病もない」と云って帰ってしまったので、益々病人は気力を得て「どうかお帰りください」と云ったので、一族の者は皆、帰った。皆が帰った後で、大変に腹がすいたと云って、茶漬け三椀を食べ、満足して寝た。翌朝になると、益々丈夫になり、下痢・嘔吐という多年の病苦を忘れてしまう状態にまで回復した。この人は、幼少の時から、食当たりするので、白粥で養育され、四十歳を過ぎても、食べ慣れないものを食べると、すぐに当たってしまうので、食べることができなかった。ところが、此処に記したような病が、このような経過で治ってから後は、何を食べても当たることはなく、七十歳までも壮健に暮らしたのであった。この患者の場合も、最初に毒の所在を見定めて、その毒に対して適する方剤を投与しただけの事である。最初から生死を度外視して薬を投与したところ、此のような結果になったのは、患者の寿命が竭《つ》きていなかったので、生きたというものである。どこの国の病人の治療に当たっても、「生死をしらぬ」と云うので、私の治療を恐れる人が多い。しかしながら、「生死を知る」と云うよりは、「知らぬ」という治療に効果があることを考えなくてはならない。

以前のこと、或る老人が私を諌めた事があった。「あなたは、日頃、生死を知らないなどと言うから、世間の人は大変に恐れている。其の事を言わずに治療を施して下されば、治療を依頼する人も多くなり、人を助けることも多くなるでしょう」と言ってくれた。ひそかに、この老人の諌めを考えると、私を世間に顕わそうとして、親切に教えて下さった事で、その配慮は大いに有難いことではあるが、元々生死は知らないことなので、たとえ世間に流行る医者になったとしても、偽りは言えない。尊敬する年長者が諌めて下さることであるので、このお諌めを断ることもできない。しかしながら、人の病苦を救い、私が信じている道を後の世まで伝えて、人の助けになろうという事は、年来の私の志願であるから、たとえ現時点で私の医術が流行らずに、餓死してしまう迄になっても、この道だけは踏み外してはならないのだ、と。

上古に顔淵云う、「孔子さま。あなたの道は至って大きいので、天下は受け容れるものがありません。しかし先生には、その様な世間を問題視することなく、是非、之《こ》の道を推し進めて下さい。世間に受け容れられることがなくとも、何の憂える必要がありましょうか。受け容れられないからこそ、初めて君子であることがわかるのです。道の修《おさま》らないことこそ、我々の恥なのです。道がすでに大いに修っていて、用いないのは、国を所有する君主の恥です。むしろ、受け容れられないからこそ、そこに君子であることがわかるのです」と。

「医の道もこれと同じです。二千年間、絶えていた道を再起させて行く事ですから、たとえ餓死することがあっても、この道が世に行われるならば、私の生涯の本望です。折角にお諫め下さった事ではありますが、此のように道に関わる重大な事柄ですので、「知らぬ」と言い続けて死ぬことになるでしょう」と諫言を辞退したところ、この老人は憮然として帰って行った。大変に残念な事になってしまったが、道に違背し、人受けするように方針転換することは、私は断じてしない。生死に関する、此のことが明確でなければ、医術の本質を自得することができない所以《ゆえん》である。「知らぬ」と言うことを、どうして言い訳などにできようか、決してできない。単なる言い逃れでない事は、この道によって、実際に疾病が治るという事実によって知ることができるのだ。

東洞の医論の核心であるので、具体例や、諫言を記し、生涯の本望を開示したものである。

「顔淵曰く」の出典は『史記』孔子世家第十七。

或問十

問。太倉公（淳于意）は大昔の名医であって『史記』にも「扁鵲倉公列伝四十五」と扁鵲と並べて称賛されています。其の太倉公は、専ら生死のことを述べています。ところが先生は、医者は生死に関与できないと仰せられます。如何ですか。

答。太倉公は陰陽医である。疾医でないことは「列伝」の冒頭で見なさい。扁鵲は疾医である。其の道が後漢の張仲景に伝わり、仲景が没した後は絶えて伝わることが無かった。現在の医者は全て太倉公の流れであって、二千年このかた一人も疾医の道を行う者はない。太倉公は専ら生死を論じているが、本当のところ生死を知らなかった証拠には『史記』太倉公の伝にも、斉王、太倉公に問う「病を診し、死生を決するに、能く全てを失すること無きか」と。臣意（太倉公の名である）対《こた》えて曰く「意（吾）、病人を治すには、必ず其の脈を切し、乃ち之を治す。其の脈逆なるは治すべからず、其の脈順なるは乃ち之を治す。脈を精しくせざれば、死生を期する所に非らず。治すべきと視れど、時々之を失す。臣意も全きこと能わざるなり」と記されている。生死を十分に知っている太倉公がいくら生死を論じても一〇〇パーセント当たらない。また「生死はしらぬ」という私でも、臨床に熟練しているので、生死の予測を七、八〇パーセントは間違わない。こうなると、「生死を知る」という太倉公と、「知らぬ」という私も同じ事である。前にも述べたように、死生は天の造化が司るものであるから、人間が論じて知る事ができる道理がない。専ら生死を知るという太倉公も、実は知らないことは、以上の言葉で明らかである。

『史記』の原文を記す。
問臣意。診病決死生、能全無失乎。臣意対曰、意治病人、必先切其脈乃治之。敗逆者不可治、其順者乃治之。心不精脈、所期死生、視可治、時時失之。臣意不能全也。

或問十一

問。古方を信じる人は、後世流の医者を受診しない。後世流の医者を信じる人は、古方を恐れて受診することはない。また、古方の治療を受けても快気しない人は、古方を前にも増してひどく恐れる。何故か。

答。古方（古医方の薬方）が的中して、瞑眩するとひどく苦しむ事になるが、その後で気持ちが晴れ晴れする事を知っている人は、古方を幾度でも用いて、病毒が尽きるまで服用するので、最終的に全快し、瞑眩しなければ病気は治らないという事を十分に承知している。このような理由で、後世流の薬を用いなければならない理由がない。一方、後世流の医者を信じる人の目からすると、古方の治療は、非常に荒く危険に見えるので、受診しない道理である。また、古方の治療を受けて快気しない人は、前にも増して恐れるというのは、治療を任せて貰っても、治療を完遂しなかった人である。古方を一度も経験しなかった人より、甚だしく恐れるのは当然である。その訳は、薬が効果を現す時には、必ず瞑眩し、死んでしまうのではないかと思う程に苦しむことがある。しかし、この瞑眩は薬が引き起こしたことであるから、約四時間経過すれば、薬の作用は無くなり、夢から覚めたように気持ちよくなり、病毒は大いに減衰するものである。この一連の経過があることを理解せず、瞑眩した時に驚いて他の医者(後世流)を頼んで、所謂補剤を用いると、瞬時に快気するので、荒療治で死にそうな所を、補薬を投与されて、命拾いをしたように思い、益々古方を恐れることが以前にも増すのである。これは、実は補薬によって治ったのではない。それ以前に服用していた古方が十分に作用を発揮した後に、その作用が消失して快気したのである。しかし、患者というものは、このような経験から、古方を信用しなくなるのも事実で、古方を受診する前よりも更に恐れるようになることは知っておかなくてはならない。

古方を用いた場合、其《そ》の後に起こるであろう一連の反応(瞑眩)をあらかじめ患者に理解して貰う努力が必要である。医師と患者の信頼関係の構築は時代を超えて、医療の基本中の基本であるが、「言うは易く行うは難し」である。

或問十二

問。後世流の医者に尋ねると「病毒は全て排除されることは無い」という。東洞一門では全て除去できるという。如何か。

答。病毒は生まれて後に生じたものであるから、毒薬によって取り去ることができる。その証拠には、重篤な病気を治療して快気すると、その後に再発することはない。また作用が穏やかな薬で、気を補い、体を養うことを金科玉条としている医者は、毒性の強力な薬を恐れて用いることはないので、毒が完全に排除される道理がない。しかし、後世流の治療で治る病気もある。これは本当にその薬が治したのではない。自然経過で毒が静まって快気したのである。その証拠には、病気は再発するのである。そのような理由で、毒は完全には去らないと言うのである。疾医は毒を完全に排除する。従って再発しない。

『論語』に「述而不作」とある。考察は控えることにする。

或問十三

問。老人、小児、また、非常に疲れている病人に、作用の激しい峻剤を用いる事は如何か。

答。「死生は造化の司る所」ということを明確に了解せず、また治術の技能が修得できていない人には、非常に実行が困難なことである。死生の事を了解した人は、たとえどんなに疲れている老人、小児であっても、この病症はこの薬で治るということを、十分に心に自覚するので、激しい薬を用いる。一方、自覚できていない人は、自分が投与する毒薬に患者が堪えられずに、死んでしまうことは無いだろうかなどと、惑う心があって、峻剤を用いる事ができないものである。このような治療で、死亡する病人は、どのような毒薬を用いても、其《そ》の病毒が動かないので、瞑眩も起こらない。瞑眩すれば、病毒が減衰するので、たとえ寿命が尽きて死ぬことがあっても、病に伴う苦しみもなく、安らかに死ぬのである。そもそも薬は、体を養うものではない。腹中の毒を取り去るものである。腹中に毒があれば、食が進まず、このために羸痩するのである。其の毒を取り去れば、食は進み、結果として体を養い、丈夫になるのである。当然のことながら、非常に痩せて衰えている人は、大いに毒があるためである。前にも増して薬を激しく用いなければならない。特に老人、小児では病状が急速に変化するものである。その理由は、病毒が盛んな時は、この病毒を持ちこたえられずに病状が変化することがある。其れ故に、峻剤を用いるべき好機を失うことがあっては、再度の好機は巡ってこない。このような場合に決して恐れてはならない。たとえ今にも死にそうに見える病人であっても、その毒を取り去る毒薬を用いると、大量の発汗、激しい嘔吐、激しい下痢が起こって、夢から覚めたように、心地良く治るものである。あの『傷寒論』に「体が強い人には一銭匕、羸人《るいじん》は半銭匕」と、薬用量の加減が書かれているが、これは後世に編纂者が自説を書き込んだものである。これに惑わされてはいけない。

『建殊録』末尾には、東洞の四歳の子供が痘瘡に罹患し、紫円を用いたが死亡してしまったことが記されている。この或問に記されている治療指針は、東洞が実践した強い確信であることが理解される。

或問十四

問。世上、大毒と称される薬を用いて、即座に死亡する患者がいる。それでも薬で死んだのではない、と言えるのか。

答。薬によって死んだのではない。当然に死ぬ時節で死んだというものである。その理由は死ぬ運命にあるものは毒薬にあたることもなく、つまり、瞑眩も起こらず、何のこともないものなのだ。また毒薬にあたって不快感が見られても、吐いたり、下痢したりと反応する勢いが無くなっているのは、腹中の毒が盛んで、体がすっかり押さえ込まれてしまっているためである。こうなってしまうと、扁鵲でも、どうすることもできない。死生を考えることなく、ひたすら証に随って薬を投与し、天命を待つだけである。徹底した死生観である。生死を云々し、挙げ句は治療を辞退する陰陽医流を粉砕するには、これだけの決意が必要であった。そして、この確信は、陰陽医流の医者が治療を放棄した患者を少なからず救っていた実績によって強化されたであろうことは想像に難くない。『医断』「十六　痼疾」に云う「彼れ已に治すこと能わざれば、則ち千人中に一人を起たすと雖も、亦た善からずや」と。

或問十五

問。毒薬によっては死なないとは言えない。大昔から毒殺という事がある。そうであるのに、東洞先生、あなたは河豚魚の絵に讃して「獣名にして魚、何の神なるや、毒は毒に毒して、人に毒せず」と仰せになられた。如何か。

答。「毒薬」という語から「毒」の字を去って、「薬」とだけ言うのは、後世になってからの事である。上古の書籍には「毒」と記されており、「薬」一文字の記述は聞いたことがない。『周礼』に云う「毒薬を聚めて医事に供す」と。『素問』に云う「毒薬は邪を攻む」と。また云う「病を攻むるに毒薬を以てし、精を養うに穀肉、果菜を以てす」と有る。其の毒を人に与えるのであるから、これを知らない人は恐れて当然である。そもそも薬が貴いのは、効果があるから貴いのである。もしも毒殺と云って、薬によって死んだ場合、それはもはや「薬」という定義から外れた範疇の事柄である。また、病を治すのに薬方を用いるのは、人の病苦を救うためである。薬は同じ毒薬ではあるが、それを巧みに組み合わせる、そこに違いがあるだけである。十分に其の事を自得した人は、毒薬を用いることに恐れることはない。この道理を知らない人は、これを非常に恐れる。たとえ如何なる英雄、豪傑でも、知らない事柄には不安を懐くものだ。一方、学問には縁のない人であっても、その事柄の様子をよく知っていると、不安に感じることはない。私が毒薬を用いるのも、これと同じで、この毒薬によって、この病は治るということを熟知しているので、少しも恐れることはない。どの様な大毒の薬方を用いても、病が治るだけで、そのほかの有害事象はないのである。

河豚魚讃は『全集』五四三頁にある。

『素問』蔵気法時論篇二十二に「毒薬攻邪、五穀為養、五果為助、五畜為益」とある。

「夫れ薬の貴きは、功あるを以て貴しとす」は『実語教』に云う「山高故不貴、以有樹為貴」に倣ったものであろう。

以上が巻上である。

或問十六（以下、巻下）

問。現在の名医は、朝鮮人参によって気を補うと言っています。しかし先生は気に関係なく治療なさっておられます。如何ですか。

答。元気は、天地根元の気であって、人間が母胎に宿る時に受けるもので、これは造化が司る所であるから、人間の力で、これを変える事はできない。其の気が虚衰するときは死ぬのである。天が与えた寿命の長短は、天に任せなければならない。このような理由で、天子・諸侯であっても、この寿命は心のままにならないのである。どうして草根木皮によって気を補助することができようか、できないのだ。古語に云う「病を攻むるに毒薬を以てし、精を養うに穀肉、果菜を以てす」とあり、薬によって精を養うということを聞いたことがない。張仲景も、人参は心下痞鞕《しんかひこう》を治すと言って、気を補うとは一言も言っていない。気を補うと言うのは、疾医の道が途絶えてからずっと後世になってからの人の説である。唐代まで気を補うことを言わなかった証拠として、孫思邈の『千金方』に「人参が無い時は茯苓《ぶくりょう》によって代用する」と言っている。そこに記されている証は誤っているが、それは兎も角「人参は元気を養う」とは言っていない事は明らかである。いったい誰が「茯苓は元気を補う」と言うだろうか、決して言わない。それであるのに後世の医家は、好んで元気の事を言い、或いは気積、或いは気虚と、専ら気の事を言うのは『黄帝内経』に由っているのである。ところが、この『黄帝内経』は、後世の偽作であって、採用できる古語は少ないのである。元来、元気というものは、天地の司る所であるから、人間がとやかくいえる事柄ではない。この理由で、上古の聖人も、この件に関してはお述べなさらなかったのである。ところで、人参が元気を養うということは、唐代の甄権《しんけん》から始まっている。『薬徴』に詳しく述べてあるので、ここでは省略する。私は、現在、心下痞鞕を目標に朝鮮人参を用いているが、心下痞鞕の毒は治らない。本邦の吉野人参は心下痞鞕に用いて効果がある。このような理由で、私は国産のものを用いて、朝鮮から輸入される人参は用いないのである。昔は日本、中国では共に人参は「味わい苦し」と言っている。『本草綱目』にも「雷公・桐君、味わい苦しといえり」と記され、天暦帝の時代に源順が著した『和名抄』に、和名「くまのい」と記されている。熊胆の味わいが苦いことから「くまのい」と名づけたのである。ところが、現在流通している朝鮮人参は、味わいを甘く加工しているのである。修治・加工をせずに「甘い」というのは偽りである。用いてはならない（人参の味わいが、気候風土によって、或いは糞を用いた肥料によって甘い事がある。しかし、これを心下痞鞕に用いても効果がない。それ故、疾医は用いないのである）。

国産の人参は決して修治してはならない。「苦い」という本来の味を損なうと薬効がなくなる。更に指摘したいのは、精気、気虚などと言うことできないことである。なぜならば、気は容の無いものである。それが何であれ、物という実体が存在すれば、全てに気がある。人間も生きている間は気がある。死んでしまうと気は絶えてしまう。是れが天地自然であり、形がなく、造化の司る所であるから、人間が積み上げられるものではない。毒は形がある実体である。従って「積毒」と表現することができる。しかし、実体のない気について「積気」と言ってはならない。たとえば火は炉《いろり》に積むことができる。しかし、火気は人の手で積むことはできない。これは火は薪という実体を根拠として存在し、一方、火気は形が無く、実体がないからである。以上のような理由によって、元気を補瀉する事は医者の手が及ぶ事柄ではないことを知らなければならないのだ。

本文に「古語に云う」と記された文言は『黄帝内経』からの引用である。東洞の論理によると、『黄帝内経』は偽作で、其の中に真実を述べた「古語」があるという構造認識である。

『和名抄』は正式名『和名類聚抄』。承平年間(九三一―三八)に源 順《みなもとのしたごう》が編纂した。東洞は「天暦帝の時」としている。天暦は村上天皇の年号で九四七―九五七年。

「本邦の吉野人参」について、薬用資源学者の難波恒雄はオタネニンジン(御種人参・朝鮮人参)よりもトチバニンジン(竹節人参)の薬効に近いと記している。(27)

或問十七

問。毒薬によって病毒がなくなり、病は治ったが、病後に、その戦場となった体が荒れて死亡すると言う人が居る。如何か。

答。そのような事があったとしたら、扁鵲も仲景も役立たずということだ。私は数十年間、疾医の道を信じて、毒の所在を視て方剤を処方してきた。今では、方剤を病毒に的中させる技術を手中に会得し、意のままに対応できる。今、仮に千万人を治療するとして、どれほど危篤の病人であっても、毒薬を用いて大いに瞑眩すれば、その毒は大いに減衰するので、その後は非常に心地よいことになる。中途半端に済ませずに徹底的に毒が尽きるまで用いると、最終的には全快して、再発しなくなり、病後に体が荒れてしまう事などない。たとえ瞑眩しても、毒が尽きていないと再発する。このように不徹底な治療によって再発した場合に、他の医者に掛かり、このような薬を服用していた事があると申し出ると、その医者は陰陽五行の理屈で考え、強い薬によって臓腑が傷害されたなどと心得て、補薬によって、その衰えた臓腑の機能を回復しようと思うのは、甚だしい誤りである。総じて、耳目鼻口の働き、五体が動くことは、どのような仕組みで働くかそのメカニズムは未知の事柄である。まして、腹中にある臓腑が荒れるとか、荒れないとかを外部から知る事ができる道理がない。その実際には知る事ができないことを、古人は陰陽の理屈で書き記したものが多い。現在の大多数の医者は、その陰陽医流の思考を受け継いで考えるので、毒薬によって臓腑を傷害すると考えるのも当然である。現在、古方は世間の人々が恐れる事であるから、世間のこの風潮に迎合し、表向きは古方を誹り、内々では古方の要薬である大黄の類を用いていることが多い。このような世間の医者の実態をみると、古方によって病後に体が荒れないことは承知しているのだが、世間受けする自分の治療にとって「荒れない」ということは妨げになるので、右のように「跡があれてしまった」などと言う理由も分かるのである。跡が荒れることが無い証拠には、前にも述べたように、病毒が尽きるまで、徹底して毒薬を用いた場合、一切の補薬を用いなくとも、健やかになる事実から理解されるのである。

東洞が「古方」と言うとき、「古医方」という医療システムを意味する時と、そのシステムで用いる「方剤」を意味する時とがあるので、これを知って、文脈の中でいずれかを判断するとよい。この「或問十七」では後者の意味である。

或問十八

問。古方では、産前、産後、その他一切に血は関係しないと言うが、この点は如何か。

答。妊娠は婦人にとって当たり前の事柄である。病の無い産婦に用いる事はない。血は気と共に造化が司る所である。造化の所管事項と人間の所管事項を混同することは、聖人の道ではない。従って血には関係なく治療を行うのである。前にも述べたように、前漢の太倉公が、専ら造化の司る所に人間が介入できるかのように混同して論じてから、この両者を明確に区分することを前提とする疾医の道が絶えてしまったのである。そもそも五体の内には、色々な物があり、赤い体液を血と名づけ、白い体液を水と名づけ、皮膚に出るものを汗という。是《これ》は造化がそのように作った事であり、どの様にしてつくったのであろうか、思惟の及ばない事柄である。つまり医者が関与できないことなのだ。そうであるのに現在、大いに出血すると血脱と名づけ、血を養い、気を養うなどと云うことがある。大変な誤りである。出血は天地自然のことであるから、どれほど出血してもそれに関与する事ではない。吐血して死亡する者がいるし、大吐血して、病毒が吐き出されて無病になる者もいる。その吐血、衄血《じくけつ》、下血などを病むのは、各々にその毒があるからである。ひたすら毒薬によって、その病毒を取り去れば、血は自然に止まるはずのものは止まり、出るはずのものは出て、病は治るのである。既に祖先から私の家は吉益流の産前、産後、金瘡医として天下に名を為した家柄であるが、私はその家学は行わない。また、婦人が妊娠するのは人間の所行のように思われがちだが、人間の所行とだけは言えない。天命である。その証拠に、世嗣の子供がなくとも、これを人間の力でどうすることもできないのだ。これは全て造化の自然であるから、人間の力が及ぶ所ではないのだ。世にいう子授けの方剤などに迷わされてはならない。これは後世の陰陽家の説である。ただし、扁鵲や仲景のように、妊娠を願う婦人に対して、毒薬によって病毒を取り除けば、母胎の条件も調い、出産も安産となる。『傷寒論』『金匱要略』に、婦人の病が記されているが、これは全て後人の攙入である。採用してはならない。以上述べたように天地自然の事柄であるから、血というものが、産前、産後も治療には関係しない事を知らなければならない。

【行状②】に記したように、吉益家は吉益半笑斎の流れを持つ、金瘡・産科を家業としていた。

この或問での論旨から、東洞の『類聚方』で当帰芍薬散が「不試行方」として掲げられている理由が理解される。

或問十九

問。疾医は血に関係せずに治療すると、前問で答えを聞いたが、そうであるとすると、仲景が吐血、衄血《じくけつ》に三黄瀉心湯、芎帰膠艾湯を用いている事をどの様に理解したらよいか。

答。吐血、衄血を治すということではない。胸郭内に毒があって動悸がするときは、吐血、衄血に限らず、下痢症であっても、また、俗に言う「つかえ」であっても、三黄瀉心湯によって治療するのである。また、吐血、衄血であっても、胸郭内に毒のない病人に用いては、薬効はない。これによって、三黄瀉心湯、芎帰膠艾湯が吐血、衄血を治すための薬ではないことを知らなければならない。

『金匱要略』の瀉心湯(三黄瀉心湯)の条文は

心気不足。吐血、衄血瀉心湯主之。

芎帰膠艾湯の条文は

師曰。婦人有漏下者。有半産後、因続下血、都不絶者。有妊娠下血者。假令妊娠腹中痛為胞阻、膠艾湯主之。

或問二十

問。孔子さまは生姜を好んで欠かさずお食べになり、曽皙《そうせき》は棗《なつめ》をお食べなされた。生姜も大棗も薬物であるから、毒であるはずです。

答。薬と毒の定義を明確に理解していないと分からないものである。そもそも「薬」には攻める趣意があり、「食」には養うという趣意がある。攻めるには好き嫌いは関係しない。養う場合には好き嫌いに従う。たとえば粥なども、薬方の力を助ける場合には、嫌いであっても、強いて用いる。養う場合には嫌う物は去るのである。生姜・大棗も、薬として用いる時には嫌う人にも強いて用いる。其の嫌いな物である生姜・大棗も、薬方として用いると、病毒と戦い、大いに吐瀉が起こって病毒が取り除かれると、当初嫌いであった物も、全て食べられるようになるのである。孔子さまの生姜、曽皙さまの大棗、これはお二方の好物であるから、お食べなされば、養いになり、毒にはならないものである。

孔子が生姜を好んで食べたことは『論語』郷党第十に「不撤姜食」と記されている。曽皙は曽子(曽参)の父で、父子ともに孔子の弟子であった。曽皙が棗を好んだ逸話は『孟子』尽心章句下に「曽皙嗜羊棗」とある。この羊棗には諸説あるが、黒色の棗とされている。

或問二十一

問。汗多亡陽といって、汗が多く出過ぎると、陽を亡くして死ぬということが言われている。如何か。

答。そのような事は無い。そもそも汗は造化が司り、起こす事柄であって、出る理由も、出ない理由も、人間は知る事ができない。今はやりの陰陽医はさも尤もらしく、これを論じるが、臆見であるから事実に合わない。私は様々な病を治療する際に、汗の多少に拘わらない。その病毒の所在を見て、その毒に対応する薬方を投与するが、薬方が病毒に的中するときは、大いに汗が出たり、或いは吐血、或いは衄血、或いは下血し、種々の汚い物を吐いたり下したりする事がある。こうして反応性に現れる汗も、血も、汚い物も、出るままにして止めることはない。こうして体内の毒が出尽くした時は、汗も血もひとりでに止まり、健やかになるのである。この反応は元々、病毒と薬毒が交戦した結果として、汗が出るのであるから、大いに汗が出れば、病毒は大いに減じるのである。はなはだしく汗が多くでるのは良いことなのだ。そうであるのに、後世の陰陽医流の医者は、麻黄によって発汗が起こった場合、その汗が止まらないと陽気が失われて死ぬと言い、その汗を止める薬を用いるなどという事がある。大変な誤りである。もしも当然に出るはずの汗を薬で止めてしまうと、汗で排泄しなければならない毒が、腹中に残って、健やかにならないのである。無理に汗をとめることは甚だしい害になることを考えなくてはいけない。

先年、南部侯の家臣で京屋敷留守居役の某が、四肢の浮腫に胸内の塞がる腫満を患い、私に治療を求めた。そこで診察すると、喘鳴・呼吸促迫して甚だしい口渇があり、小便が出ない。そこで大青竜湯を与えた。この薬方を用いて四十日ほど経過したが、薬効はない。その折り、南部侯臣下の門人が左右に陪席しており、この薬方が適当したものか否かを疑った。私は「薬効が現れる遅速は予測できない。薬方は十分に的中している」と教えたが、それでも疑う様子であった。しかしながら、この薬方を用いる他には病証に的中する薬方はない。そこで、さらに薬容量を増量して用いた。その後、二十日ほど経過して、「ただいま急変しました」と告げて来た。往診すると腫満の病症は益々劇《はげ》しく、悪寒戦慄、したたるように汗が出て、いまにも死亡するかと、家中の者が騒いだので、私は云った「元々生死は医者が知る事ができない事である。しかし、薬というものはこのように瞑眩しなければ病は治らないものである」と。さらに前の薬方を用いたところ、一晩中大量の汗が出て、衣服を六、七度も替えるほどであった。その翌朝になると、腫満は半減し、喘鳴が治り、小便が解利した。その後十日ほどして回復した。

このように大いに汗がでる病人に、陰陽医流の医者が、「発汗させると死ぬ」という麻黄を用いたのだが、陽気を亡くして死ぬということもなく、出ていた汗は自然に止まって、快気したのである。『漢書』に云う「諺に云う。病有りて治せざれば、中医を得る」と。此《こ》の言葉は、病気の時に、医者に頼らずに、なにもせずに経過に任せると、上中下のある医者の中医に治療を頼んだのと同じであると言うことである。中医というのは十に七を治すとされ、上手(上医)の次にランクづけされる。この言葉から見ると、疾医が居た漢代においてさえ、病気を治すことは困難であった。ましてや陰陽医流が盛んな現代では、病気を治すことは難しい。事実と実体に拠ることなく、規矩準縄のない陰陽の理屈によって病態の把握を教えるので、歴史を経るごとに、時代によって見識が変わり、現代になって医学を学ぶ人々は、何を手本にしたらよいか決められず、各々が好ましいと思った人に入門し、その規矩準縄の定まらない教えを採用して治療しているのである。そのような輩が、汗が多く出ると陽気を亡《うしな》って死ぬと当て推量したものであろう。

「汗多亡陽」のことは『傷寒論』太陽病篇・大青竜湯方の服用後の指示に記されている。「若復服、汗多亡陽、遂虚、悪風煩躁、不得眠也」と。そこで、東洞は大青竜湯の治療経験を具体的に示し、「汗多亡陽」の否なることを示したのである。

『漢書』は『漢書』の芸文志からの引用である。

或問二十二

問。生まれた時から、天性弱い人がいるし、また、強い人がいる。その強い人は、汗吐下して病が治る事も当然ある。弱い人、老人などは、汗吐下に堪えられず死ぬことになる。如何か。

答。老人、小児が壮年の者に比べて弱いのは、これは天地自然の道理である。病毒が在ると常態が変化する。同年齢の人に比べて非常に弱いのは、すべて腹中に毒があるためである。その毒を取り去れば、みな年齢相応に強くなるものである。詳細は後の或問に記すので見て欲しい。私は数十年にわたって、老人、小児の様々な病気を治療し、経験を重ねれば重ねるほど、薬毒に堪えられずに死亡することが無いということを、手に覚え、心に自得した。私の門人となって実学を学ばない人には、いくら論じても理解できない事である。

或問二十三

問。上工は未病を治すと言うことが医書に書かれている。疾医にも当てはまる事か。如何か。

答。これは疾医の言葉であろう。現在の陰陽医には「未だ病まざるを治す」という言葉は理解できないので、相生相剋の理屈で解釈している。たとえば肺は金、肝は木、肺亢《たか》ぶるときは「金は木を剋す」と言って、肝木を剋して、肝を病ませる事を知り、其《そ》の肝が未だ病んでしまう先に肺を瀉して、肝を補い、あらかじめ病を肝に受けないようにする事であると言っている。このようなことを口では言っても、実際の治術に応用することはできない。従ってはならない。

また、これを疾医の言葉だと言うのは、すべての人で、病毒が静まっている時は、毒が無いと思うものであるが、其の腹を診察すると、病毒がある人が多い。其の病毒がひとたび動くと、百病が起こり、気を病ませるのである。其の病毒が静まっているときに、病毒を取り去れば、百病が起こることはない。これを「未だ病まざるを治す」というのであろう。後世の説に迷ってはならない。

「上工治未病」は『金匱要略』の冒頭に記された言葉である（臓腑経絡先後病脈証第一）。またこの語は『黄帝内経霊枢』逆順篇にもある。

「未病」という言葉は『黄帝内経素問』の四気調神大論第二に見る。「是故聖人不治已病、治未病」と。

或問二十四

問。先生は常に扁鵲、仲景も万病を一毒と見ておられたと言いました。しかし、『史記』や『傷寒論』にこの言葉が記されていない。如何か。

答。古昔、扁鵲の薬方を、漢代の仲景が受け伝え、晋代の王叔和が撰次したものが、今に伝わる『傷寒論』である。王叔和が撰次した時点で、王叔和が自説を加筆したのか、仲景の基本とする理念に合わない文言が非常に多い。この書物に云う「傷寒云々、小柴胡湯之を主る。中風云々、小柴胡湯之を主る。経水適《たまた》ま断ち、熱入血室云々、小柴胡湯之を主る。宿食有り云々、小柴胡湯之を主る」と。これを見ると、傷寒も、中風も、瘀血、宿食もすべて、小柴胡湯で治るように見えるが、この一方では治るものではない。胸脇苦満に、小柴胡湯を処方用いると、治療前にあった諸症が皆治るので、傷寒、中風、瘀血、宿食等は、後人の攙入であることが分かる。

右に示したように、病因が替わり、どうして薬方がかわらない道理があろうか。つまり、諸病には共に一つの毒があって、其《そ》の毒が動いて、万病が発症するのである。それ故、万病が共通して、胸脇苦満を中核とする小柴胡湯が適応となる容(証)を発現していれば、小柴胡湯を投与し、桂枝湯の適応する容(証)を発現すれば、桂枝湯を与える。おのおの、その証に随って、是《こ》れを治す。これによって、仲景が万病を治療するに当たって、一つの毒を目標にしている事が明らかである。扁鵲は云う「病応、大表に見《あら》わる」と。ここで「大表に在る」といわずに、「大表にあらわる」というとき、これによって腹中に一毒があることを知らなければならない。その腹中の毒が動いて万病を発症する。頭部では頭痛をあらわし、腰部では腰痛、足では運動麻痺(痿躄)を起こすなど、千変万化、逐一数えきれない。すなわち、扁鵲、仲景も万病を一毒と見ていたことは明らかである。あの『傷寒論』『金匱要略』に記された言葉だけでは、万病が治らない。これが、後人の攙入があるとする理由である。扁鵲、仲景の本旨によって攙入を取捨選択すると、治らない病気はない。病気が十分に治るという事実によって考えると、扁鵲、仲景の言うことに誤りは無いのである。

「万病一毒」「方証相対」の核心を述べた重要な或問である。(28)

或問二十五

問。古方というのは仲景の薬方であると定義される。先生はさかんに控涎丹《こうぜんたん》、滾痰丸《こんたんがん》、七宝丸などを用いているが、この定義からすると古方と言うことができない。如何か。

答。あなたの定義が違っている。古方というのは世間でそう言うだけのことである。私にとっては、疾患がよく治る事、これを医療理念(法)としている。薬方に古今はない。ひたすら効果が確かな物を用いるのである。とは言え、後世の薬方には効果のあるものが少なく、古昔には多いので、古昔の薬方を多く用いるのである。世間の人々はこれによって、古方と名づけているのである。どうして薬方に古今の差別があろうか。
控涎丹、滾痰丸、七宝丸を東洞はしばしば湯液と兼用している。詳細は『東洞先生家塾方』を参照。

或問二十六

問。仲景の治療法の形跡を見ると、一病一方です。いま、先生は煎じ薬に丸散方を兼用している事は、古昔から行われているのですか。

答。古昔とは異なっていない。『傷寒論』『金匱要略』にも、大便が秘結する時は、まず調胃承気湯を与え、大便が通じた後には、証に随って薬を用いている。古昔に兼用がなかったと言えない。しかも、名医とは病気が上手に治せる人の名である。扁鵲の名が不朽なのも、病を上手になおせたからである。たとえ扁鵲が行わなかった事でも、病が十分に治る事があれば、皆、採用してよい。それによって、病がよく治る場合は、古昔の名医の意にかなうものである。あの『傷寒論』『金匱要略』も衍文もあり、攙入もあり、その後、歴代色々の学説があって、古人の本意が失われている。このような不完全な書籍に拘泥していては、一生涯、本当の治術を自得することは出来ない。いま私が丸散方を兼用するのも、これで病毒がよく治るからである。疑いを持ってはならない。『東洞先生配剤録』を見ると、煎剤と丸散方の兼用は九割以上である。

或問二十七

問。先生は、「毒」という呼称を設定し、その毒が風寒暑湿燥火、或いは食物によって動くと言います。これも病気の原因です。そうであるのに、病因を論じないという事は何故ですか。

答。此《こ》の毒が、何の毒であって、何によって動くという場合、それは病因を論じるということになる。私がいうのは、このようなものではない。その毒が何によって生じるのか、何によって動くのかは知らない。ただ毒の所在を視て、治療するだけである。病因を論じないという大切な意味は、ひとたび理屈を持ち出すと、臆見に陥って治療ができなくなり、ことのほか医の道を害することがあるからである。病気が発現する、その理由がないと言うのではない。その発現の理由を臆測によって、あれこれと理屈立てして論理的に解き明かそうとする事は、人間の力が及ばない所である。そうであるのに、後世の医者は、その極め尽くせない事柄を窮めることに努力している。しかし、病の原因は見定めることができないので、治療方針も定まらず、日々薬方を変えることになる。病が見定められたならば、どうして薬方が変わることがあろう。これは他でもない、口では病因を云々するが、本心では分かっていないからである。たとえ病因を知ったとしても、それは無益である。病因が無いと言うのは無理である。しかし、いま為されている病因論は空論、理屈であるから、医の道に害があるだけである。このような理由から吾が一門は病因を論じないのである。

或問二十四とともに「万病一毒」の論拠を開示している。「天は人間の思惟が及ばない」とする徂徠学が土台となっていると考える。

或問二十八

問。先生は「目に見えぬ物はいわない。従って肺癰《はいよう》などとはいわない」と言いました。そうであるとすれば、毒も腹中にあって目には見えないものですから、臆見のように思われますが、如何か。

答。肺癰は、肺に癰が生じ、腸癰は腸に癰を生じるというのは、臆見である。皆、腹中の事柄であって、直接的に認知できない。毒も腹中の事柄であるが、腹部の触診によって、毒が存在する部位を実際に手に触れて、その毒の形状を見るので、臆見ではない。あの肺癰、腸癰と言われるものも、胸を肺の位置する部位と考え、胸痛、臭気が甚だしい膿血を吐き出したのを見て、肺癰と名づけ、腸のあたりで痛み、膿血が便とともに排泄されるのを見て、腸癰と言うような場合は、それは実際の現象を表現したものであるから、大した害はない。しかし、名づけたところで、治療の助けにはならない。

東洞は一切の臆見を拒否したが、「毒」も臆見か否かで、自身も苦悩したことが伺われる或問である。

或問二十九

問。『周礼』に「医師職は、年終われば則ち其《そ》の医事を稽《かんが》え、以て其の食を制し、十全は上と為し、十に一を失するは之に次ぎ、十に二を失するは之に次ぎ、十に三を失するは之に次ぎ、十に四を失するは下と為す」と言う。これから考えると、今も昔も、医者を評価するのに病人の生死によっている。ところが、医者は生死を知らないという事は、納得が行かない。

答。『周礼』とは言え、全てが聖人の作とは言えない。たとえ、それが聖人の作であったとしても、数千年の間には、どれほどの攙入があったか知れない。どうして死生によって、あることの評価をすることがあろうか、ある道理がない。聖人も「死生命あり」と仰せになり、扁鵲も「死せる人を生かすにあらず」と言っている。このように考えると、生死によって上工、下工を評価基準としたのは、聖人の意図したものではない。このような記述を用いてはならない。『黄帝内経』に、「上工は十に九を全うす」と言っている。死ぬ人を神農、扁鵲でも、助けることはできない。また、天命が尽きない場合は、病が全て治る事になる。十人すべてを生かすとは、言えない道理である。

『周礼』の言葉は天官冢宰下・音義を出典とする。

医師掌医之政令聚毒薬以共医事。

歳終則稽其医事以制其食十全失一次之十失二次之十失三次失四為下。

「死生、命有り」は『論語』顔淵十二にある言葉。

司馬牛憂曰、人皆有兄弟、我独亡。子夏曰商聞之矣、死生有命、富貴在天、君子敬而無失、與人恭而有礼、四海之内、皆兄弟也。君子何患乎無兄弟也。

『黄帝内経』に、「上工は十に九を全うす」は『霊枢』邪気蔵府病形第四にある言葉。「可以為上工、上工十全九」とある。

或問三十

問。古方の治療によって、病が治る事は速いが、害を伴う事も多いと言う人がいる。如何か。

答。全てのことが善いと思い、其の事を信仰して随う場合には、其の悪い所が見えないものである。一方、悪いとの先入観で見ると、其《そ》の事の善い事柄も見えず、善悪を正しく判断できない。あることの善悪を正しく評価しようと考えるならば、実際に起こっている、体験できる事柄によって見なければならない。世間で言う膈噎、脹満、癆咳、癩病、癇、瘖唖、その他、世間で難治という病人を百人治療して、私は七、八十人を治すことが可能である。後世の陰陽医流の医者は、百人のうち、十人を治すこともできない。この事実から善悪を知らなければならない。病がよく治った場合に、なんの害が生じる事などあろうか、決してない。事実はそうであるのに、病は治るが、害することも多いとの評価が下されるのは、恐らく治療中に死亡した病人の事であろう。前にも述べたように、死生は造化が決めることであるから、医者の力が及ぶ事柄ではない。昔から今に至るまで、十人の内、九人を治せる医者を上工治という。つまり、百人中の十人は死ぬことになるが、これは天命が尽き果てた人なのである。あの後世の薬方は、病毒に的中し戦闘することがないので、瞑眩はしない。其れ故、死亡したとしても、薬の害ではないように思うのであろう。一方、死なかった場合には、治療によって生きたように思われるが、これは薬の効果ではない。病根を取り去らずに、どうして病気が治るという道理があろうか。後世の薬方が効いて生き返ったようなものは、実は自然に病毒が静まり、快気したのである。このように自然経過を待つので、回復するのが遅く、その上、再び毒が動いて、何度も病に陥るのである。世間ではこれを持病という。どうして、持病などという病気があるだろうか。これは病を根治することができないために、名づけたのである。また、疾医はその毒の形状を診て、薬を与え、病根を抜き去るために、再発することはないのである。ただ、徹底的に病根を抜き去る際には、病毒も動くので、必ず用いた薬と病毒とが交戦し、瞑眩する。この瞑眩を恐れて、有害事象と思うのは大きな誤りである。前にも述べたとおり、薬は身体を障害するものではない。その証拠には、瞑眩すると、病毒が減衰し、その後は特別に快適で健やかになるのである。この実際に見られる事象から、薬は身体を害するものではない事を知らなくてはならない。

或問三十一

問。先生は「方意を自得しない者は医者とはいえない」と仰せになります。ところが、先生は風邪で、大いに発熱し、譫語《せんご》する者に、紫円を用い、また、遠い国の患者で来院できない者に、紫円や芎黄散《きゅうおうさん》などを与えて、どんな病気でも構わないから用いなさいと仰せになります。このように、病症も見ずに、薬を与えて、どうして薬方が的中することがありましょうか。

答。扁鵲、仲景の医法は、病が能《よ》く治せる治術である。たとえ後世に創方された薬方でも、病がよく治る時は、それは扁鵲、仲景の医法に適った者である。一方、扁鵲、仲景の用いた薬方でも、現在、用いて効果がないものは、採用することはできない。孔子も、先王の法ではなくとも「国家に益あることは、我は衆にしたがわん」と仰せになっている。無自覚に法を守り、あるいは書籍に拘泥する人は、治術の真髄を自得することはできないのである。これを、融通の利かない、馬服君が子と言いたい。あなたが言う、風邪で大熱、譫語する者に紫円を用いると、嘔吐と下痢が起こり、そして治る。しかし、紫円は単独で用いるより湯液と兼用した方が、ずっと有効である。この紫円を多用する理由であるが、歴代の医論に、邪気が表に在る場合に、これに誤って下剤を用いると、この薬の作用に便乗して、邪気が裏に入るという説がある。しかし、たびたび紫円を用いてみると、一人も邪気が裏に入ったことはない。このような臆見の説は、はなはだ医術に害がある。そのような臆見の害を取り除くために、この峻下剤である紫円を多用して門人に示しているのである。また、あなたが指摘するように遠方諸国の人で京都まで上って来られない人々には、どうすることもできないので、紫円、芎黄散などを与えるのだが、例外なく効果がある。前にも述べたように、万病は一つの毒によって生じるものであるから、其の毒が、丸散方で徐々に減る。怠りなく用いると、最後には病毒が尽きて、全快するのである。このように薬効が現れるという事、それは皆、仲景の医法に適うことなのである。つまり、病がよく治るということを法としなければならない。

紫円、芎黄散については『東洞先生家塾方』〔一九一頁〕を参照。

或問三十二

問。世にいう、古くてこびり付いた病(沈痼病)などで、五年も十年も治療して治らなかった病気が、古方によって、おおかた治った後に、変症が起こり、大熱が出て、譫語・妄語することがある。如何か。

答。以前からあった病症が治ったのではない。病毒が完全に除去されなかったために、再び大熱を発し、譫語・妄語するのである。その病毒を徹底的に去るときには、再びこのような変症は起こらないのである。東洞は徹底した毒の排除を重要視した。『建殊録』第十一症例はその具体例の一つである。

或問三十三

問。生死が十日か二十日という追い詰められた深刻な病人では、即効がみられ、一方、尋常、普通の病気では即効が見えにくい事は、如何か。

答。一般的に毒が動いているときは、除去しやすいものである。十日か二十日以内に、生死が分かれるような病症は、病毒が十分に動き廻っているので、すみやかに薬効が現れ、一方、尋常の病症では病毒が十分に動いていないために、除去しにくい。それ故、傷寒、時疫、痢疾、吐血などといって、世間で深刻だという病症は、予期に反して、すみやかに全快するのである。『建殊録』も参照するとよい。良い効果があるか無いかは、病毒が動くか動かないためであると心得ると良い。『建殊録』第十三症例などが該当する。

或問三十四

問。病を治す手段は薬方だけである。それ故、先生が私どもに伝授するのは「薬方の意」(方意)であると聞いている。ところが、実際に先生の教え通りに、毒の所在を見定めて、薬方を投与するのであるが、その病人がなかなか治らない。その同じ病人が先生の治療を求めて、先生も私と同じ薬方を処方なさいましたが、その病気は治りました。これは一体どうしたことでしょう。

答。道を自得することと、自得していないだけの話だ。これは今日でも日常的に経験する事柄である。患者は医師の技量を見ている。医師が道を自得しており、自信を持って処方するか否かを敏感に察知する。

或問三十五

問。それでは更にお尋ねしたい。先生は常日頃、二、三人の弟子を教育する際に、「医の学は薬方だけだ」と言います。そうすると、薬方の方意の他に道はないはずです。そうであるのに、道を自得するとしないとの違いであると聞きますと、薬方の他に道が別にあるのでしょうか。

答。そもそも医者は病気を治すものである。病気を治す手段は薬方だけである。そこで、「医の学は方のみ」というのである。しかし、道を自得していない人が薬方を処方すると、それは死物になってしまう。運用する薬方は、道によって活動するものである。其《そ》れ故に、道を自得するかしないかだけの事と言うのである。

そもそも道というのは、行《ぎょう》の名である。たとえば往来する道のようなものなのだ。人々が往来する道も、その道がどこにあって、どのような経路で、どれほどの距離で、どこに続くのかを心得ると、往来することが自由である。その道の有り様を心得ていなければ、往来することはできない。病人を治療する場合でも、道を心得ているか否かでは、大きな違いがある。その道を自得しようとするならば、まず第一に、生死は天の司る所で、人間が関与するものではなく、医者はひたすら病苦を救うという役目であって、万病はただ一毒であると心得て、この一毒をとりさる治療を行い、生死に迷わされない。このような態度で実践(行)を継続すると、やがて道に辿り着け、用いる薬方もよく廻るようになり、病気も治る。ただし、病毒を去るための技量が、十分に手中に修まった後でないと、「生死は知らない」という事を心の中に明確に据え置くことは難しい。従って、「医」の中で文字や口で教えられることを「学」というのであれば、「医の学」は薬方の知識だけであって、道は子にも伝えられず、各人の自得を待つしかないのである。私が、繰り返し、繰り返し、生死の事を言うのは、一人でも多くの者に、たとえ一人でも、道を会得させたい為なのである。医道で最も重要な事柄はここにある。よくよく考え、知らなければならない。

この或問は、本書『吉益東洞の研究』の中での最重要のものである。そこで、語を加えて意訳した。荻生徂徠の『弁道』はまさにこの「道」を論じるために著されたものである。「道」を道路にたとえたのは徂徠に拠るものである。

文字や口で教えられることを「学」というのであれば、「医の学」は薬方の知識だけであって、道は子にも伝えられず、各人の自得を待つしかない。と、いうことは、「暗黙知」の自得に他ならない。

或問三十六

問。道が行の名であるということは、了解できました。この道を得ると、薬方が活物のようになると言うことを、詳しくお聞きしたい。

答。道を自得しないと、方意を得ることはできない。方意を自得しないと道を得ることができない。方意というものを自得していない人は、同一の薬方を用いても、用いた本人の心に、本当にこの薬方で大丈夫だろうか、死んでしまうのではないか、などの迷いが起こるので、その薬方で治療を成し遂げる事ができない。道を自得した人は、この薬方で、この病毒が取り去れるということを確信し、たとえ死ぬことがあっても、この薬方の他に用いるものはないと、心に決定して薬方を用いるので、死ぬことがあっても薬方を変えない。その結果、病苦は日々に治っていくのである。方意を自得していない人は薬方に使われ、方意を自得した人は薬方を使う立場になるので、方意を得て、薬方を使う時は、自由自在であることは、あたかも使用人を使うようになる。これを活物のようにすると言うのである。

方意と道の関係論を述べている。東洞の説くところは、臨床実践という「行」を通じて道を自得する。この自得する「暗黙知」は道を求める「心の働き」と「行」との反復するクロストークによって、その内容がより深化され、高度になっていくことである。一足飛びに高度な暗黙知が獲得されるものではない。

或問三十七

問。更に問う。道を得るということは、聞くことが可能ですか。

答。言葉にすることはできない。しかし私自身が行ってきた事を述べることはできる。「万病はただ一毒」と云うことを『医断』に著したのは、すでに二十年以上も前のことである。ところが「万病はただ一毒」であることを心の底から自得したのは、ようやくこの七、八年のことである。初めにこれを発想したのは『呂氏春秋』に鬱毒の論があること。扁鵲伝に「越人の方を為すや、切脈、望色、聴声、写形を待たずして、病の所在を言う」

とあること。『傷寒論』に、傷寒にも、中風にも、宿食にも、瘀血にも、皆、小柴胡湯を用いていること。これらの記述から、万病一毒ということに気づいて『医断』に記したのだが、実際には、その治術を自得していなかった。ただ文献的に理解して記したのである。そのような情況にあったので、薬を与えても、心に疑いが生じ、始めに処方した薬方を、病が尽きるまで用いる事ができず、結局、薬方を別なものに変えてしまったのである。用いた薬方が変わってしまうために、一毒を攻略する治術を自得できなかった。そこで反省して、上古を考え、方意を探求し、治療に習熟し、自然体で薬方を扱うようになってから、病が格段によく治るようになった。病がよく治るように成るのに伴い、見定めた一毒を完全に攻略する治術を心に自得したのである。喩えるなら、熟知した道を往来するような具合である。これを道を得たと言うのではなかろうか。

この「或問」を以て、本書は結ばれている。東洞の師、松原一閑斎は「文字に書き記すと、後世を害する」といって、著作は遺していない。後藤艮山も同様であった。そもそも「暗黙知」は文字にできない事柄であるから、この二人の誠実な態度は理解できる。一方、東洞は、その「暗黙知」を『方極』『薬徴』として「形式知」にする努力をした。大変にエネルギーを要する作業であったが、それを遂行・完遂する才能を東洞という人は持っていたのである。

しかし、形式知の積み上げだけでは高度な暗黙知は形成・獲得できない。このことを終章で述べ、各人の自得を促している。

第五節　東洞先生答問書

『東洞先生答問書』は学統では曽孫に当たる尾台榕堂《おだいようどう》によって校訂された、東洞の答問書である。その跋文は天保十二（一八四一）年、同十四（一八四三）年に記されている。小池泝の跋文によれば、「東洞門人の手録」とされている。手録原本についてはあとに検討する（一五七頁）。『医事或問』と内容が重複するので、ここでは問答の概略のみを掲げることにする。原文は呉秀三・富士川游校定『東洞全集』四五九—四七二頁に輯録されている。なお、便宜を考え、問答に番号を付した。

問答一

問。先生は様々な難病・痼疾に万病一毒を実践している。しかし、全例が治るわけではない。

答。まだ疾医の本質が分かっていないようだ。方証相対すれば治らない病気はない。死亡するのは天命によるのである。

問答二

問。『周礼』に、「年終れば、則ち其の医事を稽《かんが》え、以てその食を制し、十全を上と為す」とあります。患者の全員を生かすと考えられますが、如何か。

答。これは施した医療の内容が十分なものであったか否かを言っているので、一人も死亡するものが無いということではない。

問答三

問。『周礼』に「五気、五色、五声を以て、其の死生を視る」とありますが、先生は「死生は医の与《あずか》らざる所」と言います。古義ではないと考えられますが、如何か。

答。死生は視られるが、視られるからと言って、それをどうすることもできない。同じ『周礼』に「死生は命なり、医の与らざる所」と書いてある。

問答四

問。先生は「四季の気象は、人を病気にする(傷《やぶ》る)ものではない」と言われますが、『周礼』には傷る、と書かれています。如何か。

答。人が病気を患うのは、その人に以前から毒があって、此《こ》の毒と外邪が感応して起こる。季節とは関係ない。『周礼』の言葉は陰陽医の理屈に過ぎない。

問答五

問。先生は「世俗でいう、傷寒や疫病は、外邪単独では起こらず、必ず体内の毒が感応して起こる」と言われますが、その治療法は如何か。

答。起こる症状は千変万化だが、腹証と外証をよく診て、適切な薬方で毒を取り除けばよい。傷寒、疫病に限らず全ての病気にこの方法で対処する。これを万病一毒というのだ。

問答六

問。食事も摂れず、今にも死にそうな患者に汗吐下の薬剤を飲ませ、病状が少し好転して、飲食を欲しがる場合、しばらく休薬して体力の回復をまって、再度、病毒を攻めるというのは如何か。

答。それはだめだ。食事を欲しがるようであれば、食物と薬の両方をあたえる。そうしないと、病毒が完全に取り除かれない。徹底して毒を去る。これを治療の法則としなさい。

問答七

問。病人が食事を摂れずに死亡することがあります。これは天命でしょうか。これを救う治療法がありますか。この点をお尋ねしたい。

答。それは命ではない。病毒があるから、食事摂取ができないのだ。寿命が尽きて死ぬ場合、食事が食べられずに死ぬことはない。ともかく毒を攻めることだ。薬方が的中すると瞑眩がおこり、やがて回復する。これは四十年来、わたしが「親試実験」してきたところである。毒に薬を的中させる技能に熟練することだ。

問答八

問。大病で、精神が衰え、全身が羸痩し、食事も摂取できずに、死ぬばかりの患者でも、証があれば、それでも駿剤を用いなければならないのですか。

答。われわれ疾医の一門には、そもそも駿剤という分類は無い。全ての薬物は偏った性質を持っている。甘草、大棗は従来の「本草書」では、温和な薬とされ、小麦や蜂蜜は食品だが、ひとたび薬として用いて、それが毒に的中すれば、劇《はげ》しい瞑眩を起こす。この瞑眩が起こらないようでは病気は治らない。反対に、「本草書」に大毒とあっても、毒に命中しなければ瞑眩は決して起こらず、病気も治らない。質問のように全身状態が疲弊していても、その毒を除去すれば、自然と食欲も進み、体重も回復してくる。治験を『建殊録』に記しておいた。今は亡き母が危篤状態になった時、南呂丸の甘遂を倍量にして投与、瞑眩の後、回復したことがある。その後、母は壮健で天寿を全うした。

問答九

問。『素問』には、望聞問切を診断の要件としています。ところが、扁鵲だけが「切脈、望色、聴声、写形を俟《ま》たずして、疾の所在を言う」と言っています。これでは氷と赤く燃え上がった炭ほどの違いがあります。詳しく説明をお願いしたい。

答。ここで「俟たず」というのは捨て採用しないという事ではない。扁鵲伝を見れば、彼が丁寧に診察していたことがわかる。物事には必ず本末・標本というものがある。扁鵲はこの道理をわきまえて、根本を直感できたということだ。

問答十

問。先生は「練達の医者は、切望聴写を俟たず、直感的に病毒の所在を把握する」といわれますが、そうは言っても、そのような術は、元々容易に得ることはできません。如何ですか。

答。このことは、言葉、文字によって、すぐさま会得できることではない。諸君は、よく私の教えを守り、親しく之《これ》を疾病で験《ため》し、直接に事実で試み、歳月を積んでいけば、真意を会得し、神と合致（黙識・神契）して、自然に了解・会得するであろう。重要なことは、心を集中して、悟ること、これだけだ。

問答十一

問。『素問』『霊枢』『難経』は勿論、仲景の書においても、病因、病情によって、治療の手がかりとしているように思われます。しかし、先生は確乎として扁鵲の言葉に準拠しているのは、極端に走りすぎに思われますが、如何ですか。

答。『素問』『霊枢』『難経』は理屈を並べ立てるが、そこに記された方剤は治療に役立たない。一部には見るべき古語もあるが、殆どが臆測の域を出ない。仲景も病因を論じ、脈についても述べているが、治療法の基準としてはいない。後人の攙入も多々あるので、そのすべてを信じてはならない。

問答十二

問。先生は病の治療において、ひたすら、証に随って方剤を処方し、その病名には依りません。その訳を教えて頂きたい。

答。治療には法則というものがあって、邪の留まっている所を視て、毒の所在を審らかにし、その容である証に対応した方剤を用いる。その際、病名・病因には拘わらない。これが仲景の教えである。証が同じであれば万病が一方、その証が異なれば一毒に万方を処す。この仲景の治療法則を知ることだ。

問答十三

問。私は先生の教えに従い、腹証を第一と考えて処方しますが、治せる病人もいれば、治せない病人もいます。如何ですか。

答。それは治術が未熟で、方剤が毒に的中しないのだ。病症が複雑多岐に亘ると、主客・本末が弁別しにくいことがあり、治療の前後を決定するのも容易ではない。そのために選択する方剤を間違ってしまう。しかし、治らない病気は無い。この証の決定は治療の微妙な暗黙知であるから、言葉や文字にはできない。結局、体認・自得する他ない。

問答十四

問。先生が治療する際に、或いは湯液、或いは丸散方と二つの方剤を多用されます。これは扁鵲、仲景が行っていないことです。如何ですか。

答。確かに君の指摘するとおりだが、これは私が多年に亘り、考えて工夫してきた発明である。病症が険しく多岐に亘る場合、主方でその中核(本)を攻め、副方で併存する末節を攻め、共同して病毒を攻撃すると、効果が速く現れる。病毒を抜去する医者が扁鵲、仲景である。私の工夫・発明も、病毒を抜き去るのであるから、扁鵲、仲景と同じ道だと言えよう。

問答十五

問。『傷寒論』を読んで、そこに「法」というものが有るでしょうか。

答。「法」がある。ただし、「法」を見いだすには、それを隠蔽している障害物を取り去らなければならない。何故かと言うと、原『傷寒論』は張仲景がまとめたものだが、其の後、王叔和が撰次し、自説を加筆した。其の後、時代を経るうちに、王叔和が撰次したものの原形も混乱し、成無己《せいむき》以後の『傷寒論』の註釈家は仲景の本旨を理解せず、また「親試実験」もせずに、『素問』『霊枢』『難経』の思考パラダイムで註釈を行い、全く容の違うものにしてしまった。従って良師について、疾医の道を学び、実践を重ねる必要がある。こうすると、仲景の真面目に出会える。これを読法というのだ。

問答十六

問。『傷寒論』に「酒客病の如きには、桂枝湯を与うべからず。酒客は、甘きを好まざるを以ての故なり」とありますが、この言葉は何ですか。

答。これは後人の攙入である。その証があって、その証に相対する薬方を与えるのに、病人の好き嫌いなど問題ではない。概して酒客は毒が多いものだ。古人も「酒は爛腸の食」と言っている。

問答十七

問。先生は「疾病は攻めるもので、精気は養うものだ」といわれます。ところが『周礼』には「万民の疾病を養う」とあります。如何ですか。

答。精気は人の生命を保つものであるから、穀肉果菜でこれを養う。疾毒は人が害を受ける要因であり、徹底的に取り除かなければならないものである。毒を攻めるには毒薬しかない。後世、道家思想が起こって薬で生命を養うなどというようになったが、従ってはならない。

問答十八

問。様々な薬は毒であること、承知しました。ところが、薬方中に五穀を用いているものがあります。五穀も毒が有るということでしょうか。

答。まず、定義が大切である。薬は毒を攻めるもので、好き嫌いによらない。食は精を養うもので、好き嫌いに従って良い。つまり、五穀も薬の定義で用いる時は攻める働きを発揮する。これは五穀だけでなく酒・酢・飴、蜜・生姜・大棗なども、日常の食品であるが、薬方に加わると攻伐の働きをする。食と薬の定義を知らなくてはならない。

問答十九

問。孔子は「人に三死有り、而れども其れは命に非ず。已に自ら取るなり」と言っています。敢えておききしますが、用いた薬方が法則から外れたもので、これで死亡した場合は如何ですか。

答。それは誤治というもので、天命ではない。従って医たる者は、技術を鍛錬し、治療法則を明確に理解しなければならないのだ。これが不十分で、患者が死亡したとすれば、それは医者の罪である。十分に熟達し、扁鵲の法に従い、仲景の薬方を用いれば、治らない病気はない。治ったあとで死ぬのは、これは天命である。

問答二十

問。魯国の大夫、季康子が、孔子に薬を贈ったところ、丁寧に礼を尽くして受け取り「丘《きゅう》(孔子の自称)、未だ達せず、敢えて嘗めず」と言ったとのことですが、この意味するところは何でしょうか。

答。『周礼』などの記述から考えると、上古には薬を贈るという「礼の作法」は無かった。薬は毒であるからだ。周代末期になると「礼」が乱れて、薬を贈ることもしたようだ。薬を贈られた孔子であるが、これを断れば「恭」でなくなる。「恭」でないのは「礼」に反する。そこで孔子はこの矛盾に直面し、「達していない」と言って服用を辞退したのだ。

問答二十一

問。孔子が『論語』で「南人に言有り。人にして恒《つね》無くんば、以て巫医《ふい》を作《な》すべからず」と言っております。如何ですか。

答。この言葉は『礼記』緇衣篇にも有る。恒の無い人というのは、自分で固く守ることをせず、他人の意見によって心変わりをする人のことだ。今日、甲の薬を服用したと思うと、明日は乙の薬を飲む。前の医者の治療効果が出ないうちに、これに疑いを懐いて医者を変える。この様な患者は手の施しようがない。孔子さまは『論語』に「恒有る者を得れば、ここに可なり」と述べておられる。これによって意味を考えなさい。

問答二十二

問。先生は常日頃「人事を務めて、造化を論ぜず」と言われます。これを詳しくご説明下さい。

答。人が、こうして天地の間に存在するのは、すべて造化の為せる業である。五感が働き、手足が動き、食べて糞をする。どうしてその理由を知る事ができようか。たとえ理屈で突き詰めるとしても、所詮、臆測にすぎず、何の益にもならない。病気になると様々な症状が現れるが、これも造化の所為である。ただし、病変が起こるのは体内の毒の為である。この毒を取り去ること、これだけが疾医に課せられた任務なのだ。この根っこの毒を抜き去るとあらゆる病気は治る。これを「万病一毒」というのである。

問答二十三

問。先生はいつも「万病一毒、方証相対すれば、治らない病は無い」と言われますが、これを拳々服膺《けんけんふくよう》して、難病・痼疾の治療に当たっても、やはり治らない者があります。如何ですか。

答。方証相対すれば、治らないなどという道理があろうか、すべて治る。しかし難病・痼疾では方証相対させても、一朝一夕に治るものではない。一年、二、三年と毒が除かれなくとも、攻毒の剤を長期間用い続け、毒に的中するようになると、やがて瞑眩が起こる。此《こ》の時、攻毒の手を休めずに、前方を用いると、病毒が完全に抜去されて治る。具体例は『建殊録』『医事或問』に記してある。

問答二十四

問。患者を、ある薬方で数ヶ月治療して全く効果が無い場合に、薬方を変えると速やかに治ることがあります。そうであるのに、一つの薬方に固執して、数年後に効果が出ることを期待するのは、株を守る者のように思われます。如何ですか。

答。それは違う。これは医者に定見が無く、治療法に道理がないのである。従って、当てもなく薬方を変えることになる。もしもその結果が良かったとしても、それは偶然の的中である。そもそも、最初の診断が重要で、ここを確定すれば、其《そ》の後に揺らぐことはない。

問答二十五

問。世間の医者の中には、死生を予後判定の要諦としている者がいます。如何ですか。

答。生死は天の司る所であり、人知の及ばない事柄である。これを知ったように言うのは、人々を欺くだけでなく、自分自身も欺くことになる。勇んでその死を断定し、治療しても無駄だと言って、患者を見捨てるような者を医者と言えるだろうか。憎まずにおれない。

問答二十六

問。医は仁術と言いますが、どのような意味ですか。

答。上古の先王は礼楽、刑政など整備され、人民を養われたが、疾病となると礼楽では対応できない。そこで疾医の職を設けたのだ。従って、医の職も万民を安んじることが目的であり、先王の御心を体し、惻隠の情を持ち、利を離れて、ひたすら疾苦を救うことを任務とする。こうして、初めて「仁術」と呼べるのだ。

問答二十七

問。扁鵲、仲景の後に、疾医の道が絶えて、陰陽医ばかりになってしまいました。どのような理由で、再び扁鵲、仲景のような人が出現しないのでしょうか。

答。道の興廃は命であり、人間の力の及ぶ所ではない。後に興った陰陽医、神仙家、宋儒の性理が盛んになり、時に現れた俊秀もこの枠から脱出できなかった。幸い、私は扁鵲の法を以て、仲景の方を執行し、疾医の道にたどり着けた。どうか私の業を受け継ぎ、後世に伝えて欲しい。私が死んでも、それでも死なない。何と愉快なことではないか。

尾台榕堂(一七九九―一八七〇)が「東洞門人の手録」を入手したのは四十歳の頃と推測される。その理由は本書の跋文が一八四一年に記されているからである。何処から入手したものであろうか。尾台榕堂は、吉益東洞→岑《みね》少翁《しょうおう》(一七三二―一八一八)→尾《お》台《だい》浅嶽《せんがく》(?―一八三四)の学統に連なるが、先に筆者は榕堂が岑少翁の最晩年に直接、教えを受けたことを指摘した。[29] 岑右膳(少翁)は明和五(一七六八)年に東洞に入門している。[2] 後に東洞は「吾が門に二龍あり、関東に岑少翁、関西に村井椿寿」と述べたという。本書の流伝に岑少翁が介在していたように筆者には思える。

ところで、この手録の原本が記された時期であるが、本文中に「このことは建殊録に記した」、「医事或問に在り」(問答二十三)とする記述があることから、『医事或問』(一七六九年)以後と言うことになる。しかし、古典からの引用が煩瑣で理屈が多く、その熟《こな》れない答問の文体・内容から、筆者には『医事或問』の初期の試作草稿の一つのように思われる。難病・痼疾が劇しい瞑眩の後に治ったという事例は、確かに『医事或問』(或問九)にあるが、『医事或問』は明和五(一七六八)年に吉益南涯の跋文が記されており、それ以前に『医事或問』は脱稿していたと考えられる。この明和五年に岑少翁が入門している点に注目したい(9)。すなわち一七六八年以後の数年間に筆録・筆写した可能性は十分にある。このように考えると「医事或問に在り」の文言があっても矛盾しない。筆者には東洞が六十七歳の時点で『医事或問』を公刊し、その後にこの「東洞門人の手録」の原本が筆録されたとは考えられないのである。しかし、ここに記した「問答二十七」は遺言のメッセージとも考えられるので、『医事或問』の後、一七六九年から、一七七三年の四年間が否定されるものではない。そうなると、東洞の最晩年の著述ということになる。

第六節　古書医言

これは漢方の臨床を四十余年に亘って実践してきた筆者の実感であるが、たとえば『傷寒論』の読み方、そこから得る臨床上のヒントは、読み手である自分の力量・経験の蓄積の度合いによって、年を追うごとに、相当に違ってくることである。こちらが知識を深化させると『傷寒論』はそれに応じて応えてくる。既知と思っていた言葉、或いは読み飛ばしていた文字に新たな意味を見いだすことも再々である。それが古典というものである、と言い切ってしまえばそれまでだが、そのカラクリに筆者は気づいた。つまり、ある「ありのままの真実」という「暗黙知」を、数語の文字で端的に「形式知」としたものが古典というものなのである。従って、目にする其《そ》の文字の後ろに広がる真実を、臨床の実践をとおして感得する。その感得する力は、こちらの力量次第ということなのだ。

さて、本題に入る。『古書医言』には、その前身として『医事古言』がある。この両書の詳細な比較研究が舘野正美によって為されており(30)、舘野は、完成版『古書医言』が、先行出版された『医事古言』の単なる改訂版でないことを、いみじくも指摘している。つまり、この両書の基本的な相違点は、まさに、筆者が、今、述べたような実体験に一致している。すなわち、東洞の語学力、漢学力、臨床能力、臨床経験、周辺の数多の知識、人生観、これら全てが時間経過と共に、深化していくのに応じて、古典から得る内容が異なっているのである。

山田慶兒は極めて批判的な態度で『古書医言』をこう評している(31)。

吉益東洞は無学の人、といって悪ければ独学の人であった。儒教の古典や諸子百家の書、史書、医書など、古代の典籍三十部あまりから医学にかんすることばを書き抜き、それに漢文で評語を加えた『古書医言』と題する一種の読書ノートがある。その勉強ぶりをしめす、東洞の自筆本が残されているが、評語の文章の多くはほとんど漢文の体をなしておらず、なかにはなにを言おうとしているのか、意味の汲みとれない文もある。本当に内容を理解しているのか、小首をかしげたくなる評言も、一、二にとどまらない。このノートは、東洞に漢学の基本的教養が欠けていたことを、はっきり物語っている。

筆者は『古書医言』は『医事古言』の誤りではないかと思うが、いずれにせよ、この批評は妥当ではないかと考えている。東洞も、漢学力の不足を自覚していたのであろう。其れ故に、終生に亘り『春秋左氏伝』の研究会を、山脇東洋、儒学者らと共に行い、東洋没後も継続したのである〔【行状⑤】〕。筆者の主張は、東洞は、ほぼ確立していた医論の基本骨格について、その理論的根拠を古典に求めるという、いわば「後付け」の作業をしたというものである。従って、その努力を開始した直後には、あたかもデータベースから検索作業をするように、「医・疾・毒・薬・天命・造化」などをキーワードにして一斉に検索した。そこでヒットした文章の正確な意味は、実のところ十分に理解できなかった。その第一段階の作業結果が『医事古言』(一八〇五年)であり、約十年間の研鑽の成果をまとめたものが『古書医言』(一八一四年)なのである。単なる改訂版ではない所以である。

このように考えると、舘野正美の主張も容易に、しかもそれが妥当なものとして、理解されるのである。ただ一点、舘野正美と筆者の所論が些か食い違うところは、舘野がどちらかというと、古典の文言が東洞の医論を引き出した、とするのに対して、筆者はその基本骨格の原形は上洛以前にほぼ形成され、理論武装は「後付け」の作業という立場である。筆者は古典研究を全く切り離して、単なる装飾と位置付けるものではない。膨大な暗黙知の形成に当たっては、臨床に基づく思想形成が先で、古典がその経験知を強化し、増幅し、先鋭化し、再び臨床実践で試され、それがまた古典の意味づけを深化させるという相互に関連した並列的作業であったと言いたいのである。

筆者の推論の妥当性を示す一例として、舘野正美の『呂氏春秋』についての記述を引用し、本節の結びとする。(30)

そこで今、最も重要な「尽数篇」の一文について検討してみたい。すなわち、『医事古言』において東洞は、この『呂氏春秋』、「尽数篇」の一文、というよりも、むしろ、文中に「……云々……」と一部分の省略を挟むもののほぼ一篇全体に亘ってこれを引用している。『呂氏春秋』、「尽数篇」の記載の、東洞にとっての重要性を認識していたのではあろう。しかし、それだけ長く、しかも重要な一文を引用していながら、如何なることか、東洞のコメントは、

為則曰、以水軽重甘辛苦立論也、未知其所拠也、俟後君子、

と、たったひとこと、それも殆んど内容的に的外れな記載があるに止まっている。東洞のこのコメントは、彼が引用している『呂氏春秋』、「尽数篇」の本文中に、

軽水所多禿與癭人、重水所多尰与躄人、……

とあるのを受けているものではあるが、むしろ重要なのは、その前後の「鬱（毒）」についての記載や「精気」についてのそれであり、果たして次に触れる通り、『古書医言』において、東洞は、わざわざこの一篇全体を三段に分けて、これを引用し、そのそれぞれについて、詳細に、しかも明確にコメントしているのである。してみると、あるいは東洞は、未だこの『医事古言』執筆中には、『呂氏春秋』、「尽数篇」のこの一文の彼の医学思想にとっての重大さに気付いていていなかったのか、とさえ思われるのである。（二一六頁）

なお、本書執筆中に舘野正美による「吉益東洞の医術と医論」が公表された。[32] 舘野は医学思想を旨とする哲学者である。『古書医言』の研究を土台とした、精密かつ、確かな論考である。大枠で筆者の所論を強化するものと理解している。

第七節　類聚方

『類聚方』は明和元(一七六四)年刊。寛政十一(一七九九)年再版。『傷寒論』『金匱要略』から、一一三処方を収録した著作である。この書物は東洞の「知識の創造」の一つの具体的な成果である。

第一の成果は『傷寒論』における六経の撤廃。中風・傷寒の病態区分の撤廃。『金匱要略』における様々な病態分類の撤去である。

第二の成果は方剤について主薬(君臣佐使における君薬)に基づくグループ分類を初めて試みたことである。この「知識の創造」は歴史的にみて、まさに画期的な発想の転換である。すなわち、方剤の「ありのままの容姿」を浮き彫りにするというものであって、極論すれば、それまでは特定の病症を解決する従僕としての方剤が、一箇の方剤として自己を主張する独立宣言をなしたものとも言えるのである。

この成果は「万病一毒」と「方証相対」の考えから導き出されたものであることは言うまでもない。「万病一毒」であるから、傷寒も中風もなく、痙湿暍病も百合狐惑病など一切の病症分類も不要である。これによって既存の枠組みは全て撤廃される。

「方証相対」であるから、「方の容姿」が明確でなければならない。筆者はかつて『傷寒論』の成立を論じ、「方」と「証」の関係は「方」の存在が先であることを論じた[19]。「方あっての証」なのである。

さらに東洞はその「方」を主薬によってグループ化した。その論理的思考は見事というほかない。しかも、本書が爆発的に世に受け入れられた要因は、その「自序」においてさえも、東洞は一言も「万病一毒」「方証相対」などと言わず、陰陽虚実、六経を否定する自説を、慎ましく括弧で括るに止めておいたことである。

グループ分けの姿を見ると、

①桂枝《けいし》を主薬とするもの。桂枝湯をはじめ：三十二方
②茯苓《ぶくりょう》を主薬とするもの。茯苓甘草湯をはじめ：二十一方
③麻黄《まおう》(葛根)を主薬とするもの。麻黄湯をはじめ：十九方
④柴胡《さいこ》を主薬とするもの。小柴胡湯をはじめ：七方
⑤石膏《せっこう》を主薬とするもの。白虎湯をはじめ：三方
⑥大黄《だいおう》を主薬とするもの。小承気湯をはじめ：十九方
⑦甘草《かんぞう》を主薬とするもの。十方
⑧附子《ぶし》を主薬とするもの。四逆湯をはじめ：十七方
⑨山梔子《さんしし》を主薬とするもの。梔子豉湯をはじめ：九方
⑩括呂実《かろうじつ》・瓜蔕《かてい》・甘遂《かんつい》・文蛤《ぶんごう》：七方
⑪半夏《はんげ》を主薬とするもの。大半夏湯をはじめ：十三方
⑫黄連《おうれん》を主薬とするもの。黄連湯をはじめ：四方
⑬黄芩《おうごん》を主薬とするもの。黄芩湯をはじめ：四方
⑭白頭翁《はくとうおう》を主薬とするもの。白頭翁湯をはじめ：二方
⑮木防已《もくぼうい》を主薬とするもの。木防已湯をはじめ：四方

⑯　枳実《きじつ》を主薬とするもの。枳実芍薬散をはじめ：七方
⑰　橘皮《きっぴ》を主薬とするもの。橘皮湯をはじめ：二方
⑱　その他：二十方
⑲　不試方：十八方

である。呉茱萸湯は半夏を配剤しないが、半夏グループに入れられている。恐らく「嘔而胸満」など方剤の主治により仲間に加えられたものであろう。類例が散見される。⑲の「不試方」は巻頭の目次では「不試功方」となっているが、「未試」と「不試」では意味が異なる。敢えて試みないとの意志を「不試」に感じる。

こうして出版された『類聚方』は、ベストセラーとなった。東洞の高弟、村井琴山は、その著『医道二千年眼目編』(巻十)にこう記している。(33)

明和二年乙酉三月、余始めて東洞の塾に遊ぶ。茲年《このとし》『類聚方』上木開版すること凡そ一万部なり。書肆の人、これを余に語る、五千部を京師浪華の肆に出売《いだしうり》し、五千部を関東江戸の肆出売る一月の内、京師浪華の書店に一本も留めたるものなし。今年、寛政丙辰に至って三十有二年、幾十万部を出し売る事を知らず。天下の医人、一人もこれを薬籠中に収めざるものあらんや。大ひなるかな東洞先師の術の暗に後世医者の手にも行はるること、之を以てこれを知るべし。

村井琴山の言うように、当時、大勢を占めていた陰陽医流の医師も、こぞって買い求めたことは事実であろう。東洞の医論はすでに『医断』として公表されていたが、それを承知で東洞の「知識の創造」を受け容れた当時の医界。

「治療薬マニュアル」として、もう一つの『医療衆方規矩』を入手したのであろうか。

再度記すが、この著作は、それまで病門の隷属的存在であった「方剤」を、その呪縛から解放したものであり、言わば「方剤」の独立宣言を意味するものである。この方式は後の浅田宗伯『勿誤薬室方函』に継承されている。

さもあらばあれ、東洞にあっては、この『類聚方』の発想が必然的に『方極』『薬徴』を導き出すことになる。

第八節　方　極

『方極』は東洞の口授、品川丘明の筆受、田宮龍の校正。宝暦五（一七五五）年の自序。明和元（一七六四）年刊。一九三方の方剤の精髄を記しているが、その配列は概ね『類聚方』に倣っている。その研究方法論については先に記したところであるが、再度、確認しておきたい。『方極』と『薬徴』はクロストークしながら形成されていったものである。そして、双方ともに、東洞の獲得した「暗黙知」を数語のキーワードによって「形式知」としている。東洞は、例えば「桂枝湯の容姿」を暗黙知として持っていた。その証拠には、桂枝《けいし》加朮附《かじゅつぶ》湯《とう》は東洞の創方とされているが、東洞はあくまで「桂枝湯に朮《じゅつ》と附子《ぶし》を加える」ものとして、これを用いているのであって、桂枝加朮附湯の一括した容姿を論じてはいない（『建殊録』第五十一例）。小柴胡湯も同様に、東洞は明確な暗黙知をもっていたので、『東洞先生配剤録』を見ると、小柴胡湯加桂枝というように、柴胡桂枝湯は用いずに「衝逆」を伴えば小柴胡湯に単味で桂枝を加えている。

ここで筆者が言わんとする所は、東洞は基軸となる薬方の暗黙知を獲得しており、その「言葉にも、文字にもできず、子にも伝えられない」暗黙知を、敢えて数語の文字で記した。これが『方極』であると言うことである。

そして、この暗黙知が『薬徴』という個々の生薬についての暗黙知と密接にリンクしている。このように考えると、『方極』の理解が容易になる。

○桂枝加桂湯　治本方証而上衝劇者。

　桂枝の薬徴は主治衝逆也。

○桂枝加芍薬湯　治桂枝湯証、而腹拘攣甚者。

　芍薬の薬徴は主治結実而拘攣也。

○桂枝加黄耆湯　治本方証、而黄汗、若自汗、盗汗者。

　黄耆の薬徴は主治肌表也。故能治黄汗、盗汗、……。

○白虎加人参湯　治本方証、而心下痞鞕者。

　人参の薬徴は主治心下痞堅痞鞕支結也。

という仕組みになっている。たとえば「人参」が配剤された薬方には「心下《しんか》痞《ひ》鞕《こう》」が必ず記される。それでは基軸となる薬方の暗黙知はどうか。桂枝湯は「治上衝、頭痛、発熱、汗出、悪風者」。これで桂枝湯の暗黙知が全て表されているとは到底考えられない。無熱患者で桂枝加芍薬証はいくらでもいる。また桂枝湯に朮・附子を加味するような患者は「発熱」は示さない。それでは東洞が偽りを記したかと言えば、否である。言い尽くすことに不備があるのである。この暗黙知を形式知にする作業では『薬徴』のほうが優れていると筆者は考える。それ故か、後世、『薬徴』の評価は高いが、『方極』についてはそれほどではない。この不備を補う目的で次節の『方機』が著されたと考えられる。

第九節　方　機

『方機』は吉益東洞の口授、乾省の筆記、殿経の校訂。文化八(一八一一)年刊。『方極』の不備を補完する目的で、東洞の没後(没年一七七三)に出版されたものと考えられるが、残念ながらこの書物は『類聚方』から、陰陽・六経・傷寒・中風などを刪去した抜き書きに止まっている。暗黙知を現に持っている人が、キーワードを苦労して捻り出すのと、記された書物からキーワードを抽出することの決定的な相違を露呈しているのが本書である、とも言える。

本書を通読しての結論は「吉益東洞の口授」としてあるが、遂一、具体的に「口授」されたものではないと筆者は考えている。

尾台榕堂は『方伎雑誌』(34)にこう記している。

> 仲景の書を誦読暗記したりとも、必ず伎も妙処に至る事は難し。故に良師に従学して、其の事実の開闔《かいこう》を見るべし。古人も百聞は一見に如かずと言へり。世に釣の独稽古と云ふ書あり。之を熟読暗記したりとて、直に釣の出来るものには非ず。挿花、茶の湯等、各其の書あれども、其の理皆然り。良工に従学し、面命指授を得て、また師のなす処を熟視勉習すべし。

暗黙知を暗黙知として授受することの要諦を記したものである。

第十節　薬　　徴

『薬徴』は明和八（一七七一）年自序。天明五（一七八五）年刊。

その「序文」によれば、李時珍（一五一八―九三）『本草綱目』（一五九〇年刊）は陰陽五行論に立脚し、食と薬の区分もなく世間を惑わす者であるとして否定。疾医は仲景方によって、生薬の臨床効果を「親試実験」によって確かめるとの立場から著されたものである。

本書の構成は、

① 生薬名。主治および旁治
② 考徴。その生薬を配合する薬方の分量の多いものから順に配列。各薬方の目標とする症候。
③ 互考。『傷寒論』『金匱要略』で目標とする症候が不十分なものを『千金方』（孫思邈《そんしばく》、六五五年頃）などの記載によって補う。
④ 弁誤。『名医別録』（後漢末成立の本草書）『本草経集注』（梁の陶弘景、五〇〇年）などを参照している。
⑤ 品考。良質の生薬の産地、真贋の別を各種の本草書の記述なども参照して考察。

となっている。本草書については、陰陽五行論の影響がより少ない陶弘景や孫思邈の記述を概ね肯定的に参照し、『本草綱目』に対しては手厳しくその誤りを指摘する態度である。『神農本草経』は偽書であるとして一切、参照していない。

その研究方法については、第八節で述べたが、本書は『方極』を求める作業と並行して為されたものである。つまり、相互に影響し合っている。個々の生薬の薬徴は、一般に帰納法的に獲得されたものと考えられているが、筆者の考えでは、帰納法的検討の後に臨床の場で演繹を行い、薬能の多面的性格を暗黙知として獲得するという操作があったことを指摘したい。

個々の生薬の薬能を自得する具体的方法論が『建殊録』附録の『東洞先生答鶴台先生書』に記されている。

> この薬能を自得する「道」があります。加減の薬方を見比べて検討すること。これが「道」なのです。私は現在、ひそかに『薬徴』を執筆中で、いずれご高覧頂こうと準備しています。

本書は、それより約五十年前に刊行されていた香川修庵の『一本堂薬選』（一七三一年刊）を見た上での著作と考えて良いが、『一本堂薬選』は〔試功〕〔撰修〕〔弁正〕で構成されている。東洞は〔弁正〕を〔弁誤〕としており、その反発精神の片鱗が窺える。

ここで指摘しておきたいことが二点ある。

第一は香川修庵（一六八三—一七五五）も実際の臨床試験によって〔試功〕を記していることである。

第二は修庵も帰納法的手法によって薬能を導き出していることである。

修庵の「芎窮《きゅうきゅう》」の項を見てみる。

> 〔試功〕療黴瘡、下疳、便毒。又瘀血、結毒、諸瘡、疥癬、癰疽、排膿、眼疾、結毒ノ頭痛、腰脚軟弱、手足筋攣、

膿淋、血淋、婦人血閉、胎衣不下、難産、腹痛、催生、一切黴毒、結滞、周身筋骨疼痛、諸患皆治。破宿血活新血。

と、『本草綱目』には記載のない、新興性感染症である梅毒の一連の症状に対する功能を掲げている。実際の臨床で確認した薬能であることが分かる。

しかし、修庵は帰納的手法に止まったために、臨床的検討によって得られた功能が羅列される結果となっており、『薬徴』に見られる主治・旁治のような洗練された端的な表現になっていない。筆者が東洞は帰納法的手法を一歩進め、演繹を臨床の場で試み、統括的な暗黙知を得ていたとする所以である。

東洞は後に検討する『建殊録』あるいは『東洞先生配剤録』に見るように、芎窮と大黄《だいおう》の二味から成る「応鐘散」を多用している。それにも拘わらず、『薬徴』には芎窮は「出本邦豊後州者。上品也」とのみ記され、主治、考徴、互考、弁誤など一切が記されていない。これは、『傷寒論』『金匱要略』からは薬能が徴せなかったものであり、応鐘散を含めた親試実験にもとづけば、おそらくその薬能は「主治一切毒也。旁治頭痛。眼痛。身体不仁」となろう。

「人参」の項は旧来の本草書とは全く別の見解となっている。そもそも東洞は「補気」という概念を否定しているので(『医事或問』十六)、当然の帰結ではあるが、「人参は補気の剤」という常識を打ち破ったところに「心下痞鞕」との関連が見出せたのであり、これは一つの大きな発見である。ただし、東洞は「心下痞鞕」を攻めるのに適切な人参として竹節人参《ちくせつにんじん》(吉野人参)を採用している。論理的にいうと、仲景も竹節人参を採用していたことが前提となるわけで、この点については解決すべき問題を残していると筆者は考える。

また、東洞は『医断』に見たように修治を否定した。これによって東洞が用いた「乾姜《かんきょう》」は今日云う「乾生姜《かんしょうきょう》」

であったと推測される。乾姜の品考に「本邦之産。有二品。曰。乾生姜。曰。三河乾姜。所謂乾生姜者。余家用之。所謂三河乾姜者。余家不用之」とある。村井琴山は『薬徴続編』(一七八七年刊)において「生姜《しょうきょう》」を項目立てし、「主治嘔。故兼治乾嘔。噫。噦逆也」としている。尾台榕堂は東洞に倣い「片製白色ニシテ大ナルモノヲヨシトス。俗医、薬舗等。之ヲ生姜ト称スルハ誤也。三河乾姜ト称スル物アリ。用ユベカラズ」と、『方伎雑誌』に記している。現在の『日本薬局方』では「生姜」(乾生姜)と「乾姜」(おそらく三河乾姜はこれに該当)は区別している。

この『薬徴』における記述は、

石膏。主治煩渇也。旁治譫語、煩躁、身熱。

に見るように、その薬能の表現は簡潔・直截である。まさに、それは奥深い臨床経験によって獲得された暗黙知の端的な文字表現である。

繰り返しになるが『方極』と『薬徴』は同時並行で形成されたが、その努力の成果は、この『薬徴』に集約されたように筆者には思われる。本書において結論的に言えることは、当時、誰もが拠り所としていた『本草綱目』を否定し、これに替わる新たな「知識の創造」に成功したと筆者は考える。

尾台榕堂の『方伎雑誌』に多紀茝庭《たきさいてい》の『時環読我書』を引用して『薬徴』に触れた文章がある、

先の教諭(多紀元簡)の言に、東洞の『薬徴』は、見識ありて、有用の書也。太冲の薬選(一本堂薬選)は取るべきこと、殊に少なしと。逸(尾台榕堂)云う、多紀氏は本草の説を遵守する人也。東洞先生は、本草の誤りを弁ずる人也。其の意見固《もと》より同じからず。然れども其の公論此の如し。真に有識と云ふべし、他なし。

『本草綱目』を遵奉する多紀元簡が、『薬徴』に一定の評価を与えたという逸話である。

第十一節　建殊録

『建殊録』は吉益東洞の治験記録を門人の巌渓恭がまとめ、田中栄信が校閲した書。宝暦十三(一七六三)年刊。五十四症例(兄弟例などを個別に数えると六十症例)を収録。巻末に長門の儒者であり、医師でもあった瀧鶴台との往復問答書簡を附録している。

収録された全例を簡潔にまとめ一覧に供したい。こうすることによって、東洞が対峙した疾患、主方・兼用方が全体として理解できる。

	年齢	性別	病症	主方	兼用方	備考
(一)	五歳	男	啞・癇	小柴胡湯	三黄丸　大陥胸丸	
(二)	三十余	男	眼痛・視力障害	桂苓朮甘湯	芎黄散	
(三)	二十歳	男	足関節激痛	芍薬甘草湯		
(四)	三十余	女	分娩後全身浮腫	硝石大円		

（五）		男	茄子中毒・下痢	茄子を食べさせ排毒		
（六）		娘	頭瘡・失明	桂苓朮甘湯	芎黄散　紫円	
（七）	七十余	男	疝瘕・陰卵偏大	大烏頭煎		
（八）	青年	男	精神錯乱	柴胡姜桂湯	紫円	
（九）		男	淋疾	半夏瀉心湯	三黄丸	某上人
（一〇）		男	頭部熱感・頭瘡	柴胡姜桂湯	芎黄散	
（一一）	七十余	男	耳聾	桂苓朮甘湯	芎黄散	
（一二）	二十余	男	癇症・癲癇	柴胡姜桂湯	滾痰丸	
（一三）	二十余	男	吐血反復・瀕死	三黄瀉心湯		
（一四）		男	天行痢	大承気湯		
（一五）		男	胸中煩満・脊痛	石膏黄連甘草湯		
（一六）	八十余	男	鬱症・臍上癰	大黄牡丹皮湯	伯州散	
（一七）		男	疔・ケロイド	越婢加朮湯	伯州散　梅肉丸	
（一八）		女	鬱症・攻撃性	石膏黄連甘草湯		
（一九）	五歳	男	唖・癇症	小柴胡湯	滾痰丸　紫円	
（二〇）	十三歳	男	天行痢・腹激痛	大承気湯		
（二一）	三十歳	男	狂・胸膈煩満	石膏黄連甘草湯	滾痰丸	
（二二）		女	痿躄	桂苓朮甘湯		

(二三)		男	病後肘骨突出	桂枝加附子湯	芎黄散　梅肉散	長老
(二四)		男	掌中肉脱・癩	小柴胡湯	梅肉散	
(二五)		妻	腰背攣痛	桂枝加附子湯	十棗湯	妊娠
(二六)		男	憂慮過多・熱鬱	芍薬甘草附子湯	七宝丸	
	九十歳	男	傷寒・譫言妄語	茯苓飲		その父
(二七)		女	黴瘡・ゴム腫	七宝丸		
(二八)		男	病後怯悸・過敏	桂苓朮甘湯	芎黄散　柴胡姜桂湯	
(二九)		男	臍下癰・腸瘻	大黄牡丹皮湯	伯州散	
(三〇)		男	通身浮腫・脚気	越婢加朮湯	十棗湯	
(三一)		男	四肢懶惰腹切痛	(小)建中湯		
(三二)		男	腫脹	備急円		その師　首座
		?	癩	七宝丸		首座の里人
(三三)		男	黴瘡鼻稜壊陥	七宝丸		
(三四)		男	病後失明	芎黄散		越中僧
(三五)		男	卒倒・角弓反張	備急円		
(三六)		男	脚弱・起居不能	十棗湯・芍薬甘草附子湯		門人
(三七)	十三歳	男	言語不通	小陥胸湯	滾痰丸　七宝丸	
(三八)		男	黴瘡・骨節疼痛	七宝丸		

(三九)三十歳	男	心中煩悸・不食	走馬湯		死す
(四〇)	女	労瘵・羸痩			升屋娘　家人不信東洞、故辞退
十七歳	女	労瘵	小青竜湯	滾痰丸	その妹
(四一)十四歳	男	通身洪腫	小柴胡湯		
(四二)	女	腹痛・諸症雑出	大承気湯　のち控涎丹		堺屋妻
	男	慢性腹瀉	半夏瀉心湯		その夫
(四三)	男	病後左脚麻痺	越婢加朮附湯	紫円	玉潭
(四四)	女	痘瘡内陥・瀕死	紫円		
(四五)三歳	男	痘瘡・大熱喘渇	紫円		
(四六)	男	伝継毒・身体爛	小柴胡湯　のち七宝丸		
(四七)	男	一身脹腫・気息絶	八味丸		上人
(四八)	男	大熱・心胸煩躁	大承気湯	芍薬甘草湯	某士人
(四九)二十歳	男	膈噎二年	大半夏湯		
(五〇)	男	哮喘発作	小青竜湯	滾痰丸	
(五一)	男	四肢不遂	桂枝湯加朮附	平水丸	
(五二)	男	左臂激痛発作	桂枝湯加朮附	梅肉散　桂苓朮甘湯	大千長老
	男	右と類似の病症	大黄牡丹皮湯	伯州散	この偉功を知った井筒屋
(五三)	女	腹満	大承気湯		尾路屋娘

（五四）四歳　男　痘瘡　大半夏湯
大承気湯
紫円　令子　死す
四歳　女　痘瘡　紫円　その妹　全癒

以上の症例について考察する。（　）内の数字は症例番号である。

『東洞先生答問書』（問答一）に記されているように、東洞は当時の医者が治療を辞退・放棄するような難症・痼疾に挑戦している。

瘖唖・言語発達遅滞（一）、耳聾（一一）、癇症・癲癇（一二）、瘖唖・癇症（一九）、梅毒・ゴム腫（二七）、癩病（三二附）、梅毒・鼻稜壊陥（三三）、病後失明（三四）、梅毒・関節痛（三八）、労瘵（四〇）、伝継毒・先天性梅毒（四六）、膈噎（四九）。

方証相対しても毒の完全な排除に年月を要することが『東洞先生答問書』（問答二十三）に記されている。症例一は二年以上、症例三六は一年余、症例四六は半年余を要している。

梅毒には軽粉を主剤とする「七宝丸」単独で対処している（二七・三二附・三三・三八）。その投与期間、投与法について、本書には記されていないが、『東洞先生家塾方』の七宝丸の項に詳説されている（全集四三三頁）。緑豆大の丸薬を二分割し、四分を一日二回。六―七日を一クールとして服用。休薬期間を置いて数回行う。本文に記された「二剤」は二クールの意味と考える。

同じく軽粉剤である「梅肉散」が二症例で兼用されている（二四・五二）。

症例五は、茄子の食物アレルギーと考えられるが、東洞は嫌がる茄子を強制的に食べさせている。東洞は「食」と「毒」を区別しているが(『医事或問』二十・『東洞先生答問書』十八)、茄子が体内の毒と格闘していると考え、毒に的中している茄子を「毒薬」と認定し、強制した。「薬」は人の好き嫌いに拘わらず投与するものであり、ここでの茄子は「薬」である。

症例一三は約十日ごとに反復する吐血。瀕死状態である。当時は口から血液を吐出するものはすべて吐血で、今日の、気道からの「喀血」と消化管からの「吐血」を区別していない。この症例は消化器症状を伴っていないことから、気管支拡張症、非定型抗酸菌症などによる喀血と推測される。『医事或問』十九に関連の記述がある。ここで用いた三黄瀉心湯の重量に注目したい。一剤が十五銭、約五十六グラム。大黄・黄連・黄芩等分とすると各十八グラムである。

芎黄散《きゅうおうさん》の応用は六例(二・六・一〇・一一・二八・三四)である。症例三四では単独投与で、勇猛果敢な大量服用〔補説二三一頁〕。このような事例が「芎黄散」そのものの薬能を明確にしてくれる。まことに貴重な症例である。六例すべてが目、耳、頭部に関連する病症である点に注目したい。

石膏黄連甘草湯が三症例で用いられている(一五・一八・二一)。『東洞先生家塾方』の林鐘丸(大黄・甘草・黄連)の大黄を石膏に置換したもので、石膏の薬能「主治煩渴也。旁治譫語、煩躁、身熱」に基づき、東洞が創方したものと考えられる。このように考える時、一七六三年『建殊録』が刊行される以前に「石膏」の薬能は既知であって、一七七一年自序の『薬徴』を遡ること約十年であることがわかる。この推論の妥当性は、この後に記す附録『鶴台先生問東洞先生書』の記述から強化される。

大承気湯は五例に用いられている(一四・二〇・四二・四八・五三)。天行痢は赤痢類縁の流行性下痢症。『東洞先生答問書』問答八に「大病で、精神が衰え、全身が羸痩《るいそう》し、食事も摂取できずに、死ぬばかりの患者でも、証があれば、それでも駿剤を用いなければならないのか」という質問が設定されている。症例一四はこの具体例であろう。症例二〇には大承気湯の重量が記されている。一貼が十二銭、約四十五グラムである。

第八節『方極』の項で筆者は「東洞は、例えば「桂枝湯の容姿」を暗黙知として持っていた。その証拠には、桂枝加朮附湯は東洞の創方とされているが、東洞はあくまで「桂枝湯に朮と附子を加える」ものとして、これを用いているのであって、桂枝加朮附湯の一括した容姿を論じてはいない」と記したが、症例五一と五二がこれである。「先生之を診し、桂枝湯と為し、朮附各三両を加え、之を飲ませり」と。まず、桂枝湯証であることを確定し、薬徴から朮と附子を動員しているのである。

紫円《しえん》は『千金方』を出典とする巴豆《はず》を配合する峻下剤。七例で用いられている(八・一九・四三・四四・四五・五四の二人)。本書の結びに記された小児の痘瘡に対する記述は、東洞が自らの愛児の死を以てしても、以毒攻毒を貫いたことを示している。

愛児に離別した当時の和歌が『東洞翁遺草』に遺されている(全集五七三頁)。甲戌は一七五四年。

甲戌歳暮

恨てもかひこそなけれいたづらに過行《すぎゆく》年の身につもるをば
　をさなき子にわかれし年のくれに
とゞまらぬ世のことはりぞうなひ子に別れし年も暮《くれ》ぬと思へば

第十二節　建殊録附録（『鶴台先生問東洞先生書』『東洞先生答鶴台先生書』）

訳読の前に、瀧鶴台および本往復書簡について述べる。

瀧鶴台（一七〇九―七三）は長門の人。浅田宗伯『皇国名医伝』には「瀧弥八」として記されている。弥八は字、鶴台は号、名は長愷。引頭氏の子で、幼くして瀧養生の養子となり、儒学を小倉尚斎、山県周南に、後、江戸に遊学して服部南郭に学んだ。遊学の後は専ら山県周南に師事し、弟子の三傑と呼ばれた。長門萩藩主の毛利重就の侍講を務めている。瀧養生は医を業としていたので、鶴台は養父から医を学び、香川修庵・山脇東洋・吉益東洞と往来した。鶴台は儒学に精通していたが、医業も生涯続けた。そして、人にこう言った「私は多くの病人を診察してみて、水気が患いを為す者が十中七、八居ることに気付いた。仲景方を見ると治水の剤が、これまた十中七、八である。つまり、水毒が人の患いを起こすことが最も多い。医者はこの点に留意して、水毒の表裏、高下、胃中・胃外、伏流・凝散を鑑別して、証に従って治療すれば、済生の功は優に五〇パーセント以上となる」と。鶴台は和歌、書道にも通じ、『三之逕』『長門癸甲問槎』などの著作がある。(6)(35)(36)

東洞と鶴台の親交には、山脇東洋が介在したものと考えられる。山脇東洋は『外台秘要方』の重校翻刻本の出版に当たり、山県周南とその関係する儒学者に助力を得ており（一七四六年）、瀧鶴台もこの事業に参画したことが『鶴台先生遺稿』に記されているからである。(37)

この『鶴台先生問東洞先生書』『東洞先生答鶴台先生書』が附録とされた理由は三点であろう。第一は鶴台が『医断』の序文を記していることから分かるように、東洞の医論の良き理解者の一人であったこと。第二には、門弟ではない第三者的医人として、当時の常識的知識による治験・医論が寄せられていること。第三に、これへの答えは東洞の医論を具体例を通して開示するものであったことである。

この問答書は『医事或問』とは異なり、具体的な病症の検討、処方鑑別など、極めて重要な内容であるので、以下に全文を現代語に意訳する（全集四九三―五〇〇頁）。

『鶴台先生問東洞先生書』

〔鶴台一〕患者が小腹、臍の左右、あるいは腰から震えるような寒気が起こり、冷えを自覚し、心下が痞塞《ひそく》し、胸と背中が刺すように痛み、場合によっては胸やけ、胃液の逆流、あるいは胃液を吐く。下肢がひどく冷え、体がだるく横臥したくなる。このような症状は食事、飲酒によって治まる。場合によっては温かい薬湯を飲むと少しよくなる。時によっては莪朮《がじゅつ》や香附子《こうぶし》などを飲むと少し治まる。この寒気の発作が起こると気力も失せて、今にも死にそうな状態になるが、暫くすると、発作に伴う症状は霧が晴れたように消失し、普通の人と変わりない様子になる。この発作は、一日に四、五回、あるいは一、二回起こり、時には腹痛が劇しく、食事を拒否して数日間絶食する人がいる。このような病症が十余年、六、七年、もしくは二、三年続く者がいる。また、産後の婦人でこの病症を現す人もいる。更年期で閉経した頃に起こす人もあり、月経に異常がなくとも起こす人もいる。男性では、ひどい酒飲みや色好みの者にこの病症を患うものがいる。梅毒が治った後で起こす場合もある。この奇妙な発作には重いものと軽いものとが有るが、冷気が身体内を遊走したり、水気が上下するものがいる。婦人では水と血の異常が混在することもある。この病症には、どのような薬方が良いでしょうか。私の経験では、産後に新たにこの病症を現し、二、三ヶ月経過した患者に、最初に檳榔蘇子加大黄湯を十貼ほど用いたところ、諸症状が軽快したので、その後に半夏瀉心湯を使いましたら、数日で再発しなくなりました。『本草綱目』の升麻の条文に、類似の病症が記されています。どうかご教示下さい。伏してお願い申し上げます。

患者の中に、腹部に異物感を自覚し、この物が小腹、臍旁からつきあがり、胸の中央部から咽喉に達して雲煙の湧き上がるように咽に充塞し、同時に背中の肩胛間部に痛みを起こし、苦しみ悶えて失神してしまう者がいます。暫くすると、突き上げていた雲煙のようなものは下って収まり、またたくまに平常に戻る。日常、全身に冷えを自覚し、真夏にタビを履き、厚着する。いつも抑鬱的で、神経過敏で安眠できない。場合によっては梅の種のようなものが、胸の中央部から、ノド仏の辺りにこみあげてくる感じがする。或いは梅の種くらいの大きさの物が皮膚の中に有るような感じがし、これが胸から動き出して肩に達し、肩胛骨間部の背筋に達して、そこに止まるのを自覚する。この一連の不快な違和感は一定せず、時々刻々変化する。患者によって様々なことを言うが、おおよその処は、以上のようなものであります。そして、飲食には異常がなく、顔色、肉付きが悪くなることもなく、この奇妙な発作症状だけを起こしている者は非常に多いものです。この発作の程度に軽いもの、重いものがありますが、全体的に見るとこんな具合で、これは要するに癇症に属する。どのような薬方がこの病症に的中するか。鷓鴣菜湯、三黄瀉心湯、白虎湯、鉄砂丸、大黄散、桔梗白散、大陥胸湯の類はすべて効果がないのが通例で、時に効果が期待できるのは桂枝加竜骨牡蠣湯であって、これを長期に服用すると、幾分かでも症状を和らげることがあります。

〔鶴台二〕婦人で年齢は三十歳前後。腹部の腫れ上がりを患って七、八年経過。その腫れ上がりは、お産直前の腹の膨れの二倍ほどで、腹皮の静脈が怒張して盛り上がり、腹壁の硬さは石のようです。最初の一年ほどは食欲低下、気力も弱まっていましたが、二、三年経過すると食欲も正常となり、起居動作も普通の人のようで、ただ、長距離の歩行、大きく動作するのがすこし不自由なだけです。大小便も通常と変わりません。月経は発病して以来、閉止状態です。今春、私ははじめてこの患者を診察しました。桃核承気湯、大承気湯、抵当湯、大黄甘遂湯、赤丸、鷓鴣菜湯、鉄砂丸、大黄䗪虫丸、紫円、平水丸と様々に試みましたが、少しの瀉下が見られる程度で、腹の膨張は全く減りません。巴豆《はず》を用いると必ず吐逆し、鶏屎百霜散を用いましたが、これも効きません。この病気、一体どうしたらよいでしょうか。

婦人に時に見られる病症でありまして、人によっては十年、二、三十年。ところが、この病症で死ぬことはないのです。実に治療が難しい。このような話があるので、参考までに記します。この病症を十七、八年間患っていた一人の婦人がいました。ある夜、夢の中に仙人のような人が現れ、処方を教えてくれたので、これを服用しました。そうすると、黄色の液体が臍から流れ出すこと四、五日。腹の膨張は減って正常に戻ったのです。その処方とは鉄砂と忍冬《にんどう》の二味を別個に煎じて服用するというものです。

〔鶴台三〕婦人で年齢六十歳前後。前年の夏、汗が流れるように出るようになり、日中も夜も止まらない病症を患い、八月を迎えました。この時点で、両側の手足の知覚・運動麻痺、腰背の麻痺が現れ、お灸の熱痛も感じない。数医を受診したが、皆、麻痺症と診断。数多くの薬方もまったく効果が無く、日一日と症状は悪化し、十月になって私に治療を求めて来ました。私は以上の経過から、これを脚気の水滞によるものと考え、檳榔蘇子加大黄湯を用いました。二、三日すると、手足の皮膚の中を虫が走るような感じが出現し、この異常な感覚は指先で最も強く感じられました。数十日経過すると、麻痺が幾分か改善したようです。そこで、黄耆防已加麻黄細辛虎骨湯を用いました。十二月中旬になり、手足の知覚・運動麻痺は治り、汗も止まりました。この患者は初診時には大便が秘結し、舌には黄苔があり、右の肋骨弓下に塊があって、このものが時々劇しく移動し、これが動くときには胸痛・煩悶が起こっていました。

〔鶴台四〕男性、年齢六十歳前後。最初に約十年間、麻痺を患っておりましたが、これが治った後で、また十年ほど、腹部の絞られるような激痛発作を患うようになりました。ところが、飲食も普通にできて、これといった苦痛も無いのに、食後に歩行すると胃液を吐くのが癖のようになっています。昨年の晩秋・初冬になって、田圃の課税評価を監督するために、毎日のように郊外の田園地帯に居たところ、寒気に侵され、冷気に身体を曝され、食欲がなくなりました。そこで、毎朝、酒二、三合を飲んで朝食代わりにするのを数十日間、日常のこととしていました。すると、十二月中旬になって、左側の乳の下あたりに異物感があり、へばり付いて、飲食物が皆この乳の下あたりに停滞して、胃の方に降りて行かない感じを自覚するようになりました。食後、四時間ほど経つと、胃液がこみ上げてきて、卵が腐ったような臭いのする胃液を数十回吐き、吐き終わると、停滞していた飲食物が、ようやく胃の中に収まる感じになります。この劇しい嘔吐の時には胸と背中に激痛が起こり、ひどい口渇で、大量の水を飲むためか、便秘はなくなります。正月中旬に私がこの患者を診察したのです。以上の病状と経過から、私はこれを水毒が胸脇部に停滞したために起こっている病症と考え、呉茱萸硝石湯を三貼与えました。これによって乳の下の塞がった感じが少しよくなりました。そこで、小陥胸湯加枳実湯を三貼与えました。乳の下のわだかまりがすっかり治りました。次いで半夏瀉心湯を二、三服させたところ、水様性の下痢が一日に数十回起こりました。肩と胸内に水が移動するような音が聞こえると、そのすぐ後に、突き抜けるような下痢が起こるのです。このような状態が七、八日続いたのですが、飲食が進むようになり、胸の痞《つか》えなどの諸症状も改善して行きますので、前と同じように半夏瀉心湯を与え続けました。次第に下痢は止まり、全ての症状が消失し、十年前と同じくらいに壮健になったのです。

〔鶴台五〕腹部が膨張して腫れ上がる病症で、結核症類似の伝染性消耗性疾患を合併する者は、極めて難治性で私は治した経験がありません。

〔鶴台六〕一般的に言って、病人を診察して水気（体液の偏在・停滞）を基盤に病症を現している者が七、八〇パーセントいます。そこで、仲景の薬方を見てみると、水の調整をする方剤が、これまた七、八〇パーセントです。すなわち水が関連する病症が実に多いことが理解されます。医者たる者は、この点に留意し、表裏、高下、胃中・胃外、伏流、散凝を鑑別し、証に従って治療すると、瀕死の状態を挽回し、生き返らせるような治療効果を挙げられる可能性が七、八〇パーセントあることになります。

〔鶴台七〕『金匱要略』嘔吐噦下利病篇に訶梨勒《かりろく》一味の訶梨勒散があります。この訶梨勒について、人々は下痢を止める作用があることだけを知って、停滞した水を駆逐することを知りません。『法苑珠林』に『分別功徳経』を引用して、こう云っている、「仏弟子の博羅は、ある僧侶が常に頭痛に苦しんでいたのを治療するのに、訶梨勒一丸を与えたところ、頭痛は治った」と。その解説には「胸の縦隔に水があって上部に攻め、このために頭痛が起こる。訶梨勒は水を排除するので治ったのだ」と。ただし、これは私が暗記しているものなので、おおよその意味であります。原文はこのとおりではありません。

〔鶴台八〕一般的に言えることですが、中風を引き起こす寒邪というものは、体内に水の停滞があるために、これを迎え入れてしまうものです。従ってその症候として、頭痛、悪寒、汗出、痰湧、目涙、鼻涕、全身に走る痛みなどが見られます。これは体内の水を駆除すれば、邪気は除かれるという道理でありますから、汗を出すことで水を駆除すれば治るのです。その目的で桂枝、麻黄、細辛、半夏、乾生姜が用いられることが明確に理解できます。牡蠣、竜骨もまた、水を捌いて治す薬であります。

〔鶴台九〕蝮蛇、箱山錫杖実の二味を酒に浸して、日向で乾燥し、細末にして糊丸を作り、酒で服用する。体内の水と血が絡み合って停滞し、寒気が全身を走り回って痛みを発し、胸膈内が塞がり、体が衰弱して力のないものを主治する。これを二輪丸と名づけています。

〔鶴台十〕鼴鼠霜は癲癇で口から涎沫を吐くものに良く効き治します。

『東洞先生答鶴台先生書』

〔東洞一〕『問書』鶴台一の、「患者が小腹、臍の左右、あるいは腰から震えるような寒気が起こり云々」。この病症は非常に多い。これは溜飲の病である。その処方に当たっては、小腹絞痛し、腰攣痛するのであれば、烏頭煎湯の主治である。心下《しんか》痞《ひ》鞕《こう》があれば附子湯の主治である。「胸と背中が刺すように痛み、場合によっては胸やけ、胃液の逆流、あるいは胃液を吐く。下肢がひどく冷え、体がだるく横臥したくなる」という病症では、心下痞鞕があれば人参湯で、胸脇苦満を伴えば小柴胡湯、心下痞鞕と腹鳴があれば半夏瀉心湯、心下の痞がなく、雷鳴切痛するのは附子粳米湯、心下の痞がなく、上逆が甚だしいのは桂苓朮甘湯、上逆して水を吐くのであれば五苓散である。男性、女性、産前産後、過酒、過色などに関係なく、ただ証に随って之を治す。鶴台君、あなたは檳榔蘇子加大黄湯、半夏瀉心湯の二方を用いています。治ったのですから、これは治った。そうは言っても、薬方というものには主薬と主治があります。その主薬・主治を知って薬方を用いれば、それで古今一貫した治法であると言えるかといえば、否です。治ったからと言っても、それが憶測や空理空論に基づくものであれば、仲景は「私の治法ではない」と言うに違いありません。あなたは、この点をお察しの上で、こうお書きになっておられます「『本草綱目』の升麻の条文に、類似の病症が記されている」と。『本草綱目』の升麻葛根湯を参照してみますと、仲景の方剤運用法とは異なっています。今、李時珍の記述を読みますと、想像によって病態を推論し、知る事ができない事柄を知るとしています。このようなことで、どうして実効が挙げられましょうか。たとえそれで効果が得られたとしても、それは偶然の的中（偶中）というものです。この升麻葛根湯という薬方は、頭痛、発熱、項背強痛を現す証を主治することを、李時珍は知らない。この「証」が備わっているときにこの薬方を用いるとよく効くわけですが、これは升麻葛根湯という薬方の手柄であって、李時珍の功績ではないのです。

〔東洞二〕『問書』鶴台一の、「患者が異物感を自覚する云々」。この病症もまた水気の失調であって、上逆の病です。従って、しばしば桂苓朮甘湯、桂苓味甘湯、苓桂甘棗湯の類を投与します。「背中の肩胛間部に痛みが走る」者には、毎晩、滾痰丸を一銭用い、もしも痛みが激しい者には控涎丹を兼用します。「梅の種のようなものが、胸の縦隔から、つきあがって肩に達する」のも、これは控涎丹が主治するところです。もしも「肩胛骨間部の背筋に達して、そこに居座る」場合は、灸を九耀星(『医断』経絡の項を参照(七七頁))のように据えることを、五日―七日間行いますが、凝結したものが散れば、そこで灸は中止し、控涎丹で駆除します。こうした後に縦隔から声門あたりに異物が上ってきた時は、半夏厚朴湯がこれを主治します。「日常、全身に冷えを自覚し、真夏に夕ビを履き、厚着する。いつも抑鬱的で、悲しみ恐れる」者は、様々な病症が混在したもので、特定の薬方の目標と成る一つの証ではありません。あなたが、このような幾つかの確乎たる証が併存するこの患者を、一括りに「癇症」に属するとするのは適当ではないでしょう。そもそも「癇」は「間」です。病に間隙があるという意味です。およそ慢性疾患には時間経過に伴う病状の揺れ動きがありますから、皆、「間」があります。そうなりますと、なにを以て「癇」と言い、何を以て「癇」ではないというのでしょうか。名というものは真実に附属するものです。名はある存在のすべてを表現し尽くせません。ですから、色々と名を付けて真実を推測しているに過ぎないことは明らかです。私は、病名をはじめ様々な病態に「名」を付けなくなって、久しいのです。

〔東洞三〕問書二の「婦人で年齢は三十歳前後。腹部の腫れ上がりを患う云々」。腹満は枳実《きじつ》・厚朴《こうぼく》が主治するところです。大承気湯がこれを主ります。最近、私は一禁方を手に入れてこれを試しました。少量の血尿が出ると共に腹満が解消しました。そこで、この一禁方をあなたに伝えます。是非、試して下さい。およそ、あなたの薬方の使用法は、方意を自得していない事は、この患者の治療からわかります。ところが、それなりに効果を得ている。この偶然に的中するからといって、誤った治法を正しいと考えてはなりません。桃核承気湯という方剤は大承気湯に由来するものではなく、大黄甘草湯に由来します。其《そ》れ故に大承気湯は小腹急結する者を治すわけです。あなたはその根本を見失っています。このようなことでは、どうして的確な効果が得られましょうか。その他の種々の薬方も皆、このような方意を各々が持っているのです。どうかこの事を理解して下さい。夢で授けられたという鉄砂・忍冬の方剤、試してみて、その効果を報告します。

〔東洞四〕問書三の「婦人で年齢六十歳前後。汗が流れるのを患う云々」。この病症をあなたは脚気としています。そもそも脚気というのは、病が脚にある病症の名です。これを前提とせずに、あなたはどのような根拠で脚気と言うのでしょうか。もしも、私がこの患者の治療に当たるならば、最初に大黄附子湯、その後に黄耆桂枝五物湯でしょうか。薬方はまず仲景方の中から考えることをせずに処方すると、たとえ治ったとしても治法の原理に則ったとは言えません。あなたには是非、このことをよくよく考えて頂きたいのです。

〔東洞五〕問書四の「男性、年齢六十歳前後、麻痺を患い云々」。ああ何と言うことでしょう、治ったのですね。何とも、いやはや治せた。その昔、仲景が治法としたのは、証に随って、つまり方証相対の原則で対処するものであって、病因を問わないのです。それなのに、今、あなたは病因を臆測で云々している。

〔東洞六〕問書五の「腹部が膨張して腫れ上がる病症に、結核症類似の伝染性消耗性疾患（労瘵）を合併する云々」の言葉。疾医の道を知らない者の言葉としか言いようがありません。あなたが言う「労瘵」は、方証相対の見地からすると、どのような証を備えているのか。是非、再度、この点のご説明を頂きたい。

〔東洞七〕問書六の「一般的に言って、病人を診察して水気（体液の偏在・停滞）を基盤に病症を現している者云々」。そもそも人の病毒というものは、口から摂取する水や食物に他なりません。なぜなら、人が誕生してから摂取するのは、飲食物だけなのです。そして飲食物によって生じた毒の内、水毒は全身に流れて廻り、穀物由来の毒は腸と胃に停滞する。このような理由で、毒が動いて病症が発現し、ある容を形成した場合、七、八〇パーセントは水が関係してくる。二、三〇パーセントは食物が関与する。実に、あなたの言うとおりです。世間の人々で、これまでに、私の万病一毒の説を聞いた皆さんは、深く考えもせず迎合し、あるいは口には出さずに腹の中で批判する人ばかりで、このことの本質的意味論を一緒に論じ合う人は誰一人いませんでした。あなたのような方を、本当の理解者と言わなければならない。私は感激しています。

〔東洞八〕問書八の「中風を引き起こす寒邪というものは、体内に水の停滞があるために、これを迎え入れてしまうものだ云々」。この所論は千年に一度の卓見であって、深く仲景の治法を理解していると言わなければなりません。しかし、薬方を構成する個々の生薬の薬能を自得しませんと、このような病症を治すことは出来ません。この薬能を自得する「道」があります。加減の薬方を見比べて検討すること。これが「道」なのです。私は現在、ひそかに『薬徴』を執筆中で、いずれご高覧頂こうと準備しています。あなたのお手紙に「牡蠣、竜骨は水を治す」と言われておられますが、これは、お考えが浅いのではないでしょうか。仲景は牡蠣を腹動を主治するものとし、竜骨は臍下部の動悸を主治するものとしており、水を治すとは決して言っておりません。あなたには別のお考えがあるのでしょうか。この点について是非、ご教示頂きたいと思います。

〔東洞九〕問書九・十の「蝮蛇、鼴鼠霜」の二つの薬方。私も試してみたいと思います。きっと効果があるものと考えます。

第十三節　東洞先生配剤録

『吉益東洞大全集』第三巻(六一頁)に収載された『東洞先生配剤録』は門人の筆録と推測されるが、詳細は不明。庚寅(一七七〇)年から辛卯(一七七一)年の配剤録である。東洞は一七七三年に没しているので、最晩年の臨床記録である。

これに類似の資料として、『吉益東洞大全集』第三巻(二八三頁)には、『難病配剤録』が収載されており、東洞門人、桃井安貞述の序文が付されている。『吉益家門人録』(9)によると、桃井安貞は、「四三八番、明和六年十一月入門、奥州須ケ川産」と記されている。『難病配剤録』は、その名のとおり、すべての受診者の記録ではなく、梅毒をはじめとする難病患者についての記録と理解されるが、ここで検討の対象とする『東洞先生配剤録』も同様の視点から記録されたものであろう。この二つの記録資料は症例が重なっているが、それは、この資料の信頼性を裏打ちするものと筆者は考える。

本『配剤録』を検討した結果を以下に記す。

① 記録された症例数は三五三例。

②梅毒としてほぼ確定的なものは五十四症例（約一五パーセント）。
③梅毒が疑わしいものは十症例。②＋③で約一八パーセントである。
④駆梅剤としての七宝丸の兼用は二十例、生生乳は五十三例、梅肉散は五例である。
⑤これらの駆梅剤は桂枝加朮附湯の類方を主方として、応鐘散と共に兼用されることが殆どであり、『建殊録』に記載がある七宝丸の単独投与例はない。『建殊録』に記された症例は一七五〇年頃の治験である。すなわち、約二十年間の臨床経験から、駆梅剤である七宝丸のより安全で確実な効果を得る工夫が為されたものと推測される。
⑥七宝丸と梅肉散は軽粉（塩化第一水銀）を配合する。生生乳も水銀と岩塩類を無酸素状態で焼灼・昇華する方法によって得られるものであるから、類似の化学成分と考えられるが、この点は今後の専門家の研究に俟ちたい。この『配剤録』の記述からは、これらの駆梅剤の使い分けは明確に出来ないが、生生乳の使用頻度が最も高いことから、副作用の面、あるいは用量調節の点で使い勝手が勝っていたのかも知れない。
⑦これらの水銀剤は梅毒に限って用いられるのではなく、悪性の皮膚化膿症にも応用されている。五症例がこれに該当する。
⑧梅毒であっても全例に水銀剤が用いられるものではなく、二症例では柴胡剤で対処している。
⑨柴胡剤について見ると、小柴胡湯とその加味方が五十九例、柴胡桂枝乾姜湯（柴胡姜桂湯）が二十一例、大柴胡湯が七例である。
⑩柴胡桂枝湯の用例はなく、小柴胡湯に桂枝五両を単味で加味する事例が十八例ある。すなわち小柴胡湯の使用例の約三〇パーセントで桂枝五両の加味方となっている。筆者は、東洞は小柴胡湯証の容を見抜く暗黙知を獲得していたので、その容があって、上衝が明らかな症例には、柴胡桂枝湯ではなく、桂枝を単味で加味したものと考

えている。『薬徴』を常に意識していたことが窺える。

⑪最も使用頻度が高い方剤は桂枝加朮附湯・苓朮附湯の一一二例である（三二パーセント）。桂枝加葛根湯、桂枝加附子湯、桂枝加芍薬附子湯などの類方は三十一例。これを合算すると、桂枝湯類方が全症例の約四〇パーセントを占める。ここで注目したい記述は桂枝湯に朮・茯苓の加味であって、桂枝加苓朮附湯・桂枝加朮苓附湯と語順がまちまちである。これは東洞が桂枝湯の容をまず確定し、これに朮と茯苓をその薬能から加味するという方法を採ったと推定させるものと筆者は考えている。

⑫その他の方剤を列記する（出現順）。

乾姜黄連黄芩人参湯、茯苓甘草湯、苓桂朮甘湯、半夏瀉心湯、真武湯、生姜瀉心湯、葛根湯、枳実厚朴湯、芍薬甘草附子湯、附子湯、大黄牡丹皮湯、猪苓湯、人参湯、大承気湯、桂枝人参湯、大青竜湯、五苓散、小青竜湯、小半夏湯、黄連解毒湯、附子粳米湯、石膏黄連甘草湯、橘皮枳実生姜湯、小建中湯、茯苓飲、大半夏湯、排膿散及湯、鷓鴣菜湯、桔梗湯、白虎湯であり、この内、苓桂朮甘湯は十例で、『建殊録』を含め、東洞の好んだ薬方と推測される。

第十四節　東洞先生家塾方

呉秀三・富士川游の『東洞全集』には、弟子の村井琴山が安永九（一七八〇）年に考定した『東洞先生家塾方』が収載されている。横田観風の『吉益東洞大全集』には東洞の子息、南涯と羅斎が「考・弁」したものが収載されている。

ここでは『全集』収載の『東洞先生家塾方』について検討する。

基本となる「十二律方」の名は、尚古主義の東洞が先王の制定した礼楽の「楽」を尊崇して設けたものと推測される。則ち十二律は音階の名称で、西洋音階の一オクターブに対応させると次のようになる。(1) 応鐘：C、大呂：C♯、大簇：D、夾鐘：D♯、姑洗：E、仲呂：F、甤賓：F♯、林鐘：G、夷則：G♯、南呂：A、無射：B♭、応鐘：

B

なお、ここで参照した◎で示す『養浩堂方矩』(38)は後藤艮山の家塾方で、寛政十二(一八〇〇)年に山田藤原朝臣丹波守が記した筆記本である。また△で示す松原一閑斎『松原家蔵方』は湯本求真旧蔵本、元治元(一八六四)年、橘良輔謄写によった。

『東洞先生家塾方』

○第一方・大簇丸。人参大黄丸。大黄、黄芩、人参。

人参・大黄二味の方剤は『弁証録』にあるが、これに黄芩を加えたのは東洞の創意。

○第二方・夾鐘丸。硝石大円。大黄・硝石・人参・甘草

『千金方』巻三十七を出典とする。同書には癥瘕を治すと記されている。△『松原家蔵方』に収載されている。

○第三方・姑洗丸。控涎丹。甘遂・大戟・白芥子。

『三因方』巻十三・痰飲治方を出典とする。諸書に三因控涎丹。◎『養浩堂方矩』反胃門、脚気門、溜飲門に記載がある。△『松原家蔵方』にも収載されている。

○第四方・仲呂丸。如神丸。大黄、甘遂、牽牛子。

『傷寒論』の大陥胸湯(大黄・芒硝・甘遂)の芒硝を牽牛子に置き換えたもの。曲直瀬玄朔の『十五指南篇』には

大黄・巴豆・牽牛子の方剤があり、「能食不能便、胃実、腸実」と記されている。張従正の『儒門事親』に奪命丸として記載がある。△『松原家蔵方』には大黄・甘遂・牽牛子・芫花・大戟として如神丸が記されている。
○第五方・甤賓丸。平水丸。商陸・甘遂・芒硝・芫花・呉茱萸
『千金方』(『備急千金要方』)巻六十四を出典とする。◎『養浩堂方矩』脚気門に記載がある。
○第六方・林鐘丸。甘連大黄丸。大黄・甘草・黄連。
『傷寒論』の大黄黄連瀉心湯に甘草を加味。東洞は大黄甘草湯を重視していることから、これに黄連を加味したものか。『雲岐子保命集』巻上(一三〇八年)を出典とする。◎『養浩堂方矩』小児門に甘連湯(甘草・黄連・紅花・大黄)が記されている。△『松原家蔵方』にもこの甘連湯があり、紅花を含む。浅田宗伯『勿誤薬室方函口訣』甘連湯には「松原方函」と記されている。
○第七方・夷則丸。海浮石丸。海浮石・大黄・桃仁。
諸書に東洞家塾方と記されているが(『中医方剤大医典』など)、◎『養浩堂方矩』鼓脹門、婦人門に記述がある。
○第八方・南呂丸。滾痰丸。黄芩・甘遂、青蒙石、大黄。
『証治準縄』(一六〇四年)痰飲十五を出典とする。◎『養浩堂方矩』癲狂癇門に記述がある。△『松原家蔵方』にも収載されている。
○第九方・無射丸。牡蠣角石散。牡蠣・鹿角霜・軽粉
『中医方剤大医典』には『東洞家塾方』方としてある。曲直瀬玄朔『医学天正記』諸瘡の項に、外用剤として、先に軽粉を塗布し、後に鹿角霜・赤石脂・乳香・阿仙薬の油剤を塗ることが記されている。
○第十方・応鐘散。芎黄散。大黄・川芎。

『楊氏家蔵方』(一一七八年)を出典とする。◎『養浩堂方矩』頭痛門に芎窮・大黄として記述がある。
○第十一方・応鐘丸。三黄丸。大黄・黄芩・黄連。
『金匱要略』を出典とする。◎『養浩堂方矩』吐血門に記述がある。
○第十二方・大呂丸。備急円。大黄・乾姜・巴豆。
『金匱要略』を出典とする。◎『養浩堂方矩』傷食門に記述がある。
○紫円。代赭石・赤石脂・巴豆・杏仁。
『千金方』を出典とする。◎『養浩堂方矩』小児門に記述がある。
○梅肉霜。梅諸・梔子霜・巴豆・軽粉。
諸書に片倉鶴陵の『黴瘡新書』を出典とすると記されているが、この書物は東洞没後の一七八六年に刊行されており、これを出典とするのは誤り。尾台榕堂の『方伎雑誌』には「伏見の鍛工某の秘方にて、松原閑斎これを受け、東洞先生は、其の門人・福島喜又なる者より受ける所とぞ」と記されている(34)。
○伯州散。蝮蛇・蟹・鹿角。
『大同類聚方』に記されている薬方である。
○七宝丸。牛膝・軽粉・土茯苓・大黄・丁子。
◎『養浩堂方矩』黴毒門に七宝丹(軽粉・土茯苓・大黄・丁子)があり、これに牛膝を加味したものが東洞の七宝丸である。梅毒の関節炎に牛膝で対処することは陳司成の『黴瘡秘録』に記されている。『方伎雑誌』には「七宝丸は、江州胆吹山下の老婆、秘蔵し置きしを、東洞先生、三十金を贈り、此方を得られたりと。梅肉・七宝の二事は、先友・土井東民の話なり」と記されている。

○後七宝丸。巴豆・丁子・大黄。
出典は検索できなかった。東洞の創方としてよい。
○続七宝丸。水銀・硝石・礬石・塩。素焼きの壺に入れ、密封し、焼灼。これによって昇華した水銀塩を得る。基本的には生生乳の製法に近似しているが、硝石を用いることから、塩化水銀と酸化水銀の混和物と推定される。「今、多用之」と記されている。
○承気丸。大黄・硝石。枳実厚朴湯で服用する。
硝石大円から人参・甘草を去り、枳実厚朴湯で服用する薬方。◎『養浩堂方矩』傷風寒門に記載されている。
○枳実厚朴湯。枳実・厚朴。
『傷寒論』の小承気湯(大黄・枳実・厚朴)から大黄を去ったもの。
○礬石大黄丸。礬石・大黄。
『金匱要略』礬石湯(礬石・杏仁)の杏仁と大黄の入れ替え。東洞の創方。
○滑石礬甘草散。滑石・礬石・甘草。
出典を原南陽の『叢桂亭医事小言』とするものがあるが、この書物は東洞没後の一八一九年の刊行であり、誤り。

東洞の創方。◎『養浩堂方矩』黄疸門に硝石礬石散(硝石・礬石)の記述がある。
○鉄砂散。鉄砂・蕎麦粉・大黄。
△『松原家蔵方』に蕎麦鎮神散(蕎麦粉・鉄粉)がある。
○桃花湯。桃花・大黄。
◎『養浩堂方矩』溜飲門に桃花散の記述がある。△『松原家蔵方』にも収載されている。『勿誤薬室方函口訣』

桃花湯には「松原」とあり、『松原家蔵方』を原典としている。
○小瘡摺方。巴豆・卑麻子・大黄を綿に包み、温かい酒に浸して液を採取。外用。『大同類聚方』に、麻子仁・ホクチ（硫黄？）・ヤマハジカミ・大黄の同様の外用剤が記されている。
○薏苡仁円。薏苡仁《よくいにん》・大黄・土茯苓。
『黴瘡秘録』に薏苡仁・土茯苓・甘草・枸杞子・補骨脂の薬方が記されている。『外科正宗』楊梅瘡四十一に解毒天漿散（薏苡仁・土茯苓・牛膝）、防風必効散（土茯苓・大黄）の記載がある。

『漢方医学書集成』に収載された『養浩堂方矩』[38]は一八〇〇年の手書き本であるが、後藤艮山（一六五九―一七三三）の活躍した一七〇〇年頃に用いられていたものと推測される。東洞が上洛したのは一七三九年であるから、艮山没後のことである。しかし、ここに一覧したように、『養浩堂方矩』に記載のある薬方、或いは大きなヒントを得たと考えられる薬方は家塾方二十六方の内の十四方、五四パーセントである。特に基本的薬方と考えられる十二律方では八方（六六パーセント）ある。この他に、松原一閑斎を経由したと推測される薬方が四方（林鐘丸、梅肉散、桃花湯、鉄砂散）ある。

ここで、筆者が指摘しておきたい事柄は、後藤艮山の『養浩堂方矩』に類した情報を、東洞は安芸時代に得ていた可能性が極めて高いことである。東洞が安芸時代に梅毒治療などの難治性病症に一定程度の実績を挙げていたであろう事は、「天下の医を医《いや》すに非ざれば疾を救うの功や多からず」の言葉から推測できる。また、『吉益家門人録』をみると、安芸からの入門者が特にその初期に多い[9]。そして【行状⑧】に見るように故郷に凱旋し、温かい歓迎を受けているのである。このように考える時、その用いていた駆梅剤と副作用軽減剤（控涎丹・平水丸など）が優秀なものであり、梅毒治療のみならず諸種の難治性疾患の治療において、広島での臨床家としての評価が高かったと考えて良い。そして、その優れた臨床成績の背景には艮山から得た情報があったと推測したいのである。

第十五節　生生乳をめぐって

東洞は安芸時代、梅毒治療において、当時の他の金瘡医よりは遥かに優秀な成績を挙げていたと考えて良い。これまで、前提としてきた「後藤艮山からの情報を得ていた」ことが、万一、崩れたとした場合、この優秀な臨床成績は何によって得られたか。それは唯一、生生乳であろうと考える。東洞は二十歳代に『黴瘡秘録』を見ていたことは、その和刻本の発刊年(一七二五年)から、ほぼ確定的である。そして、『黴瘡秘録』を読めば、生生乳の製法を知る事が出来た。『東洞先生配剤録』において見たように、駆梅剤として、生生乳は最も多く用いられている。しかし、『東洞先生家塾方』に生生乳の記載はない。『建殊録』にも記述がない。まことに不思議なことである。ところが、東洞直系で、約百年後に活躍した尾台榕堂の『方伎雑誌』[34]および『信古堂丸散方萃』[39]には、生生乳が記載されているばかりでなく、生生乳を配合する十幹丸(生生乳・大黄・硝石)と化毒丸(生生乳・乱髪霜・大黄・雄黄・薫陸香)の二方剤が記されている。

先に見た『建殊録』の附録『東洞先生答鶴台先生書』の(東洞三)に、気になる文言がある。「腹部の脹満を患った一婦人」の返答に「私は一禁方を得たので、あなたに伝授する」という言葉である。これは扁鵲伝(第二章第四節)にある、長桑君が扁鵲に禁方を伝授した故事に倣ったものであろうが、この一禁方は「瞑眩して少量の血尿を現し、腹部腸満を治す妙方」と理解される。この一禁方とは生生乳ではなかろうか。生生乳は塩化第一水銀であるから、副作用としての腎臓障害によって血尿を来すことがある。その一方で、水銀利尿剤がかつて臨床利用されたように、強力な利尿作用を持つのである。腹水が貯留した腹部脹満に生生乳の少量投与が有効な局面も容易に想像される。

このように考えた時、生生乳は東洞の生前と次世代、すなわち吉益南涯と羅斎の時代には「門外不出の禁方」であった可能性が高い。それが岑少翁、尾台浅嶽、尾台榕堂へと受け継がれ、約百年後に、榕堂の『方伎雑誌』『信古堂丸散方萃』で公開されたと考えるのが、自然の流れであると、筆者は考えるのである。

第十六節　並河天民と松原一閑斎

小川鼎三は『医学の歴史』の「古医方の勃興と隆盛」の項で、古医方の勃興は、儒学における復古派（伊藤仁斎、荻生徂徠など）の発展と併行していた、と記している[40]。この「併行」は単に時間的に同時進行していたものではない。名古屋玄医は伊藤仁斎の古義学の影響を受け、医学面での復古を唱えた。吉益東洞も荻生徂徠の大きな影響の下に、その医論を構築した。それでは医学界は儒学から一方的に影響を受けただけであろうか、否である。ここに取り上げる並河天民（一六七九―一七一八）は儒者と医者を兼ねていた。儒学面では伊藤仁斎の有力な後継者の一人であるが、医学界における名古屋玄医の活動に触発されて『傷寒論』の再評価に正面から取り組んだと考えられる。すなわち、医界と儒者のクロストークである。吉益東洞と瀧鶴台の関係も同様の者と考えて良い。この並河天民については、『皇国名医伝』[41]に記されているが、さらに吉益南涯の高弟である中川修亭（一七七三―一八五〇）は『医方新古弁』[42]に次のように記している(句読点は筆者)。

並河簡亮(天民)ハ学ヲ仁斎先生ニ受クニ専心ヲ聖経ニ用ヒ、旁《かたはら》諸道ニ及ブ故ニ世人唯其《その》儒名ヲ知ノミ。然レドモ(中略)此人常ニ人ニ語リテ医ヲ学ント欲ル者ハ、必心ヲ仲景ノ書ニ用可《もちふべ》シト云ヘリトゾ。是ヨリシテ后《のち》、天下皆仲景ノ書ヲ貴ブコトヲ知ルナリ。右ニ云《いふ》如ク名護屋氏モ既ニ仲景ノ書ヲ信《しんじ》テ用ラレタレドモ、其骨髄ヲ見出《みいだ》シタルニハ非ズ。

このたび筆者は、天民の弟子、松原一閑斎(一六八九—一七六五)の『松原家蔵方』を手にすることが出来た。この資料は〔附録二二二頁〕に示したが、並河天民の取り組みを推測する有力な資料である。仲景方の活用は同時代の良山、修庵などには見られない徹底したものであることが判る。

松原一閑斎について、『皇国名医伝』[41]は「世に名古屋玄医、後藤達、および慶輔と山脇尚徳を称して古方の四家と為す」と記している。慶輔は松原一閑斎の通称である。このような先人の記述もあってか、並河天民の存在は軽視されてきた。しかし、筆者は、『傷寒論』(仲景方)の発掘という点では、並河天民を源とする、松原一閑斎から吉益東洞への流れが、今後はさらに評価されて良いと考えている。この意味において大塚敬節[4]が発掘した資料は重要な意味を持つ。大塚敬節は伊藤鹿里(一七七八—一八三八)の『傷寒論張義定本国字弁』[5]を引用して、一閑斎の影響下に方証相対が形成されたとしている(再掲)。

東洞先生ナドモソノ先《さき》松原氏ニ従ヒ玉《たま》ヒシトキ、仲景氏ノ方法ヲ使用スル活手段ヲ二三目撃シ玉フヨリ発明シテ、証ヲ主トシ、脈ヲトラズ、弁論マデモ併セ去ツテ随証治之ノ工夫ヲセラレタルモノト覚ユルナリ。

なお、本書脱稿の後、松岡尚則氏[43]が松原一閑斎に関連する文献を入手したとの情報を得た。同氏の詳報を待ちたい。

余談であるが、並河天民と松原一閑斎が蝦夷地を我が国の領土として確定し、その開拓を幕府に献策したという事跡が最近報じられた[44]。天民には、これに関連した著作として、『蝦夷地大地図』『闢疆録』があるという。松原一閑斎も師の遺志を継ぎ、正徳年間（一七一一―一五）北海道開拓を志し、その計画を諸藩の藩侯に請願したという。これが功を奏したものか、松前藩は正徳五（一七一五）年に幕府に対して、「蝦夷本島・千島列島・勘察加《カムチャツカ》・樺太を松前藩が統治している」旨の上申書を発出しているとのことである。

〔参考文献〕

(1) 大塚敬節・矢数道明編：漢方医学書集成14、永富独嘯庵・山脇東門・亀井南冥、名著出版、一九七九
(2) 竹内誠・深井雅海編：日本近世人名辞典、吉川弘文館、二〇〇五
(3) 大塚敬節・矢数道明編：漢方医学書集成14、山脇東門、東門先生随筆、名著出版、一九七九、一九九頁
(4) 広瀬秀雄・中山茂・大塚敬節：日本思想大系63、近世科学思想・下、岩波書店、一九七一
(5) 伊藤鹿里：傷寒論張義定本国字弁、巻三、十七丁ウラ、文政二(一八一九)
(6) 大塚敬節・矢数道明編：漢方医学書集成99、浅田宗伯、皇国名医伝、名著出版、一九八三
(7) 町泉寿郎：山脇東洋と徂徠学派、日本中国学会報、第五十集、一九九八
(8) 本居宣長記念館HP、堀景山、二〇一一
(9) 町泉寿郎：吉益家門人録(一)、日本医史学雑誌、四十七巻一号、二〇〇一
(10) 南部利視：南部叢書8、壺雲亭句集、南部叢書刊行会、一九三一

(11) 今中寛司・奈良本辰也編：荻生徂徠全集1、河出書房新社、一九七三
(12) 花輪壽彦：「一気留滞説」と「万病一毒説」について、漢方の臨床、三十巻十号、一九八三
(13) 横田観風：吉益東洞大全集2、輯光傷寒論、たにぐち書店、一九九六
(14) 山野員子・有馬靖子：九耀の灸、第52回全日本鍼灸学会(香川)抄録集、二〇一一
(15) 富士川英郎編：富士川游著作集7、後藤艮山先生、思文閣出版、一九八〇
(16) 家本誠一：黄帝内経霊枢訳注、医道の日本社、二〇〇八
(17) 大塚恭男：「医は意なり」をめぐって、日本医事新報、二三七九、四三―四七頁、一九六七
(18) 大塚恭男：東洋医学の世界、本草の歴史、北里研究所東洋医学総合研究所、一九九八
(19) 寺澤捷年：『傷寒論』の成立とその特異性、日本東洋医学雑誌、五十七巻六号、二〇〇六
(20) 東晋次：王莽、白帝社、二〇〇三
(21) 伊藤仁斎著・清水茂校注：童子問、岩波文庫、一九七〇
(22) 小曽戸洋・真柳誠編：和刻漢籍医書集成15、傷寒尚論篇、北里研究所附属東洋医学総合研究所、一九九一
(23) 小曽戸洋・長谷部英一・町泉寿郎：馬王堆出土文献訳注叢書、五十二病方、東方書店、二〇〇七
(24) 浅野裕一：孫子、講談社学術文庫、一九九七
(25) 鈴木達彦・遠藤次郎：『傷寒論』における薬用量の再検討、科学史研究、五十巻、二〇一一
(26) 吉田賢抗：新釈漢文大系1、論語、明治書院、一九六〇
(27) 難波恒雄著：原色和漢薬図鑑、保育社、一九八〇
(28) 舘野正美：中国医学・日本漢方における「毒」についての考察、日本大学文理学部人文科学研究所・研究紀要、七十四号、二〇〇七
(29) 寺澤捷年：尾台榕堂大成への序章、漢方の臨床、五十七巻八号、二〇一〇
(30) 舘野正美：吉益東洞『古書医言』の研究、汲古書院、二〇〇四
(31) 山田慶兒：反科学としての古方派医学、思想、五号、二〇〇六
(32) 舘野正美：吉益東洞の医術と医論、漢方の臨床、五十八巻五号、二〇一一

(33) 大塚敬節・矢数道明編：漢方医学書集成34、村井琴山、名著出版、一九八一
(34) 寺澤捷年：完訳・方伎雑誌、たにぐち書店、二〇〇七
(35) 竹内誠・深井雅海編：日本近世人名辞典、吉川弘文館、二〇〇五
(36) 藤井明・久富木成大：山井崑崙・山県周南、明徳出版社、一九八八
(37) 町泉寿郎：山脇東洋と徂徠学派『外台秘要方』翻刻をめぐって、日本中国学会報、五十集、一九九八
(38) 大塚敬節・矢数道明編：漢方医学書集成13、後藤艮山・山脇東洋、養浩堂方矩、名著出版、一九七九
(39) 横田観風訓注：尾台榕堂全集1、信古堂丸散方萃、日本の医学社、二〇一〇
(40) 小川鼎三：医学の歴史、中公新書、一九六四
(41) 大塚敬節・矢数道明編：漢方医学書集成99、浅田宗伯5、皇国名医伝、名著出版、一九八三
(42) 大塚敬節・矢数道明編：漢方医学書集成112、中川修亭、医方新古弁、名著出版、一九八四
(43) 松岡尚則：私信(二〇一一年六月十一日)
(44) 松岡尚則ほか：東洋医学と北海道、漢方の臨床、五十八巻五号、二〇一一

第四章　晩年——東洞先生行状を読む（その四）

第一節　幕命を振り切る

【行状⑥】

先生、北奥より東都に過《よぎ》る。堀田侯、先生を其の邸に召して謂いて曰く「内命有り。今、汝が医を試みん」と。一医、侯の側に在り。先生問いて曰く「君、医を知らず、之《これ》を試みんこと、如何」と。侯曰く「医官、望三英、在す」と。曰く「益なし」と。曰く「医をして医を論ずるは何ぞ益無からんや」と。先生曰く「臣、竊《ひそか》に望氏の説を聞くに、其の道、臣が説く所と異なれり、と。此《これ》を以って之《これ》を思えば、則ち望氏、臣が説を聞かば、必ず以て非と為さん。望氏の論ずる所を、臣も亦た是と為さずんば、是非の弁、誰か能く之を判たん。益無きと謂う所以は、是れなり」と。侯曰く「善し。然らば則ち試むべからざるや」と。先生曰く「之れを試みるに道有り。若し臣を試みんと欲せば、先ず病者百人を選んで、半を以って望氏に托し、半を以て臣に托して、其の治験を問うて可ならん」と。侯曰く「善し。汝退きて他日を待て」と。先生、旅舎に退きて命を待つこと数日。長門の周南先生に宿疾有り。先生の診治を求めんと欲して、先ず書を以って約し、是の時京師に来る。先生乃ち堀田侯の邸に迄《およ》びて、帰を請うて曰く「君、臣を試みんと欲せば、請う、速やかに其れ許れ。若し臣の言を用うるに意無ければ、臣を久留するも益無きなり。臣、帰を請う」と。侯、諭して曰く「台命、促すべからず。暫く他日を待て」と。先生曰く「遠方より病客来りて、久しく臣を待つ者有り。其の病苦を思えば、則ち臣、徒《いたず》らに日を送るに忍びず。請う其の帰るを許せよ。他日を待つことを得ず」と。遂に京師に帰る。

一七五二年。南部侯を往診した帰路、江戸に立ち寄ったところ、将軍家重から東洞の医療の実力を評価する旨の台命が下った。堀田侯は堀田正陳(一七〇九—五三)である。ここで、東洞が「臣」と自称しているのは、一七四九年に右大臣花山院常雅(一七〇〇—七一)の陪臣になったことに由来する。

堀田侯に陪席した望月三英(一六九七—一七六九)は江戸生まれ。儒学を服部南郭、医学を父雷山に学ぶ。享保十一(一七二六)年、表御番医師となり、其の後奥医師に昇任。江戸古方として京坂の古方とは異なった幅広い医論を展開した。東洞の医論はドグマであると批判する立場であったという。著作に『医官玄稿』、『又言余草』などがある(1)。医師の技量を試すのであれば、ランダム(無作為)に五十人ずつ患者を振り分けるという提案は、東洞の論理的思考の確かさを示している。

山県周南は一七五二年(六十六歳)に京都に出向き治療を受け、三ヶ月でやや回復したが、帰国後死去した。このことは周南の年譜に記されている(2)。

将軍の命令をきっぱりと断って帰京している。当時の常識では考えられない態度である。しかし、東洞は管領畠山氏の末裔であり、畠山氏は徳川氏とは同盟関係にあった。東洞は徳川家とは同格の家柄と自負していたと考えられる逸話である。

第二節　還暦・家塾拡大を図る

【行状⑦】

宝暦壬午の年、先生、年六十一。夏五月。是れ其の辰なり。親戚門人、其の寿を上《たっと》びて、先生、觴《しょう》を挙《あ》げて衆に謂いて曰く「吾れ年六十一、胤子、幼弱にして、未だ弟子の其の道に達する者を視ず。若し大いに家塾を開いて、生徒を教育せば、傑者、其の中に出《いで》ん。然りと雖も、吾《われ》の貨財、之《これ》を給するに足らず。今より以往、我れ将に貨殖せんとす」と。是《ここ》において益々其の身を倹にして、陶朱公の法に効《なら》い、貨殖すること数年。家、千金を累《かさ》ぬ。乃ち便利の地を求めて、宅を皇城西門の外に営む。外に未だ家塾を開くに迄《いた》らず。

宝暦壬午は一七六二年。「其の辰なり」は十二支が巡って来たことで、還暦。

「陶朱公」は春秋時代の越の政治家・軍人、范蠡《はんれい》の後年の名。商才にも優れ生涯に三度も巨万の富を築いたと伝えられる(3)。

『東洞翁遺草』に、還暦の和歌がある。

　六十賀しける人によみてつかはしける
行すゐの千歳の坂もこえなゝん里につゐつく人の齢は
言の葉の耳に順《したが》ふよはひ経て尚行《なほゆく》すゐの安きをぞしる

第三節　古稀・故郷に錦を飾る

【行状⑧】

明和六年。先生、家族を率いて、安芸に適《ゆ》き、祖 道庵君を広陵城下、国泰寺中の墳墓の地を祭る。春二月、京師を発して、摂、播、備の諸州を過る。門人頗る衆《おお》し。箪食《たんし》し、壺醬《こしょう》して、数里の外に迎え、病人を擁して、其の跡を追う者、綿綿として絶えず。是《これ》に由りて日々に行くこと、漸《ようよう》四、五里。数十日にして芸州に至る。其の故友、親戚、遠く迎え或いは先駆、或いは扈従して、尽く歓喜せざること莫し。芸に居るは月余。四方聴きて、刺を通し、謁せんことを請う。病人、治を求むる者、家に満ち、門に溢る。其の夏五月、京師に還り、居を皇城西門外の新築に徙《うつ》す。先生、年六十八なり。其の年既に老い、志願の達せざることを恐れ、其の功を速かにせんと欲し、反って計画を失し、大いに貲財《しざい》を亡す。是《ここ》において百事皆壊《やぶ》れ、鞅鞅《おうおう》として楽しまず、家事を悉《ことごと》く長子の猷に任す。

其の秋七月。孛星《はいせい》出ず。先生視て、惴惴《ずいずい》として懼れ、即ち寝に入りて猷に謂いて曰く「今、孛星を見る。其の輝光、心を射る。吾れ我が身を省るに、天威を犯すことを知らざるなり。頃者、積年の志願を果さんと欲し、智巧を設けて、機利を仰ぐ、是れ天命に逆うならん。是《ここ》を以て計画背馳し、大いに積貨を亡す。汝、諸物を売り、而して不足を償い、我が汚行を遂げたること勿れ。吾《われ》今より以往、諸州を歴行して、病人、京師に来ること能わざる者、邇《ちか》き従り、遠きに迄《およ》びて救い、死する所を以て墳墓の地と為さん。汝幸いに年長《としちょう》ず。汝が母を孝養し、汝が弟を教育して、汝が祖先を辱むること勿れ」と。訣して将に出でんとす。猷及び家族、固く之を止《とど》む。

其の冬十月、中津侯、禄五百石を以て先生を招く。辞して往かず。猷を召すも、亦た固辞す。明年、中津侯、湖南を過ぐ。大津駅に宿し、人をして先生を迎え、往きて之れに見《まみ》ゆ。秋八月、小泉侯、京師に来たりて診治を求む。

明和八年、先生。年七十。五月初吉、実に惟れその辰、賀筵《がえん》を円山において開き、親戚弟子数百人、寿を上《たっと》び、詩歌を賦す。諸侯、大夫、諸先生、聴きて寿する者、尤も衆く、先生の徳を仰がざること莫きなり。

其の明年、山崎侯（播州士宍栗）先生を召く。其の国に往きて謁す。言、政事に及ぶ。先生、侯に謂いて曰く「臣聞くならく、侯、喜《よ》く浮屠師《ふとし》に謁すと。之れ有りや」と。曰く「有り」と。曰く「何の為ぞ」と。曰く「道を聞いて政《まつりごと》を補《おぎな》わんと欲す」と。先生曰く「噫《ああ》、君、何んぞ道を異なるに求むる。是れいわゆる木に縁《より》て、魚を求むるの類ならん」と。侯曰く「如何《いかん》」と。先生曰く「浮屠師は親戚を断ち、妻子を棄つるを、道となすなり。政は親を親とするに在るなり。妻子を御するにあるなり。浮屠師は何んぞその情を知らん。是れ木に縁りて魚を求むるの類ならん」と。侯、聴きて大いに喜び、先生に遇すること、益々厚し。居ること数日にして、京師に還る。

明和六年は一七六九年。故郷を訪問。

「其の秋七月。孛星出ず」はメシエ彗星（Ｃ／１７６９Ｐ１）のこと。フランスの天文学者シャルル・メシエが発見。非周期彗星。

「汚行によって大損失」とは、おそらく商品相場などに手を出して失敗。大坂・堂島の米市場が官許となったのは享保十五（一七三〇）年のことであり、商品先物取引も行われていた。

中津侯は奥平昌鹿(一七四四―八〇)。豊前国中津藩第三代藩主。賀茂真淵に国学を学ぶ。藩政改革を行う。前野良沢を保護した。

小泉侯は片桐貞芳(一七四〇―一八〇五)。大和小泉藩第六代藩主。受診時の年齢は三十歳。

山崎侯(播州宍粟)は本多忠可(一七四一―九五)。宝暦十一(一七六一)年、藩主。破綻状態の藩財政を再建。天明の飢饉を乗り切る。この手腕を買われ松平定信の寛政の改革では側用人を務めた。『吉益家門人録』(4)によると、『弁斥医断』の著者で東洞門人の田中愿仲(九七番)は播州卯南郡の出身。明和七年、播州宍粟山崎の門人には畑次郎助(四四〇番)、桑田淳古(四五四番)、香山文蔵(四五六番)、翌年に三人が入門している。

『東洞先生遺稿』に「呈山崎侯執事書」がある(全集五二八頁)。浮屠師についての問答。伊藤仁斎、山崎闇斎が同様のことを記している。(5)山崎闇斎の祖父は播州宍粟の出身。『東洞翁遺草』には七十歳、中津侯、七十二歳関連の和歌がある。

七十賀に名は実の賓といへるを思ひて
国に杖つく〴〵おもふよはひのみ人にまさるといふもはづかし
なすことのありとはなくていにしへも稀なる年と身は老《おい》にけり
中津のきみやつがれの七十を賀したまはりければ、かしこまりもおかでよみて奉る
ことのはの露のめぐみに我《わが》やどのまつにも花を咲《さか》せつるかな
七十二の春のはじめによめる
わかゞへるはるをばけさの身にそしる老《おい》をわすれて安きたちゐに

第四節　最晩年・宇土侯と会見

【行状⑨】

其の冬、宇土侯、伏見を過る。侍医をして先生を迎えしむ。先生往きて宇土侯に見《まみ》ゆ。凡そ諸侯、先生を見るに、必ずしも病んで診治を請うのみに非ず、其の徳を恭《うやま》いて見る者なり。故に親しく送迎し、遇するに師弟の礼を以ってするなり。

安永癸巳年、秋九月二十二日、先生、卒然として目眩し、痰飲、咽喉に迫り、舌強《こわば》りて語ることを得ず。明日、紫円を服して、大いに吐瀉し、胸中爽然として、食大いに進む。明日、復た食すること能わず、言うことを得ず。日の正中、起坐共手、正面半眼にして猷、後より之《これ》を擁し、気息甚だ静かなり。身少しも動かず、二十五日の子を以って没す。之れを洛東、東福寺の荘厳院、先塋《せんえい》の次に礼装す。先生、享年七十二。

宇土侯は細川興文(一七二三―八五)。この年(一七七二年)、病気のため隠居と記されている。この逸話は、おそらく治療を求めたものであろう。細川氏は畠山氏と並ぶ室町幕府の管領の家柄。江戸時代、西国大名は江戸に参勤するに際し、京都市街の通過は許されず、伏見から大津へのルートを辿った。先の中津侯が大津で東洞に面会し、宇土侯が伏見で面談しているのはこの為である。

安永癸巳年は一七七三年。

第五節　人となり

【行状⑩】

始めて京師に移り、伊井氏の女を娶り、一男を生む。名を璿と曰う。四歳にして夭死す。其の後、子に男女四人有り。長子の猷は、時に二十四。次を清と曰う。始めて十二歳。次を辰と曰う。始めて七歳。女子は後に門人の宮果に適《ゆ》くなり。先生の人と為りや、剛強、篤実にして、浮華を好まず。容貌卓絶、黄髪にして蝟毛《いもう》の如し。威風凜凜として、眼光、人を射る。其の人に対して道を論ずるや、終日厭わず、食を忘れ、寝を廃し、言を厲《はげし》うし、目を瞋《いか》らし、勢い益々壮んなり。対する者恐怖して、一言半辞、出《いだ》すこと能わず、敬して礼を加えざるは莫きなり。先生、克く節倹を守り、衣食を麤《そ》にして、居宅を卑うし、賤物を暴用せず、常に家人を誡めて曰く「物は皆天に出でて、我に有るに非ざるなり。天物を暴殄《ぼうてん》するは、聖賢の慎しむ所なり。一掬《いっきく》の水も、枯竭の時を思えば、暴用すべからざるなり」と。その慎用、是くの如し。是を以て財用を畜《おし》むが如しと雖も、時に臨んで吝《りん》ならず。若し志篤くして貧なる者有れば、技芸の徒と雖も、皆養いて其の志を達せしむ。是《ここ》において食客、門に絶えず。諸芸、傑出の徒、門に出《いず》る者衆《おお》し。嗚呼、先生の徳、盛んなるかな。哀子、猷、謹んで状す。

「璿」は『建殊録』末尾の児。『東洞先生遺稿』に「祭児璿文」が記されている。

第六節　もう一人の東洞

前節【行状⑩】の一文には「もう一人の東洞」が現れる。すなわち「是を以て財用を嗇むが如しと雖も、時に臨んで吝ならず。若し志篤くして貧なる者有れば、技芸の徒と雖も、皆養いて其の志を達せしむ」と。これは『翁草』（附録）の記述に合致する。東洞は今で云う若手芸術家を食客として支援した。申楽（能）の熱烈な愛好家で、能が催されると聞くと即座に駆け付ける。それは、あたかも「火消し」が火事と知れば火事場に駆け付けるのに似ているので、「能火消」とまで呼ばれたという。東洞が能楽を愛好したのは偶然ではない。河内畠山氏は若き金春禅竹（一四〇五―七一）を支援した。(6) 東洞にとって、能楽は管領家としての嗜みであったのである。能楽は全ての余分なものを徹底的にそぎ落とした中に美を求める、それは単に東洞の心を豊かにしただけでなく、その医論形成にも、ある種のインスピレーションを齎《もたら》したのではないかと筆者は考えている。

この逸話を裏付けるように、能の演目に関連した和歌が『東洞翁遺草』に遺されている。

述懐（『蟬丸』全集五七六頁）
これやこのゆくも還るも牛車世のくるしみにあふさかの関
寄若菜祝（『求塚』全集五七八頁）
立春のめぐみに老《おゆ》がつむわかなちとせの数に添へんとぞおもふ

早蕨（『班女』全集五六八頁）
春来てもまたやかなくに春日野の草のはつかにもゆる早蕨
春山月（『班女』全集五六九頁）
はる来てもなほ影寒しわかくさのはつかに見ゆる山の端の月

『翁草』に云う「医学物産等委《くわし》くして、堀元厚、松岡玄達没せし後は吉益長たり、公儀よりも御尋の事折々有り」と。堀元厚（一六八六―一七五四）は後世派（劉完素・張子和）の医者で『医学須知』『医案啓蒙』などの著書がある。本居宣長も堀元厚を医学修行の師としている。多数の門人が居たが、講義中に能の公演があると聞くと講義を中断して出掛けてしまうことも屢々であったとの微笑ましい逸話が『翁草』に記されている。松岡玄達（一六六八―一七四六）は儒家で本草学者。門人に小野蘭山などがいる。両人共に当時、博識の文化人であった。東洞がそれに匹敵すると、『翁草』の著者は記しているが、これは東洞が本草書や様々な後世派の医論にも通じていたことを推測させる。東洞のもう一つの顔である。

花山院常雅の陪臣となったことは「行状」には記されていないが、『翁草』と『東洞翁遺草』の和歌（全集五七六頁）から確実である。それが一七四九年であったことは、花山院の右大臣在任がこの年、一年間であったことから推定できる。花山院家は藤原北家の流れで、書道と笙を家学としていた。花山院常雅は伊藤東涯に私淑し、東涯の死去に際し、墓碑銘文を贈ったという。想像するに、当時、常雅は文化サロンの頭目であったのではなかろうか。東洞は「管領」の末裔としての矜持から、臣下の礼を執れるのは、同格の徳川家一門ではなく、藤原氏であった。

私生活において、東洞は両親にも孝養をつくしたことが窺える。父親との関係は定かではないが、『東洞翁遺草』

に父重宗を葬った際の一首がある（全集五七七頁）。

父重宗の君を恵日山のふもとに葬りてそのほとりにやどりてよめる
親といひ子とよばれつる言のはもなき世に残る身をいかにせん

母親とは親愛の情を以て和歌の遣り取りをしている（全集五七四頁、五七五頁、『東洞翁遺草』拾遺）。

母君より御歌たまはりければ
つたへこし薬師の道のさかえをも君の言葉に任せてぞみん
同じく闔内より給ひける返し
くすしてふ名さへはづかし今はたゞ人に病のなき世ともがな
九月九日母の酒給ひければよみて奉りける
いく千年かはらぬ母をたらちねにけふ折《おり》得たる菊の盃

このように「もう一人の東洞」を見ると、東洞が決してドグマに凝り固まった謹厳居士ではなく、一人の臨床医の以前に、非常に豊かな人間性を持つ文化人であったことをわれわれは知るのである。なお「くすしてふ」は四〇頁を参照。

〔参考文献〕

（1）石田秀実：望月三英の研究、漢方の臨床、三十二巻五号、一九七五
（2）藤井明・久富木成大：山井崑崙・山県周南、明徳出版社、一九八八
（3）青木五郎：新釈漢文大系91、『史記』貨殖列伝、明治書院、二〇〇四
（4）町泉寿郎：吉益家門人録（一）、日本医史学雑誌、四十七巻一号、二〇〇一
（5）伝記学会編：山崎闇斎と其門流、明治書房、一九三八
（6）西野春雄・羽田昶編：能・狂言事典、平凡社、一九八七

第五章　結　語

これまで、吉益東洞の業績については、既に語り尽くされた感がある。しかし、序文に記したように、これまでの評伝、論説、論考は筆者の疑問に答えてくれるものではなかった。自問・自答した本研究は、相当に危うい推測や仮説を含む結果になってはいるが、調査可能なものは調査し尽くしたと考えている。そして、本研究において唯一、誇れるものがあるとすれば、それは筆者の年齢が、今、六十六歳、臨床経験四十余年の現役医師と言うことである。恐らく、同じ疑問を持ち、同じ資料を手に入れても年齢を重ねないと東洞は理解出来ない。人間として、漢方臨床医として培った暗黙知。筆者のそれは到底、東洞に及ぶものではないとしても、共有している部分も決して少なくないと自負するのである。

本書では、努めて筆者の私見を披瀝することは避けた。この東洞の思想をどのように捉え、評価するかは読者に委ねたいと考えたからである。

ところで、この結語を記す段階で、どうしても筆者の心に引き掛かる事柄があることに気付いた。それは桂枝湯などの方剤がどのような思想によって組み上げられたかという疑問である。東洞はこれを「神算・立方の妙」と述べているが、「立方の妙」の本質的意味論である。生物学者・池田清彦は構造主義生物学を唱え、遺伝子記号に対応する蛋白合成が生物の種によって全く異なることを指摘し、要素還元論的ネオ・ダーウィニズムに痛烈な批判を行っている(『進化論を書き換える』、新潮社、二〇一一)。筆者は同氏に書状を送り助言を求めた。「桂枝湯は桂枝・芍薬・大棗・生姜・甘草の五味で構成されている。そして、この方剤の芍薬を去加した桂枝加芍薬湯・桂枝去芍薬湯では適応する病症(容)が全く異なる。これは構造主義的にはどのように考えれば良いか」と。池田氏の返信は「遺伝子はそれ自身では意味を持たない記号のようなもので、他の遺伝子や環境と組み合わさって、はじめて意味を持つのです。漢方方剤がどの様な考えで生薬の組み合わせを工夫したのか知る由もありません。ある程度経験に基づいて試行錯誤の果てに、スタンダードを確立したのでしょうが、システムは要素還元的に決まらないという思想がなければ、こんなことは最初から試したりしないでしょうから、たいしたものだと思います」と。

『方極』が必ずしも成功した著作とは言えない理由は方剤の適応となる容(証)が一味の去加によってガラリと変わってしまうことを「ありのまま」に認めずに、要素還元論的に生薬一味に過度の意味づけを行ってしまったことに起因すると考えられるのである。「方証相対」という方法論の本当の意義は方格と証について構造主義的視点を持つことにある。「中医学」における「弁証論治」の要素還元的方法論と「方証相対」論とは、この一点で本質的に異なることを指摘しておきたい。

最後に心に突き刺さるのは、フッサールの言葉である。ガリレオを評して「彼は発見の天才であると同時に隠蔽の天才である」と。我々は東洞の思考モデルをひとたび教条とした瞬間から、「ありのままのもの」が見えなくなる。意味と現実の関係が逆転するという落とし穴。このことを心に銘じて、私は次の一歩を踏み出したいと考えている。

附録

『翁草』［吉益周助堀元厚等の事］

『翁草』の原著は前編・後編二百巻にわたる大部の随筆で、著者は京都町奉行所与力を勤めたことのある神沢貞幹である。内容は歴史的事実・人物、法制・裁判、文学・文芸、風俗、地理、経済など、さまざまな方面の著作を収録し、かつ自分の見聞した事実を記録したものである。今日、容易に手に出来るのは、神沢杜口・日本随筆大成24・翁草6、吉川弘文館、一九九六年刊であり、ここには、その『翁草』巻之百七十九の東洞に関する記述の全文を引用する。この記事は東洞が上洛(一七三九年)して間もない頃のことから書き始められているが、東洞の治療によって妊娠・出産に至った赤子が、今では四十余歳と記されている事、並びに「明和安永の頃迄有て没す」とあることから、一七八〇年頃に回想的に記されたものと推定できる。

右に記《かけ》る古法家の医師松原才次郎、吉益周助は、相倶《あひとも》に予が碁友なり、わきて吉益は親し、始《はじめ》は洞庵と号し、享保の末本国芸州より洛に来て、国の儒者堀景山に頼りて、医を弘めんとす。景山口入して、予が合壁の四方田某方へ洞庵を引合す、四方田は景山縁者たる故なり。仍て予も洞庵と常に会せり。然るに此四方田が家婦癇症《かんしやう》故に、嫁して十八年子なし、洞庵之を療して癇症を治し、家婦三十六歳に至て、始めて妊身す。扨《さて》着帯せんとするを停て、和俗誤て佩帯する事害有て益なし、無用なりといふ。家族之を聞て異様なりとして肯《うけが》はざるを、妊婦は吉益を信じて、教の通りにす。期月事故なく安産せり。扨椅子に寄る事決して然べからず、坐臥不自由にて、曽《かつ》て益なし、唯《ただ》常の通りにて宜きとて、少し枕を高からしめて平臥させたり。年ふけての初産、随分安らかに日立て、其身も六十余歳まで達者に、出生の女子今四十余歳に成り、他へ嫁して健なり。加様の事を聞伝へ、追々妊婦を頼む人多く、悉《ことごと》く安産して無事なり。都《すべ》ての療治他医と違ひ、容易にして而も効験有るにより、須臾《すゆ》にして名を発し、古法家の一箇となる。周助常に云り。己が療する事、他医と反する故に、人恐れて迂闊に療治を頼まず、数医匙を捐《す》て、必死に究る病人を捨物にして、我に頼む故、多くは治する事難《かた》し、然れども其中に十人に一両人も治する有り、是を想に、他医数病を治するよりも、我が一人を治すは其功丕《だい》ならんかし、と自賛せるも宜《むべ》ならんかし。医学物産等委《くはし》くして、堀元厚、松岡玄達没せし後は吉益長たり、公儀よりも御尋の事折々有り、一々考上しとぞ。後に花山院右府公に陪して、臣と称す。明和安永の頃迄有て没す。其子周助業を継ぐ。又洛下一貫町に賀川玄悦と云医者有り、是は吉益とは別流ながら、妊婦の佩帯椅子を禁ずる処は等し、余病は療せず。産婦一と通りなり。産家に往て襻をかけ、尻をからげて産婦を扱ふ事、産婆に同じ、故に是を世に産婆医者と号して用らる。又右に記する堀元厚は、予が俳友にて、交り親しかりし、俳名は釣雪と云り。京都の学医にて、書生たる者之へたよらざるは無し、京師の学校の如し、療用は辞して講説而已なり。元厚申楽を好む事斜《なのめ》ならず、能とだに云へば、いかなる初心素人の能にても欠る事なく、聞出して見物す。余り隈なく聞付て駈付る故、世に能火《のうび》消《けし》と称せり。能有る日は度々の事なれば、流石休日もならず、講席は有れども説く処坐《そぞろ》なりと、書生咡《ささやき》合ぬ。其頃藤野東甫、俳諧師竿秋も右の仲間なり。吉益周助も同様にて、是等皆能火消の名を取りしなり。仮初の能をも精密に管見して、其可否を論ずる事詳《つまびらか》なり。仍《より》て名有る能太夫幷役者ども、能の後に此面々の所へ尋来て、其評論を聞て、後来の心得にせしとかや。元厚歿する時辞世の句あり。「何とやらん所ではなし此春は」、となん。世人之を聞て、辞世に迄熊野の謡の文句を用ひられしと評せり。

『皇国名医伝』［吉益東洞］

『皇国名医伝』は浅田宗伯（一八一五―九四）の著になる日本医家伝記集で、「前編」と「正編（後編）」の二部がある。吉益東洞は「正編」巻中の末尾に記されている。小曽戸洋は「日本伝統医家伝に関する基本資料として活用されてきた名著であるが、根拠薄弱な記述も一部に見られる」と評している（日本漢方典籍辞典、大修館書店、一九九九）。原文は漢文。訓読し、漢字を通行の字体に改め、句読点を付した。

吉益為則、字は公言、通称周介、東洞と号す。本畠山氏、室町管領政長の曹曽祖政慶、紀伊に居り、豊臣氏の為に滅せらる所、其の族吉益半笑斎に依り、吉益は世々金瘡産科を業とす。政慶乃ち其の姓を冒し、以て医に隠る。紀侯浅野氏封を安芸に移すや、畠山氏挙族し従う。政慶の子道庵亦広島に遷く。始て本姓に復す。為則少にして大志有り。先世、天下の顕宗たるを以て、その家を興復せんと欲し、兵法を学ぶ。試剣・馳馬を以て事と為す。稍長じて、其の時に非ざるを知り、乃ち父の門人津祐順に就き、業を受く。以為へらく、医は小伎、以て我が祖姓を汚すは宜しからず。復た吉益と称す。一日、慨然、嘆じて曰く、胎産は婦人の常、金瘡は外傷なり。吾が術を致すに足らず。古人云ふ、良相たざれば良医と為すと。吾、豈良医と為さざるべけんや。是に於いて遍く医書を集め、伏読す。断然、扁鵲に則を取り、方を仲景に考へ、而して宋後の温補諸説を一掃す。曰く万病一毒、薬は亦毒、毒を以て毒を攻め、毒去らば体は佳なり。未だ始めより元気を損せず、何を補と云はんか。旨帰既に定め、謂ふ、天下の医を医するに非ざれば、則ち疾を救うの功、多からず。京師に居るに非ざれば、則ち教導の方、広からず。遂に父母を奉じ、往きて京師に家す。年四十を過ぎて、治を乞ふ者無く、日々土偶を造りて鬻《ひさ》ぎ、以て食を為す。貧、養ひを為す能はず。乃ち斎戒断食すること七日、五条天使医廟に禱る。帰るに及び、一故旧、金を寄せ資と為す。尋で病者有り診を請ふ。会たま、山脇尚徳坐に在り、為則方を論じ、尚徳之を可とし、病者をして其の薬を飲ましむ。尚徳は人を識り鑑る有り、為則を一見して即ち與に交を定め、其の名を揄揚す。人稍や之に向ひ、居ること数歳、類聚方・医断・方極の諸選、相次ぎて、而して成して名声益々顕る。生徒争ひて其の門に入る。列侯以下、敬礼して請招し、術は終に一世を動かす。後の古方を唱ふる者、其の門に出づると否と、一に為則を以て主と為す。為則の人と為り峭直・剛励の気、眉宇に溢れ、当時の諸侯、多く其の名を慕ひ、而して之に見る者多し。唯に治を乞ふのみに非ざるなり。其の匱困に当って、旧友、佐倉侯に仕ふる者有り。事を以て京に往き、為則に見へ、而して之を憫み、還りて侯に薦む。侯、召禄せんと欲す。友、喜ぶこと甚だし、走って為則に告げ遣しむ。為則曰く、吾豈餓死を為すとも、而して我が祖先を辱しめんや。辞して就かず。南部侯、疾有り。為則往診す。反り江戸を過ぐる時に、佐倉侯、執政と為り、召見し諭すに、幕府内旨を以て其の医術を試さんと。為則、留まりて命を俟ふ数日、命、いまだ下らず。適《たま》ま其の師、長門山県孝孺、疾有り診を求め、書を以て請ふ。其の已に来て京に在るを知り、侯に謁して暇を乞ふ。侯、台命至重なるを以て、聴かず。固く請ひて而して去る。其の堅強・不屈、此の如し。亀井魯、嘗て曰く。東洞は其れ英雄の士なる歟。其の胆略・剛明は晁錯周亜天下に在らず。

『遊相医話』［吉益東洞］

『遊相医話』は森立之（一八〇七—八五）の著になる医論集。文久四（一八六四）年刊。立之が相模流浪中に書いた随筆的医話をまとめたもの。小曽戸洋によれば、「人形作りで餬口をしのいでいた吉益東洞が偶然のきっかけで山脇東洋に認められて出世をしたという逸話は、本書を出典とするものである」と（日本漢方典籍辞典、大修館書店）。浦賀の太田敬斎から聞いた話となっている。原文は漢字片仮名交じり文。平仮名、通行の字体に改め、数カ所で送り仮名を補い、濁点、句読点を付した。

吉益周助は、四十四歳まで、京都に裏店を借り、木偶人を造て業とす。或時、問屋へ例の如く偶人を携行（せ）しに、舗上鬧忙なりしかば、何事にやと尋しに、当家の老母、傷寒を患へ、昨今、病、頗る篤しと答ふ。周助云ふ。拙者も元来医者の子なれど、微運ゆへに、箇《か》く職工とは成り果しなり。今、老母の大病と聞き、殊に傷寒とあれば、何とぞ一診致したしと、通しければ、主人の云には、平生より廉直なる周助ゆへ、診脈のみは苦しかるまじとて、それより周助を病床へ伴ふ。さて、周助、とくと診察の上、何人の執匕にやと問ふ。主人答て、禁裏附御医師・山脇道作さまなりと云ふ。周助云（ふ）。さあらば定めて誤治もあるまじ、去ながら、御薬あらば拝見いたすべしとて、山脇の薬を見了り、さて、主人に向ひ、いかにも大病なれども、治療、その法を得たれば、最早追々快復に趣くべし。但、今よりは石膏を去り用て然るべし。若し、山脇氏来診あらば、周助、かく語ると通しられよとて、帰りけり。元より主人も、さして周助の言を信用もせざりしが、程なく山脇、例の如く来り、診終りて、薬籠を出し、調剤にかゝりしが、匕を執りて、やゝ暫く思案の体なりければ、主人進み出て云ふ。これは唯笑柄に備るまでの話なり。余が家、元来出入の木偶工に、周助といへるありて云々と、前条の次第を逐一に語りしかば、山脇、横手をうち、さてこそ、其事なり。余も今一日、石膏を用んや否の処にて、痛く工夫を費せり。其話を聞からは、其意に従ひ、今日より石膏を去べしと。調剤終りて、周助が僑居へ駕を枉られ、暫く物語ありて、尚又、周助に彼（の）病人の日診を請はる。此時、周助は一老母と唯両人一炉一鍋の備のみにて、万屋造偶の木屑、幾堆を成せり。但、一部の傷寒論は坐右に披きありしとなり。さて、此の病人、全快に及びしかば、厚謝を以て山脇氏に贈る。山脇辞して受けず。且（つ）云く。当時、もし周助の言無くんば、誤治せんも知べからず。かゝれば、これは全く彼が功なれば、此の鮮魚は、余、収めん。銀子は彼に謝すべし。乍去、彼も一豪士なれば、なかなか容易に受まじ。これは、とくと周助の存念を聞糾《ききただ》し、医に志あるや、工商に望あるや、夫れ次第にて、力を添らるべし、と、ありければ、木偶舗主は、周助を招き、右の通り云々せしに、周助は、余、元来、工商に意なし。只、老母養育の為めに、此の如しと答しかば、舗主、忽ち貲を出して家を作り、医門を開けり。名にしあふ禁裏附の山脇の門生と云ひ、殊に吉益は豪傑なりと、同人の称賛ゆへ、其の名、一時に洛陽に満ち、今に至て、その流派、諸州に蔓延せるも、実は山脇の、この一挙より起る。東洋の寛弘、東洞の高邁、当時の一大話柄たりと、浦賀の太田敬斎語りき。

『松原家蔵方』　湯本求真・旧蔵書　元治元(一八六四)年。橘良輔謄写

〔傷寒〕

桂枝湯　桂枝加葛根湯　麻黄湯　大青竜湯　小青竜湯　柴桂湯　小柴胡湯　大柴胡湯　柴胡加芒硝湯　白虎湯
調胃承気湯　小承気湯　大承気湯　桂枝加附子湯　葛根黄芩黄連湯　麻黄杏仁甘草石膏湯　茯苓桂枝甘草大棗湯
桂苓朮甘湯　茯苓甘草湯　五苓散　梔子豉湯　小建中湯　桃仁承気湯　大陥胸湯　大陥胸丸　小陥胸湯　半夏瀉心湯
生姜瀉心湯　抵当湯及湯丸　二味瀉心湯　甘草瀉心湯　附子瀉心湯　十棗湯　桂枝人参湯　黄芩湯　黄連湯　蜜煎導
麻仁丸　梔子柏皮湯　麻黄連軺赤小豆湯　桂枝加芍薬大黄湯　麻黄附子甘草湯　麻黄附子細辛湯　附子湯　桃花湯
甘草湯　桔梗湯　苦酒湯　白通湯　真武湯　通脈四逆湯　牡蠣沢瀉散　竹葉石膏湯

〔瘟疫〕

敗毒剤　甘桔湯　柴桂湯　芎黄湯　桂枝附子湯　白朮附子湯　甘草附子湯　越婢加朮湯　真武湯　如神丸　礬石湯

〔瘧疾〕

桂枝加葛根湯　柴胡桂加連石湯　小柴胡加連石湯　白虎湯　常山湯　白虎加桂湯　柴胡桂姜湯

〔痢疾〕

厚朴七物湯　厚朴三物湯　半夏瀉心湯　黄芩湯　黄連湯　外台黄芩湯　駐車湯　小建中湯　大小承気湯　通脈四逆湯

白頭翁湯　桃花湯　桂苓湯　猪苓湯

〔黄疸〕

茵蔯湯　梔子大黄湯　茵陳五苓散　大黄消石湯　麻黄連軺赤小豆湯　梔子柏皮湯

〔黄胖〕

麦門冬湯　鎮神散　半夏瀉心湯　瀉心丸　蕎麦鎮神散　桂枝加竜骨牡蠣湯

〔哮喘〕

桂枝加厚朴杏子湯　麻杏甘石湯　麦門冬加石湯　参連湯　起廃丸

〔腸満〕

厚朴七物湯　厚朴三物湯　大承気湯　桃仁承気湯　抵当丸及湯　如神丸　芫花丸　桃花湯

〔水病〕

麻黄附子甘草湯　越婢湯　防已茯苓湯　木防已湯　木防已去石膏加茯苓芒硝湯　枳朮湯　五苓散　琥珀商陸湯

桃花湯　真武湯　鯉魚湯　赤小豆湯

〔反胃〕

大半夏湯　大黄甘草湯　茯苓沢瀉湯　甘遂半夏湯　小半夏湯　小半夏加茯苓湯　生姜半夏湯　呉茱萸湯　半夏瀉心湯
小柴胡湯　黄芩加半夏生姜湯　四逆湯　橘皮湯　橘皮竹茹湯
〔血症〕
瀉心湯　生地黄汁　柏葉湯　黄土湯　麦門冬加地黄連石湯　生地黄湯　芎帰膠艾湯
〔中風〕
古今録験続命湯　参熊湯　瀉心湯　麦門冬湯　黄耆桂枝五物湯　起廃丸
〔脚気〕
越婢湯　真武湯　大檳榔湯　小檳榔湯　如神丸　礬石湯　檳蘇湯　桃花湯　鯉魚湯　木茱散　柴蘇子湯　茱萸湯
〔痰飲〕
桂苓朮甘湯　甘遂半夏湯　十棗湯　大青竜湯　木防已湯　沢瀉湯　厚朴大黄湯　外台茯苓飲　控涎丹　小青竜湯
桂苓五味甘草湯　苓甘五味姜辛湯　苓桂五味甘草去桂加姜半夏湯　茯甘姜味辛夏仁湯　青竜丹　射干麻黄湯　皂莢丸
麦門冬湯
〔虚労〕
桂枝加竜骨牡蠣湯　小建中湯　黄耆建中湯　酸棗仁湯　炙甘草湯　大黄䗪虫丸　起廃丸　小青竜湯　麦門冬湯
小柴胡湯　瀉脾湯　緩中湯
〔積聚〕
緩中湯　瀉脾湯　小建中湯　麻仁丸　瀉心湯　奔豚湯　桂枝加桂湯　桂甘棗湯　大建中湯　大黄附子湯　大烏頭煎
烏頭桂枝湯　附子粳米湯　腎着湯　海人湯　烏梅丸　甘草粉密湯

〔胸痺〕

瓜呂薤白白酒湯　枳実薤白桂枝湯　茯苓杏仁甘草湯　橘枳姜湯　薏苡附子散　桂姜枳実湯　烏頭赤石脂丸　九痛丸

十棗湯　控涎丹

〔癰疽〕

桂枝加葛根湯　柴桂湯　土骨皮湯　連翹湯　排膿湯　沈香解毒湯　五物湯　透膿湯

〔疔瘡〕

葛根湯　消毒飲　白虎湯　連翹湯

〔肺痿〕

甘草乾姜湯　射干麻黄湯　皂莢丸　厚朴麻黄湯　麦門冬湯　桔梗湯　炙甘草湯　甘草湯　生姜甘草湯

桂枝去芍薬加皂莢湯　桔梗白散　排膿湯　沈香解毒湯

〔腸癰〕

桂枝茯苓湯　薏苡附子散　大黄牡丹湯　沈香解毒湯

〔瘰癧〕

夏枯草湯　柴桂湯　連翹湯　礬石蒸湯

〔黴瘡〕

大解毒湯　連翹湯　芎黄湯　土骨皮湯　通聖湯　如神丸　神佑丸　小解毒湯　蝟皮散　沈香解毒湯　荊防湯

〔消渇〕

五苓散　猪苓湯　文蛤散　文蛤湯　腎気丸　白虎加人参湯　麦門冬湯　鉛丹丸

〔中暍〕
厚朴三物湯　茯苓飲　消暑湯　麦門冬湯　理中湯
〔傷食〕
厚朴七物湯　大小承気湯　備急円　平胃湯　半夏瀉心湯　理中湯　四逆湯　還魂湯
〔癥痼〕
桂茯加将湯　抵当湯及丸　大黄甘遂湯　下瘀血丸　起廃丸
〔癇症〕
瀉心湯　涼膈湯　甘露湯　滚痰丸　辰砂丸　瀉心丸　麦門冬湯　起廃丸　桂枝加竜骨牡蠣湯　柴胡加竜骨牡蠣湯
〔小児〕
救逆湯　桂甘竜骨牡蠣湯
甘連湯
〔婦人〕
温経湯　礬石丸　起廃丸　桂苓湯
〔妊娠〕
当帰散　小半夏加茯苓湯　当帰芍薬散　葵子茯苓散　乾姜人参半夏丸　滑石阿膠散
〔産後〕
益元散　四物加大黄湯　桃仁承気湯　桂苓加大黄湯　枳実芍薬散　家方下瘀血湯　小柴胡湯　瀉心湯　熊参湯
参連湯

附録
湯液　五十五方：『傷寒論』『金匱要略』以外の方剤組成（略）
散薬　二十三方（略）
円丸　四十三方（略）

『書経』説命上（原文）

王宅憂亮陰三祀。既免喪、其惟弗言。群臣咸諫于王、曰、嗚呼、知之曰明哲、明哲実作則。天子惟君萬邦、百官承式。王言惟作命。不言、臣下罔攸稟令。王庸作書以誥、曰、以台正于四方、台恐徳弗類。茲故弗言。恭黙思道。夢帝賚予良弼。其代予言。乃審厥象、俾以形旁求于天下。説築傅巌之野、惟肖。爰立作相、王置諸其左右。命之曰、朝夕納誨、以輔台徳。若金、用汝作礪。若済巨川、用汝作舟楫。若歳大旱、用汝作霖雨。啓乃心、沃朕心。若薬弗瞑眩、厥疾弗瘳。若跣弗視地、厥足用傷。惟暨乃僚、罔不同心以匡辟、俾率先王、迪我高后、以康兆民。嗚呼、欽予時命、其惟有終。説復于王、曰、惟木従縄則正、后従則聖。后克聖、臣不命其承。疇敢不祗若王之休命。

補　説

吉益東洞『建殊録』に登場する越中の僧達（日本東洋医学雑誌　第四十六巻第五号、一九九六）

緒　言

『建殊録』(1)は古方派の創始者・吉益東洞の治験録として一七六三年に出版された。本書には五十四症例が記載されている。

著者らは富山県（越中国）に在住しているが、本書に越中の僧に関する治験が四症例、越中の医学生一症例が記載されていることにまず興味をそそられた。全症例の約九パーセントである。

そして、調査の結果これら四人が全て浄土真宗の僧侶であることが明らかになった。本稿ではこれら四人の僧侶の伝記等の記録をも併せて、記載された症例の疾患を推測することを試みた。

さらに、これら四人の僧侶が吉益東洞の医説を積極的に受容した特異な例であることから、その思想背景を浄土真宗の教義とも重ね合わせて論じてみたい。

Ⅰ　学僧・玉潭について

一　症例の記載

『建殊録』の第四三症例は以下のように記されている。「越中僧玉潭者、病後左足屈縮、不能行歩、乃為越婢加朮附湯飲之、時以紫円攻之。毎攻其足伸寸許、出入三月所、行歩復常、而指頭尚無力、不能跂立。僧益下之不止。一日遽起取架上之物已而、自念其架梢高、非跂立不能及、因復試為之、則已如意矣。」

これを意訳すると、越中の国の僧侶で玉潭という人が、病後に左足が屈縮し、歩行が不能となった。そこで、越婢加朮附湯を作ってこれを服用させ、（峻下剤である）紫円で時々強く下痢をさせ（体内の毒を排泄するようにし）た。強く下痢をさせる度毎に屈縮した足が少しずつ伸びてきた。約三カ月通院したところ歩行は元のようになった。しかし、足先の指には力が無く、爪先立ちが出来ない。この僧侶は（なかなか剛胆な人物で、峻下剤を恐れること無く)さらに紫円をたびたび服用し、止めようとしなかった。ある日、立ち上がって棚の上に有る物を取ろうとしたのだが、その棚は些か高い位置にあり、爪先立ちしなければ届かない高さであることに気づいた。そこで(その棚の物を取ることを)試みたところ、意のままに出来たのだった。

二　学僧・玉潭の伝記(2)

浄土真宗は江戸時代に宗学の研究機関を設けている。本願寺派では一六三八(寛永十五)年十三代良如宗主の時代に本山の一隅に学林を創建した。この学林は現在の龍谷大学の前身である。そして、全国の俊秀がここに集まり、本願寺派の宗学は、この学林が創建されてから飛躍的に発展し、ここから著名な学僧達を輩出した。

玉潭は一七二二(享保七)年越中の茗ケ原妙覚寺(八尾町)に生まれ、一七八二(天明二)年六十一歳で帰寂した学僧の一人である。鳳潭(華厳宗の学僧・小矢部市出身)、霊潭(上市町出身)と共に越中の三潭と称されている。

玉潭は当初、摂津の泰厳の門に学び、一時、大和の浄光寺に逗留し、その後に上洛して学林に在籍したと記されている。一七六五(明和二)年に刊行された『真宗法要』の編纂に関与し、その校正にも携わっている。また、その出版費用の募財にも功績があり、法如宗主から労を慰めて直筆の十字名号を賜った。彼は学問的な研究に従事したばかりでなく、深い信仰に基づいた布教活動にも熱心であった。一七四八年には妙好人として有名な大和の清九郎を越中に同行し、郷里の人々に無言の感化を及ぼしたと言う。

三　玉潭と吉益東洞の出会い

吉益東洞(3)は一七〇二年に安芸の国に生まれた。一七七三年に七十二歳で没している。四十余歳まで不遇であったが、山脇東洋の推挙を得て世に出たと言われている。東洞が正式に医療活動を開始した時期は大塚敬節(4)によれば一七四九年、森立之(4)によれば一七四六年である。

学僧・玉潭と東洞の出会いは何時頃であったであろうか。その治験録である『建殊録』は一七六三年に刊行されている。前説に従うと、玉潭の受診時期は一七四六年から一七六三年の間であったと推測される。

上述したように玉潭は当初は摂津で勉学し、一時、大和の浄光寺に逗留しており、その後、上洛して学林に学んでいる。その大和逗留中の一七四八年(二十六歳)、大和から越中までの旅をしている。左膝関節障害と下肢遠位部の筋力低下を来たした患者が病後に数百キロメートルに及ぶ徒歩の旅をしたとは考えにくいことと、当時玉潭は大和に逗留していたことを考え合わせると、京都に在往の吉益東洞との出会いは故郷・越中への旅を終え、再上洛後の一七四九年頃(二十七歳)から『建殊録』出版の一七六三年(四十一歳)の間である。

大塚敬節[4]の東洞開業一七四九年説を採用すると、玉潭の受診時期は開業早々の一七四九年から一七六三年と推測され、上述の推論の妥当性は一層高くなる。

四　症例の検討

上記の如く患者の受診年齢が推測されたので、これをも勘案して、症例の検討を試みたい。「病後に左下肢が屈縮し、歩行が不能になった」とある。これに対して越婢加朮附湯が主方として投与されていることから推測して、この「病」は恐らく急性の感染症で、左膝関節の炎症を伴ったものと考えられる。数週間、膝の疼痛を軽減するために屈曲位を保持していたところ、急性感染症が軽快した後も、関節の拘縮を来たしたものであろう。投与された薬方から、受診時には関節の熱感と腫脹疼痛が残存していたものと推測される。

故郷・越中への往復が膝に負担をかけたことが、この様な症状を来す誘因になったと考えると、前項で推論した玉潭の受診時期の妥当性はいっそう高まる。越中に同行した大和の清九郎は当時七十歳であったと記されている[5]。あるいは道中の峠越えや徒渉の折など、彼を背負うなどの奉仕をし、自身の膝関節に負担をかけたことが有ったかも知れない。

さて、受診後約三カ月で関節の拘縮が改善し、歩行が可能となったが、爪先立ちが出来ないという症状を残している。これを患側だけの障害とするか、両側の障害と考えるかによって、推測される原因疾患が異なってくる。患側のみの障害とすると、膝関節の拘縮に伴って下腿三頭筋の廃用性萎縮を来たしたことが可能性として最も高い。しかし、今、試みに片足で爪先立ちをして棚の物を取ろうとすると、これは可能である。とすると、玉潭の跂立不能は両側の下腿三頭筋の(歩行には障害を来さない程度の)筋力低下があったと考えられる。この症状は初診時から存在したが、膝関節の拘縮があり、歩行不能であったために、当初は気づかれなかったものであろう。このように推論すると、この下腿三頭筋の筋力低下は感染症を契機として発症し、少なくとも三カ月以上に亘って存在したことになる。この様に遷延化した経過をとる疾患としては、病後ということから、ギランバレー症候群の類縁疾患やビタミンB_1不足による脚気、腰椎の椎間板障害などが鑑別として挙げられる。玉潭の受診時の年齢やその後の学問的業績、あるいは死亡年齢から考えると、結核性の疾患や糖尿病、膠原病、悪性腫瘍に伴う神経障害や多発性筋炎などは否定的である。

いずれにせよ、この種の下腿三頭筋の筋力低下が峻下剤である紫円の反復投与によって数カ月で改善している。吉益東洞が紫円を採用した背景には「万病一毒」の思想[6]があったと考えられる。

紫円は赤石脂、代赭石、巴豆、杏仁の四味からなる方剤であり、腸内の宿便はきれいに蕩浄される。その結果、瘀血は改善するので、ギランバレー症候群の様なものであったとすると、腹部静脈鬱血や神経栄養血管の血流を改善するなどして、この治療法が奏効しても不思議ではない。

五 小括

『建殊録』の第四三症例、越中の僧・玉潭の事跡を調査すると共に、吉益東洞との出会い、そして罹患した病態について検討した。

ここで、特に強調しておきたいことは、当時二十七―四十一歳の患者・玉潭が峻下剤である紫円を恐れること無く、主治医・東洞も驚くほどに徹底して服用し続けたことである。東洞の「万病一毒」の医療思想[6]を受容した形跡をここに見る事ができるように思う。

Ⅱ 学僧・僧樸について

一 症例の記載

『建殊録』の第三四症例の記述は以下のとおりである。「越中僧僧樸者、病後失明、先生為芎黄散飲之。僧喜其快利、乃不論量度、日夜飲之。久之大吐血、而性素豪邁、益飲之、不已、卒以復明。僧語於人曰、当服薬之時、毎剃髪、必聞芎窮之臭。蓋其気能上達也。」

これを意訳すると、越中の国の僧侶で僧樸《そうぼく》という人が病後に失明してしまった。(東洞)先生は(川芎・大黄の二味から成る)芎黄散を作って、これを服用させた。この僧は大便が気持ち好く出るのを喜んで、服薬量を無視して、昼も夜も芎黄散を(異常なまでの熱心さで)服用した。この様なことを長期間続けたところ、大量の血液を口から吐いた。けれども、この僧はその性質が元来豪邁な人で(この様な大吐血に怯むこと無く)芎黄散を服用するのを止めようとしなかった。(そうこうする内に)突然、視力が回復したのである。この僧が人に語って言うには、「薬を服用していた時は剃髪するたびに、(頭部に)川芎の臭いがしたのは当然だったと思う。つまり、川芎の気が良く頭部に行き亘っていたのだ。」

二　学僧・僧樸の事跡(5)

僧樸は一七一九(享保四)年現在の富山県射水郡大門町に生まれた。十四歳の時に父が亡くなり、深く世の無常を感じて、或る僧について「三部経」を習ったが、わずか六日間でこれを習得したという。十五歳の時、霊潭の講義を聞き、これを機縁に翌年、誓光寺で剃髪得度した。これより学僧としての本格的な宗学研鑽の道に入った。一七三六年上洛し、学林四代能化法霖に師事し修学した。

僧樸は若い頃から読書に熱中したせいか強度の近視であった。その上、風采のあがらぬ人であったので、一見愚鈍のように見えた。しかし、実は頭脳明晰で、記憶力も抜群であったという。

僧樸は大変な努力家で、米を炊く時間も惜しんで生米を噛んで勉強したので、「米嚙僧樸」とあだ名されたという。

こうした僧樸の懸命な勉学が実を結び、三十歳の頃には、既に一派宗学の指導者としての資質を備え、名声は四方に広がり、多数の学生が集まったという。本願寺派の諸学派の殆どが彼の門下から生まれている。

僧樸は三十歳の頃、堺の小山屋久兵衛の帰依を受け、祐貞寺を創建している。

一七六〇年、四十二歳の秋、堺の祐貞寺より本願寺前の宏山寺に移っている。彼は若い頃から結核と思われる病気に苦しめられており、学林での講義や『真宗法要』の編纂という仕事をかかえて、健康を考えての移住であったようである。宏山寺入寺直前に郷里の二口誓光寺へ宛てた書簡のなかで、「山僧こと兼ねての病気、年々衰えにおもむき候」とか、「このもと環女も幽霊の伽するよう、日々看病いたしくれ申し候」と記しており、病勢がかなり悪化している様子が推測される。

一七六二(宝暦十二)年、四十四歳の若さで亡くなった。著書は『文類聚鈔蹄涔記』をはじめ、三十余部ある。

三　僧樸と吉益東洞の出会い

上述したように、吉益東洞が本格的に医療活動を開始したのは早く見積もって一七四六年(4)(一説に一七四九年)であり、『建殊録』の出版年一七六三年から推測して、ここに記載された症例は一七四六―六三年の期間のものと考えて良い。

他方、僧樸は一七三六年(十八歳)に上洛し、浄土真宗・本願寺の学林での修行を開始している。上述の伝記によると、若い頃から結核と思われる疾患に罹患していた。

従って、僧樸が東洞を受診した時期は一七四六年から死亡した一七六二年の間いずれの時期でも良いことになる。

三十歳の時(一七四九年)祐貞寺の創建に関わったとすると、その直前であることは考えにくい。即ち二つの可能性があり、一七四六年(二十七歳)から一七四七年(二十八歳)頃か、もう一つは祐貞寺創建後の一七五〇―六二年の間と推測される。前者の場合、伝記によると僧樸は三十歳ですでに一派を形成したとあるから、宗学に対し、相当な努力を傾注していた時期である。後者とすると堺に在住中に京都に出向いて診療を受けたか、或いは京都・宏山寺へ移住(一七六〇年)した後であろう。東洞開業一七四九年説(4)を採用すると、後者の祐貞寺創建以後(一七五〇―六二年)ということになる。

四　症例の検討

学僧・僧樸は病を得た後に失明し、芎黄散を服用し続けたところ、大吐血したという。現代医学では上部消化管からの出血が吐出されることを「吐血」と称し、気道からの出血が喀出されるのを「喀血」と呼んで区別しているが、古医書では両者を区別せずに「吐血」と称している。この場合は僧樸が若い頃から結核に罹患していたと考えられることから、今日言う「喀血」であったと思われる。

この様に推論すると、僧樸は発熱や全身倦怠、咳嗽などの結核様症状があり、それが小康状態になった後に失明したことになる。この原因としては、結核性の網膜症や視神経周囲炎が可能性として考えられる。両眼同時の失明とすると後者が可能性として高くなる。また、江戸期には葡萄膜炎も少なくなかったとも言われており(7)、結核性ないし他の原因による葡萄膜炎も可能性として存在する。

いずれにせよ、芎黄散を吉益東洞も驚くほどに大量に続服し、大喀血も物ともせず、さらに服用し続けたこの蛮勇とも思える所行によって、ある日突然、視力が回復したのである。

吉益東洞は学僧・僧樸を称して「性素豪邁」と記しているが、この記述は僧樸の伝記とも良く符合する。三十歳にして宗学の一派を形成し、三十余の著作を残した学僧・僧樸の面目躍如たるものがある。

五　小括

『建殊録』第三四症例、学僧・僧樸について検討した。僧樸の篤い信仰心、或いは宗学に対する情熱と、吉益東洞の「万病一毒」[6]の思想との出会いがこの様な蛮勇とも思える行為に彼をして走らせ、劇的な治療結果を生んだものと考えたい。

Ⅲ　誓光寺主僧について

一　症例の記載

『建殊録』の第二症例の記述は以下の様なものである。「越中二口、誓光寺主僧某者、請診治曰、貧道眼目非有外瘴、碍明。然但望物不能久視。或強之則無方圓大小、須臾漸殺、最後如錐芒、輙射目中、則痛不可忍。如此者凡三年。先生為診之、上気煩熱體肉潤動。為桂苓朮甘湯及芎黄散、服之。数十日其視稍真無復錐芒。於是僧帰期已迫。復謁曰、越去京師也、殆千里。且道路艱嶮、度難再上病尚有不盡。願得授方法、以帰也。因復診之、前証皆除。但覚胸脇苦満、乃書小柴胡湯之方、以興之。僧帰後信服之。雖有他証、不復他薬。一日俄大悪寒、四肢戦慄、心中煩悶、不能気息、弟子驚愕、謀延医、治病者掩心徐言曰、寧死無他薬矣。更復為小柴胡湯連服数剤、少焉蒸振、煩熱汗溢腹背、至是舊痾百患一旦頓除、四體清快、大異干。往常僧為乃為之。作書走一介、謝先生云。」

これを意訳すると、越中の国、二口の誓光寺の主僧が、診断と治療を求め来て云うには、「外的な悪い要因があって視力が障害されるのでは無いのですが、ある対象物を見ようとすると、これを持続的に見ていることが出来ません。無理に注視を続けようと努力しますと(注視している対象物が)四角いのか丸いのか、大きいのか小さいのかも分からなくなり、短時間のうちに次第に見えなくなってしまいます。最後には錐の先端のようなもので目の中を射ぬかれたようになり、その痛みに耐えられません。」この様な症状が約三年間続いているとのことである。そこで(東洞)先生が診察したところ、顔面が紅潮し、不快な熱感を帯びており、身体の筋肉がピクピクと細かく攣縮している。そこで(茯苓・桂枝・白朮・甘草の四味で構成されている)苓桂朮甘湯と(川芎・大黄二味の)芎黄散を作って、これを数十日間服用させた。(その結果)その視覚異常は幾分か改善し、錐の先端で射抜かれるような激痛も、もはや無くなった。こうしている間に、この僧の(越中へ)帰国する時期が迫った。(そこでこの僧は)再度、東洞先生に面会し願い出て言うには、「越の国と京都の距離は殆ど千里に達します。しかも旅をする道路は困難で嶮しく、再び上洛することも、もはや叶わないでしょう。この病気も未だ十分に改善し尽くされていません。出来る事ならば(今後の治療について)方法を授けて頂き、帰国したいと思います。」そこで先生が再度診察すると、以前にあった症状は全て消失しており、ただ胸脇苦満を自覚するだけとなっていた。そこで、小柴胡湯の処方内容を書き記して与えた。この僧はこの処方を信じて服用した。(ともかく、その信ずる気持ちは尋常でなく)他の症状が現れても決して他の薬を服用することはしない。ある日のこと、突然に強い悪寒が起こり、手足は戦慄し、胸の中はひどく苦しく悶えるようになり、呼吸することも出来なくなった。弟子達は驚きあわてふためき、医者を呼んで治療してもらおうと相談した。(その時、この僧は)胸に手を当て、おもむろにこう言った「このまま死んでしまう事になっても(東洞先生の薬以外)他の薬は私は服まない!」そう言って再び小柴胡湯を作って、数剤を続けざまに服用した。暫くすると身体中が蒸されたように振え、熱苦しくなり、(次いで)汗が腹部や背中に溢れるように出てきた。この様な経過の後に、今まで苦しんでいた(注視障害などの)様々な古くこびりついていた異常が、にわかに取り除かれ、身体は隅々まですがすがしく、心地よく、これまでの自分と大違いとなった。そこで、この僧はこの(奇跡的な経験の)為に、手紙を書いて使いの者を走らせ、東洞先生に感謝の意を伝えたのだった。

二　誓光寺主僧の消息(8)

越中の国、二口の誓光寺は平安中期に真言宗の寺として開かれたが、後に蓮如上人が越中に来留(一四六〇年頃)の折、浄土真宗の寺となった。江戸期になり誓光寺は越中の本願寺教団の中心的役割を担うようになった。前節で取りあげた「僧樸」も一七三四年にここで得度している(5)。

ここに記された誓光寺の主僧が誰であるのか、誓光寺を尋ねて調査した。一七四六年から一七六三年の間に主僧であったのは第十五代釈慶俊とその妻の十六代釈慶恵であった。『建殊録』の記述は女性患者とは考えにくいので、この「主僧」は釈慶俊としてよいであろう。「釈慶俊」は一七七三(安永二)年に五十四歳で帰寂している。生年を逆算すると一七一八(享保三)年である。彼は一七四五年(二十七歳)で住職に就任。権律師少将・内陣衆となっている。一七五二年(三十四歳)に妻の慶恵に住職を譲り、隠居している。内陣衆は本願寺の内陣に座る事を許される者で、宗門での地位は高い。しかし、三十四歳でその妻に住職を譲っているのは異例の事であり、何らかの健康上の問題があったと推測される。

三　誓光寺主僧と東洞との出会い

誓光寺主僧の上洛の時期は特定できない。しかし、一七五二年に住職を妻に委譲しているので、これより以前と考えるのが妥当であろう。従って、吉益東洞が開業した一七四六年（一説に一七四九年）から一七五二年の間であると推定される。症例の記載に示すような眼科疾患の為に住職の任を果たせず、住職交代の諸手続きのための上洛であった可能性が高い。

四　症例の検討

この症例について眼科専門医[7]は「本症例は恐らく閉塞隅角緑内障ではないか。本症は眼圧が数年以上に亘って上下し、時に角膜の浮腫を来すことがある。このように推測すると、まず錐の先で射られる様な眼痛と対象物が歪んだりぼやけるという症状が説明できる。緑内障に伴う旁中心暗点によって、注視物が見えにくくなることもある。閉塞隅角緑内障であるから、瞳孔が散大するような暗所では特に症状が悪化するであろう」とのことである。ただし、その発症年齢からして、葡萄膜炎に伴う続発性緑内障、あるいはヘルペスによる角膜炎なども鑑別を要するところである。

いずれにせよ、吉益東洞は筋肉の微細な攣縮を茯苓の、気の上衝を桂枝のそれぞれ主治するところと考え、苓桂朮甘湯を主方とした。これに顔面の紅潮と煩熱を目標に芎黄散を兼用し、頭部の充血を去り、炎症を鎮め、体内の毒を蕩浄することを計った。この両方剤が眼圧の低下や炎症の軽減に有利に働いたことは容易に想像できる。この結果、錐の先で射られるような眼痛や視覚障害の一定程度の改善が得られたものと考える。

帰国後、この僧は東洞を一心に信じ、小柴胡湯の他は服用しようとしなかった。この理由は恐らく東洞の「万病一毒」の説[6]に共感し、すべての病はこの薬でよいのだとの信念を持ったものと考えられる。

その後に起こった急性熱性疾患時における小柴胡湯服用による生体反応は『傷寒論』[9]の記述とよく符合する。曰く「傷寒。五六日。嘔而発熱者。柴胡湯証具。而以他薬下之。柴胡証仍在者。復與柴朝湯。此雖已下之。不為逆。必蒸蒸而振。却発熱汗出而解。（下略）」

誓光寺主僧から事の顚末を記した感謝の手紙が届いた時、東洞が膝を打って呵々大笑した様子が目に浮かぶようである。

五　小　括

『建殊録』第二症例、誓光寺主僧について検討した。『傷寒論』に記すとおりの劇的な生体反応が見られた症例である。『傷寒論』の再評価を基本姿勢とした東洞が冒頭の第二例目にこの症例を採用した所以であろう。

東洞の医術を一心に信じ、徹底して小柴胡湯に命を掛けたその勇猛果敢さは一体どこから生じたのだろうか。ここに「万病一毒」(6)を積極的に受容した形跡を見るのである。

Ⅳ　勝楽寺後住について

一　症例の記載

『建殊録』の第三七症例の記述は以下の様なものである。「越中小田中村勝楽寺後住、年十三、生而病啞、其現住来謁曰、余後住者不敢願言語能通、幸頼先生之術、仮得称仏名足矣。其剤峻烈非所畏懼。縦及死、亦無悔矣。先生診之、胸肋張、如有物支之。乃為小陥胸湯及滾痰丸興之。月余又為七宝丸飲之、数日如此者、凡六次、出入二歳所、乃無不言。」

これを意訳すると、越中の国、小田中村の勝楽寺の住職の息子は、年齢十三歳になっているが、生まれつき言語を発することが出来ない。その父である現住職が(息子を同道して)(東洞)先生にお目に掛かって言うには「私のこの息子の発語がよく出来るようになることなど到底望んでおりません。幸いにして先生の医術におすがりし、もしも万一み仏の名を唱えることが出来れば十分なのです。(先生のお使いになる)その薬がいくら峻烈であっても、一向に畏れません。たとえその為に、この子が死んでしまうようなことになっても、後悔致しません。」先生が(この子を)診察したところ、胸部と腹部が膨れるように膨隆しており、(身体の中に何か)物があって、胸壁や腹壁を中から支えて(押し上げて)いる様である。そこで小陥胸湯(黄連・半夏・括蔞仁)と滾痰丸(大黄・黄芩・沈香・青蒙石)を作って、これを一カ月余り与えた。また七宝丸(牛膝・軽粉・土茯苓・大黄・丁子)を作って、これを数日間飲ませた。この様な二種の薬剤を交互に投与することを(一クールとして)約六回行った。通院すること約二年程であった。すると、この子は言えない事がない(程に発語が可能な)状態になった。

二　勝楽寺後住の消息(10)

「越中の国小田中村勝楽寺」の記述に基づいて調査を開始したが、富山県には小田中村も、勝楽寺という寺院も存在しない。その後の調査で、石川県鹿島郡鹿島町小田中に勝楽寺が現存し、しかも浄土真宗本願寺派の寺院であることが判明した。「越中の国」ではなく、隣の「能登の国」の誤記であったわけである。

勝楽寺は当初、真言宗の寺院(東泉寺)として開かれたが、文明年中、蓮如上人が北陸に下向した際、当時の住職が蓮如上人の弟子となり、浄土真宗に改宗した。(10)

さて、勝楽寺住職の過去帳と寺史から、吉益東洞と出会った可能性のある者を探ることにした。第八代釈寿尊は一七七四(安永三)年に八十一歳で帰寂している。数え年で逆算すると一六九四(元禄七)年の生れである。

この寿尊には三人の子があり、長男(寿海)が住職となる予定であったが、二十六歳で夭折している。その弟で三男の「釈寿円」は一八〇二(享和二)年に六十五歳で帰寂している。寿円は病身のためか住職には就かず、その子(釈泰応)が第九代に就任するまで、住職代行(如住持)を務めている。

この「釈寿円」の生誕年を逆算すると一七三八(元文三)年である。寿円が数え年十三歳となったのは一七五〇(寛延三)年のことである。すなわち、『建殊録』に登場する勝楽寺後住は「釈寿円」であることでほぼ誤りはない。また、この寿円を京都の東洞の下へ同行したのは父である第八代釈寿尊と想定されるが、その時、寿尊は五十六歳であったことになる。

寿円には第九代住職となった釈泰応と、娘の釈妙秀(俗名みす)がいたことが記録に残っている。従って、寿円は吉益東洞の治療を受けた後、結婚し、六十五歳で帰寂した。

寺史には寿円の帰寂の模様について「享和二年戌九月二五日午刻、病床より起而西方に向、合掌して眠ごとく往生、六五歳」とある。

三　勝楽寺後住と吉益東洞との出会い

本症例の場合、初診より約二年間の治療期間を要しているので、『建殊録』出版の一七六三年の少なくとも二年前、一七六一年までに初診していなければならない。すなわち吉益東洞が開業した、一七四六年(一説に一七四九年)から一七六一年の間である。一方、前項の調査結果により、勝楽寺後住(寿円)は一七五〇年に受診したと推定され、上述の推定時期と矛盾しない。

四　症例の検討

症例は初診時の年齢十三歳、当時は数え年であるから満年齢は十一、二歳である。「仏の名をせめて唱えさせたい」ということであるが、勝楽寺は浄土真宗の寺であるから、これは「南無阿弥陀仏」のことである。患児はこの六音すらも発音できなかったことが知れる。

しかし、身体的発達や行動の異常は無かった模様である。また、約二年間の治療によって、何らの障害を残すこと無く通常の言語表現が出来たわけであるから、それまでに聴覚障害や構音器官の麻痺や構造異常は存在しなかったと考えられる。

この様な言語発達のみの限局的な発達遅延の病態は今日の小児科学では「特異性言語発達遅滞」として理解されている(11)。

今日でも、「特異性言語発達遅滞」の治療は容易ではない、遊戯療法や親子関係の再建などが行われるが、何らかの障害を残すことが多いと言われている(11)。

本症例に類似した発語の障害は自閉症にも見られ、この場合、特定の人との良好な信頼関係が構築されたとたんに発語障害が劇的に改善することがあるとのことであるが(12)、その場合には何らかの行動異常を伴っているので、本症例の場合、その可能性は低い。

いずれにせよ、患児の言語発達遅滞が小陥胸湯・滾痰丸と七宝丸の投与によって約二年で劇的に改善したものである。

勝楽寺の記録によると、患者「釈寿円」はその後結婚し、二児をもうけている。従って、身体的には大きな障害があったとは考えにくい。しかし、何らかの理由で、その兄が夭折した後も住職に就かず、住職代行となっている。「特異性言語発達遅滞」とすると、完全回復は難しく、『建殊録』に「乃無不言」の記載は在るものの、住職の任務には支障のある言語障害を残していた可能性が高い。

小陥胸湯は『傷寒論』(13)に「小結胸。病正在心下。按之則痛。脈浮滑者。小陥胸湯主之」とある。結胸というのは熱邪と水邪が胸郭内で格闘している病態であり、熱を帯びるものが熱実結胸、熱実に至らぬものが小結胸である(14)。小陥胸湯は後者を主治する。東洞は「万病一毒説」(6)で熱邪・水邪・結胸など、病態を説明する用語を否定する立場を取ったが、利水剤である滾痰丸を併用しているのは、明らかに水邪を想定しており、この辺りに東洞の実地臨床と理論の矛盾、ないしは乖離を伺い知る事ができる。

しかし、総体的に見ると、言語発達遅滞を胸腹内の毒によるものと考え、この毒を東洞のいう「毒薬」(6)で排除することで改善させたのであるから「万病一毒説」は辛うじて面目を保っているわけである。

五　小　括

勝楽寺後住の症例を検討し、「特異性言語発達遅滞」に分類される病態であったと推定した。

勝楽寺住職(釈寿尊)はその子(寿円)の死と南無阿弥陀仏の一言を引換に、峻剤による治療に敢えて臨んだ。東洞の医術に正面から対峙したこの態度に東洞も全力で応じ、今日の医療でもその治療が容易でない病態において、好結果を得た症例である。

V　浄土真宗僧侶の東洞医説の受容

一　東洞の医学思想の形成

大塚敬節の吉益東洞に関する解説(4)に次のように記されている。

「東洞(当時は東庵と号した)は十九歳で金創(外科)を学び『素問』『難経』をはじめ諸家の医書を読みあさったが、それらの説に疑問をもち、『傷寒論』を中心とする古医方の研究に精進し、年三十七にして〔天下の医を医するに非ずんば、疾を救ふの効も多からず〕と大志を抱いて、安芸の国から京にのぼり、万里街春日路南に居を構えて、古医方を唱えた。東庵の志はこのように宏大であったが、治療を乞うものはまれで、医業では生計がたたなかった。しかし山脇東洋との好運な出会いから、四十七歳の時、東洞院に移り、本格的な医業の門戸を張ることが出来るようになった。東洞の号はこの時に始まるのである。」(一部省略・改変)

この様に、東洞は突然に古医方を唱えたのではなく、一般常識としての当時の医学思想を熟知し、これからの訣別を計ったのである。

浄土真宗の開祖・親鸞も比叡山での十分な修行を経て、これと訣別し、専修念仏の世界を切り拓いて行ったことと行動様式は極めて類似している。

二　万病一毒の思想

このことについて大塚敬節は以下のように記している(6)。

「吉益東洞の医説の主軸となるものは〔万病一毒〕と〔目にみえぬものは言わぬ〕の二つの柱である。万病一毒説では、すべての病は毒が体内にあって、それが動いて発病するから、この体内の毒を毒薬で攻めて駆除すれば、外邪も侵入することができないといい、毒を去ることが万病を根治する必須条件とした。ここでいう毒薬は、現代の薬物学でいう毒薬をさしているのではなく、周礼の〔毒薬を聚めて以て医事に供す〕の毒薬で、薬をさしている。東洞によれば、薬はすべて毒だというのである。そして、目にみえるもの、手でつかむことができるものでなければ相手にしないと主張した。」(一部省略)

この様な医学・医療思想に基づき医療活動を開始したので、用いる薬は当時の一般の医師が恐れて容易に用いなかった、峻下剤や強力な利尿剤を多用する結果となった。この様な治療の劇的な治験が『建殊録』に収載されているわけである。

しかし、実際にはその峻烈な治療によっても救われない症例も多数有ったと推定される。この為に「東洞は峻烈な薬剤によって患者を殺している」との非難も当然のことながら世間に流布した。そのような非難の背景には従来の穏健な医術に固執する保守派医師集団の政治的な意図も働いたであろうことは、これまた容易に想像される。

三　東洞の死生観

東洞はその死生観を『建殊録』第三九症例において「死生は命有り、吾の知るところに非ざるなり」と端的に述べている。

東洞晩年の著作『医事或問』[15]（一七六九年）に、このことを敷衍して次のような死生観を記している。

「或いは問いて曰く、生死を知らずといえるは駿剤を専ら用い死したる時の云いわけという物あり、いかん。

答えて曰く、生死をしらぬと云う事は衆人畏るる筈なり、しかれども媚諂《こびへつら》い、いいわけする心なし、若し言いわけならば畏れぬ事をいかようとも工夫すべき事なれども、生死は元よりしらぬ事ゆえしらぬというなり。聖人も死生命ありとのたまいて、人の知るる事にあらず。その知られぬ事を知らんとする故、療治に迷う事あり、是人間の大切にするは命なり、其生死の二つ既に生る時に生は湫《つき》て死ばかり残りたる人ゆえ萬変すれば死すより外はなき人なり。其人を預るというは甚あぶなき事なり、殊に大切の病人に至り萬死ではとおもう心ある時は心気惑乱して病証を見れず唯死というに目くれて療治を施すことあたわず惘然《ぼうぜん》たること俗人にも劣る。是生死を知るといえども実に知らざる故なり、医者は只病苦を救うのみにて、生死は天の司る所と治定すれば迷う事なし、云々」とある。

則ち、生きるとか死ぬとかは我々人間の思慮（人事）を越えたものであり、医師はそのことを離れて、ひたすら人事である医術を一心に施すより他にないと言うのである。

この思想は、善悪だの、生死だのという人間の思慮分別を離れて、弥陀の本願に帰依し、一向に念仏修行を行じるという浄土真宗の教義に一脈通じるものがあると著者らは考える。

四　患者としての浄土真宗僧侶の特徴

前節までに検討した越中の四人の僧達の、吉益東洞の医療との対峙の仕方を見ると次のように要約される。

①玉潭は峻下剤である紫円を、東洞もあきれる程に、徹底的

に服用し続け、膝の拘縮と下腿三頭筋の麻痺から回復した。

②僧樸は、下剤である芎黄散を、大喀血も物ともせず服用し続け、失明から回復した。

③誓光寺主僧は東洞が指示した小柴胡湯に命を掛け、危急の場に臨んでもこれを連服し、奇跡的な回復を得た。

④勝楽寺後住の場合、父はその子の死と南無阿弥陀仏の一言を引換に峻剤による治療に敢えて臨んだ。

吉益東洞はその診療に際して「万病一毒」を説いて患者を説得したものと想像される。この説得を患者がどの様に受けとめたであろうか。これに積極的に応じた者もあれば、畏れを抱いた者もあったであろう。

『建殊録』収載の全五十四症例を歴観すると、峻剤を使うことを畏れて、治療を中断したり、恐る恐る治療を受けたりする例が記されているが、ここに記した越中の四人の僧侶と東洞との対峙の仕方は中でも極めて特異なものである。すなわち、剛胆かつ積極的に東洞の治療を受け入れたのはこの四人の僧達だけである。この意味で、彼らは東洞の医説の真の理解者ないしは信奉者であったと言うことが出来る。

『建殊録』は東洞が世に問うた最初の治験録であるから、彼の医療思想を治験例を通して広く喧伝する意図のもとに執筆されたと考えて良い。その格好の素材として、ここに取りあげた越中の僧達が登場するのである。その治療成績が劇的であったことは言うまでもないが、これらの僧達が生死を脱却し、万病一毒の思想に共鳴し、東洞をひたすら信じたところに、東洞をして感激せしめ、貴重な症例として収載させるに至ったものと考える。

五　越中の僧達の思想的背景

越中の僧達がこの様な行動を取った思想的背景について探ってみたい。その根幹的思想は「自然法爾《じねんほうに》」にあると宗門の専門家は言う。(16) 開祖・親鸞の『末燈抄』(17)には自然法爾について次のように記されている。

「自然というは、自はおのづからといふ、行者のはからいにあらず。然といふは、しからしむといふことばなり。しからしむといふは、行者のはからいにあらず、如来のちかいにてあるがゆえに法爾といふ。法爾といふは、この如来の御ちかいなるがゆへに、しからしむるを法爾といふなり。法爾は、この御ちかいなりけるゆへに、おほよそ行者のはからいをなきをもて、この法の徳のゆへに、しからしむといふなり。すべての人のはじめてはからはざるなり。このゆへに義なきを義とすとしるべしとなり。」

この様な絶対他力の信仰が東洞の医説を受容する素地にあったと考えると極めて興味深いものがある。

しかし、生死を脱却し、解脱を求めるのはひとり浄土真宗に限らない。何故、浄土真宗の僧がかくも勇猛果敢で在り得たのであろうか。それには浄土真宗の歴史的な政治的緊張が無縁ではないと考えたい。

一四七一年、蓮如は加賀国境に近い越前に吉崎道場を建立し、北陸化導の根拠地とした。室町時代末期に越前・加賀・能登は真宗門徒による自治政治を行うまでにその勢力を拡大した。世に言う加賀の一向一揆である。一五七〇年に織田信長は真宗の本拠地であった大阪の石山本願寺を攻めたが、落城させることができず、和睦している。戦闘巧者の信長が石山本願寺から撤退を余儀なくされた背景には、門徒勢の勇猛果敢な戦闘能力があった。門徒勢の押したてる晒しの幟には「進む者は往生極楽、退く者は無限地獄」と大書され、死を恐れぬ戦闘を展開したという(18)。

『建殊録』の時代は、それから約二百年後のことである。この間、浄土真宗は江戸幕藩体制に組み込まれたが、一六〇二(慶長七)年徳川家康は開府に先だって、その勢力を分断するために、分派として東本願寺の創立を企て、これに成功している。いわゆる真宗大谷派の誕生である。真宗教団はそれだけの政治勢力であった。江戸期に入ると浄土真宗本派は西本願寺に学林を創設し(一六三八年)、全国各地から優秀な人材を集め、これを育成している。幕藩体制下で緊張を緩めれば幕府の介入は必至である。事実、この時期には多数の外様大名が取り潰されている。そこに政治権力との闘いを経験した真宗教団の気迫と緊張感が生じたものと考える。ここが他の既成仏教宗派と浄土真宗との根本的な相違である。

この気迫・緊張感と自然法爾の信仰が一体となり『建殊録』に登場する越中の僧達の思想基盤を形成していたと考えたい。

翻って、吉益東洞に視点を移せば、この様な気迫溢れる高僧達をこれ程までに「万病一毒」の世界に引き入れることが出来た東洞その人の気概と気迫を感じずにはいられない。

Ⅵ　結　語

『建殊録』に登場する越中の僧達を調査した結果、彼らが吉益東洞の医療思想を積極的に受容した形跡のあることが明らかになった。

これらの僧達のうち、玉潭、僧樸、誓光寺主僧はいずれも浄土真宗宗学や布教活動の中枢に居た人々である。従って、その影響力も大きく、想像するに、多くの宗門の僧や門徒が東洞の医学思想に共鳴しつつ、その後も彼に接したのではなかろうか。このことは、当時、四面楚歌で産声をあげた吉益東洞の医療活動を物質的にも精神的にも支える一つの力になったと考えたい。

謝　辞

本稿を執筆する端緒は富山県高岡市の善興寺住職・飛鳥寛栗師の資料提供とご助言を得たことにある。

玉潭の事跡については富山県八尾町妙覚寺住職・蓮沢淳雄師の調査協力を得た。

僧樸並びに誓光寺主僧の事跡については現住職・菊地慶勝師、棚元理一氏(誓光寺史編纂者)の懇切なるご協力を得た。また、この二症例の病態の検討に当たっては富山医科薬科大学医学部眼科学・早坂征次教授の助言を得た。

勝楽寺後住については現住職・畠山勝史師の懇切なるご助力と、石川県鹿島郡鹿西町の中島甚一氏(薬剤師)のご協力を得た。また、『吉益東洞家塾方』については北里研究所・東洋医学総合研究所の真柳誠先生のご教示を得た。記して深甚の謝意を表する。

文　献

(1)　大塚敬節・矢数道明編：建殊録、漢方医学書集成11、二一五—二九三頁、名著出版、一九七九
(2)　土井了宗：学国越中の人脈、学国越中、富山別院開創百周年記念出版『学国越中』編集委員会、三二—三三頁、永田文昌堂、一九八四
(3)　呉秀三：東洞全集(芸備医学会)、吉益東洞先生、一—一三八頁、吐鳳堂書店、一九一八
(4)　大塚敬節：吉益東洞・解説、漢方医学書集成10、九頁、名著出版、一九七九
(5)　土井了宗：学国越中の人脈、学国越中、富山別院開創百周年記念出版『学国越中』編集委員会、四—一七頁、永田文昌堂、一九八四
(6)　大塚敬節：吉益東洞・解説、漢方医学書集成10、二〇—二一頁、名著出版、一九七九
(7)　早坂征次：富山医科薬科大学医学部眼科学講座教授、(私信)
(8)　棚元理一：仏谷山・誓光寺史、一—二二頁、桂書房、一九八八
(9)　奥田謙蔵：傷寒論講義、一八〇—一八一頁、医道の日本社、一九六五
(10)　石川県鹿島郡鹿島町史編纂委員会：勝楽寺史、三九二—三九三頁、吉田次作商店、一九六六
(11)　内山勉：話しことばの障害、学習障害、小児科ＭＯＯＫ、

二四—三二頁、金原出版、一九八五

(12) 小西徹：富山医科薬科大学医学部小児科学助教授、(私信)

(13) 奥田謙蔵：傷寒論講義、一六一—一六三頁、医道の日本社、一九六五

(14) 同前：一五一—一六〇頁

(15) 大塚敬節・矢数道明編：医事或問、漢方医学書集成11、三二八—三三一頁、名著出版、一九七九

(16) 飛鳥寛栗：浄土真宗本願寺派・善興寺住職(高岡市)、(私信)

(17) 野間宏：歎異抄、一七四—一七六頁、筑摩書房、一九六九

(18) 津本陽：前田利家、一四四頁、講談社、一九九四

キーワード
建殊録、吉益東洞、症例検討、越中僧、万病一毒、浄土真宗

吉益東洞　年譜

元禄一五	一七〇二年	一歳	広陵城下(広島)に生まれる。
享保五	一七二〇年	一九歳	津川祐順に師事し、吉益流の金瘡・産科を学ぶ。
元文三	一七三八年	三七歳	父母女弟と京都に移住。
延享元	一七四四年	四三歳	少名彦の廟に祈願。
延享三	一七四六年	四五歳	山脇東洋と出会う。東洋の支援により医業盛んになる。 東の洞院に移住。東洞と号す。 松原一閑斎を講主として『傷寒論』研究会。
宝暦元	一七五一年	五〇歳	一〇月『医断』著者・鶴沖元逸(鶴田元逸)序文。 『類聚方』『方極』『薬徴』(「行状」の記述によると脱稿)。
宝暦二	一七五二年	五一歳	南部侯を奥州南部(盛岡)に往診。 『医断』東洞序文。
宝暦五	一七五五年	五四歳	『方極』自序。
宝暦八	一七五八年	五七歳	『医断』上田秋成序文。
宝暦九	一七五九年	五八歳	二月『医断』刊。中西深斎跋文。
宝暦一二	一七六二年	六一歳	夏『類聚方』自序。還暦の祝宴。
宝暦一三	一七六三年	六二歳	『類聚方』序文・武欽繇(田中栄信)

明和元　一七六四年　六三歳　春『建殊録』田中栄信・校閲序文。
春『建殊録』東洞序文。
秋『建殊録』著者・巌渓恭序文。
『**建殊録**』刊。
『**類聚方**』刊。
『**方極**』刊。

明和五　一七六八年　六七歳　『医事或問』吉益南涯跋文。

明和六　一七六九年　六八歳　春、家族一同と安芸に赴き祖父・道庵を祭る。
夏、住居を皇城西門外に移す。
七月『**医事或問**』刊。
秋、彗星出現。

明和八　一七七一年　七〇歳　冬、中津侯より招聘あり、辞退。
『薬徴』自序。古稀の祝宴。

安永元　一七七二年　七一歳　山崎侯の招きで播州宍粟に行く。
宇土侯と伏見で会見。

安永二　一七七三年　七二歳　九月二五日、没。

天明五　一七八五年　没後一二年　『**薬徴**』刊。

寛政元　一七八九年　『**東洞先生遺稿**』刊。

文化二　一八〇五年　『**医事古言**』刊。

文化八　一八一一年　『方機』刊。

文化一〇　一八一三年　『古書医言』吉益南涯が校正、孫・北洲が刻す。

文化一一　一八一四年　『古書医言』刊。

文政四　一八二一年　『補正輯光傷寒論』刊。藤田大信著。

文政八　一八二五年　『東洞翁遺草』刊。

天保一四　一八四三年　『東洞先生答問書』刊。尾台榕堂校訂、水野清、跋文。

■岩波オンデマンドブックス■

吉益東洞の研究——日本漢方創造の思想

2012年1月25日　第1刷発行
2012年8月24日　第3刷発行
2018年8月10日　オンデマンド版発行

著　者　寺澤捷年《てらさわかつとし》

発行者　岡本　厚

発行所　株式会社　岩波書店
〒101-8002　東京都千代田区一ツ橋2-5-5
電話案内　03-5210-4000
http://www.iwanami.co.jp/

印刷／製本・法令印刷

ISBN 978-4-00-730801-7　Printed in Japan

索　引

人名索引

ア 行

カ 行

サ 行

ヤ 行

ラ・ワ 行

書名索引

ア 行

カ 行

サ 行

タ 行

ナ 行

ハ 行

マ 行

ヤ 行

ラ・ワ 行

事項索引

ア 行

カ 行

生薬索引

ア 行

カ 行

サ 行

タ 行

ナ 行

ハ 行

マ 行

ヤ 行

ラ 行

方剤索引

ア 行

カ 行

サ 行

タ 行

ナ 行

ハ 行

マ・ヤ・ラ 行

病症索引

ア 行

カ 行

サ 行